王安石变法的
义利思想研究

黄俊伟　著

郑州大学出版社

图书在版编目（CIP）数据

王安石变法的义利思想研究 / 黄俊伟著. — 郑州：郑州大学出版社，
2020. 11（2024.6 重印）
　ISBN 978-7-5645-7408-6

Ⅰ.①王…　Ⅱ.①黄…　Ⅲ.①王安石变法 - 思想评论　Ⅳ.①K244.05

中国版本图书馆 CIP 数据核字（2020）第 207827 号

王安石变法的义利思想研究

WANG ANSHI BIANFA DE YILI SIXIANG YANJIU

策划编辑	李勇军	封面设计	苏永生
责任编辑	刘晓晓	版式设计	苏永生
责任校对	孙精精	责任监制	李瑞卿

出版发行	郑州大学出版社（http://www.zzup.cn）
地　　址	郑州市大学路 40 号（450052）
出 版 人	孙保营
发行电话	0371-66966070
经　　销	全国新华书店
印　　刷	廊坊市印艺阁数字科技有限公司
开　　本	890 mm×1 240 mm　1 / 32
印　　张	8.125
字　　数	228 千字
版　　次	2020 年 11 月第 1 版
印　　次	2024 年 6 月第 2 次印刷

书　　号	ISBN 978-7-5645-7408-6	定　　价	68.00 元

本书如有印装质量问题,请与本社联系调换。

　　王安石变法(1069—1085)不仅是北宋时期最重要的经济政治改革,也是古代中国经济发展史的重要节点,对两宋及其后的中国经济社会产生了深远影响。王安石等思想家在变法问题上的思想交锋,丰富充盈了中国古代经济思想史,所以,王安石变法历来是经济史和经济思想史学界关注的热点和难点,学者们大都从经济角度或政治角度切入,并做出诸多裨益后进的成果。研读相关文献,有两个困惑仍没有得到比较充分的释疑,一是北宋貌似繁华富强,实则贫困羸弱的矛盾根源是什么? 二是顺时应势的王安石变法,为何在帝相共济下依然难遂初衷? 已有的研究从经济维度给予了充分的论证,却很少从经济原因背后的伦理层次加以追索。

　　在已有的研究基础上,本书尝试从经济伦理维度分析王安石变法,探究两个"困惑"的经济伦理原因。本书以大历史视域,瞰览变法的时代背景,从缕析这一时期的义利问题切入,借鉴价值秩序理论,采用价值排序法、历史分析与比较分析结合法以及阶级(层)分析法。探究引起王安石变法的经济社会原因;审视变法过程中的各种冲突,追溯其根源及其成因;重点对变法在场者的义利之辨、价值位阶和义利博弈擘肌分理,并对新研究法中的义利关系条分缕析,揭示变法中蕴涵的经济伦理思想及其发展演变趋势,以期解开北宋经济社会及王安石变法之惑。

　　深究第一个困惑后发现,宋初诸君创法建制时秉持的义利观是各种社会痼疾的源头;第二个困惑的可能解答是,变法在场者迥异的义利观,是新法最终中止的思想观念上的缘由。其一,宋初诸君的义

1

利观决定了他们在进行义利取舍时,选择维护赵氏的家国之利。宋初君主为永固基业而创立祖制家法,其中的防弊策略经年施行,累积渐成"三冗",不仅演化形成北宋社会的矛盾现象,更是触发了王安石变法等社会变革。其二,变法各派所持的义利观大相径庭,导致他们在价值排序时差异很大,进而在选择变法路径时分歧严重,导致各派在变法过程中抵牾不断,困缚着变法的持续推行;各派在义利观和价值排序上的相互消长,形成合力,左右着变法的推进过程和执行效果。

在变法过程中,王安石等思想家在经济伦理领域的辩论,不但拓宽了义利之辨的论域,而且给王霸之争拓展了新的释义,还衍生出了理欲之辨的雏形,形成经济伦理思想的"一体两翼"体系,推动了中国传统经济伦理思想的纵深发展和横向延展。

综之,本书通过探索"两个困惑"的深层的"形而上"原因,得出行动主体所执的义利观决定其行为方法和路径选择,进而影响经济社会的运行发展的结论。伴随变法前行,在场者的思想相互激荡,也丰富发展了中国传统经济伦理思想。而且,本书从经济伦理视角研究王安石变法,补益了中国传统经济伦理思想的研究领域;对价值排序方法的借鉴和运用,增加了经济伦理学科的研究范式。

目 录

导　论

近代以来,学界借鉴西方经济学说,不断探寻中国传统文化中的经济思想因素,并于其中发现了中国古代经济思想的伦理特征。如唐庆增认为中国传统"经济思想常杂有伦理的色彩,受其支配,纯粹经济原则,因是乃不能产生"①。纵观中国古代社会的经济发展,传统经济思想中有三大教条最为突出:贵义贱利、重本抑商、黜奢崇俭。义利原则作为统治阶级制定经济政策的重要标准,是整个传统经济思想体系中的首要中心命题,本末问题和奢俭问题是其在国家政策和生活伦理上的具体反映。传统经济伦理思想中的四大论域即义利之辨、农末之争、王霸之辨、理欲之辨,由义利之辨作为经济伦理思想的核心理论,衍展出王霸之争和理欲之辨。

近年来,经济伦理思想在中国学界得到关注,不少学者开始对中国传统文化中的经济伦理思想进行探索,相关研究也取得了一些裨益后进的成果,但在研究的深度和广度上尚待拓展。北宋以其经济富足、文教昌明,成为诸多领域的研究热点,但在义利思想领域,仍有许多问题缺少关注,尤其是对北宋经济社会影响至深的王安石变法,鲜少有学者从义利角度加以研究。

一、研究意义

在中国经济伦理思想史中,两宋是重要的转型期,王安石变法处于两宋经济社会发展的重要节点,在场者的思想交锋,丰富和发展了经济伦理思想的主题和思考方法,尤其是对义利问题的阐释和拓展,不仅主导了新法的制定和执行,影响着新法的成效和走向,还影响了北宋之后的经济发展状况和皇朝的兴衰更替。所以,发掘变法中的义利思想,分析在场者所持的义利观在变法中的作用及其导致的结果,就具有了理论和现实意义。

---

① 唐庆增:《中国经济思想史》,北京:商务印书馆,2010 年,第 22 页。

（一）理论意义：新视角以补遗漏

对王安石变法中蕴涵的义利思想进行深入研究和发掘，从学科理论维度看，其意义在于：

首先，学界对王安石变法的研究，多从经济和政治等角度加以剖析，从义利角度研究这次变法的论著，较少见到。本书以大历史的视野，从义利维度对王安石变法展开追溯，为研究中国经济变革史提供了一个新的研究维度，对研究整个中国经济变革史起到补益作用。

其次，从经济伦理学的学科角度来讲，研究并揭示王安石变法背后的义利思想，为经济伦理思想的研究拓展了研究范围，对经济伦理思想史的研究起到补遗的作用。

（二）现实意义：阐旧邦以辅新命

在传统经济伦理思想中，义利之说对经济社会的运行影响巨深，不仅主导着经济生活中的道德准则，还调节着经济主体的经济行为，在经济社会发展中的作用非常重要。北宋是封建社会中国民经济较为富足的朝代，宋神宗时却面临了非常困窘的财政状况；革弊鼎新已成共识，王安石变法却难遂初衷，研究这些矛盾背后的义利思想，发掘中国传统思想资源，可为解决现实经济生活中的矛盾提供经济伦理思想方面的理论支撑，也为建立有中国特色的经济伦理体系提供些微学术思想资源。

二、文献综述

王安石变法迄今九百多年，有关变法的研究卷帙浩繁，成果斐然。在经济思想和伦理思想领域，由于关注的侧重点不同，且随着客观时局变化及主观立场不同，学者们对王安石变法的评论也见仁见智。

（一）北宋以降，相关研究概况

对王安石变法的研究，历来深受时局影响，带有浓厚的时代特点和政治印痕。大体而言，北宋至今，国内研究和评议王安石变法的价值取向主要有三：一是南宋至清代以程朱理学为价值标准，总体否定王安石变法；二是以马克思主义唯物史观为尺度，运用阶级分析法和辩证法加以评判，这一时期的研究随政局变化而差异很大；三是与时俱进，联系时势，从多角度展开分析，取己所需，服务现实。

变法过程中，以司马光为首的反对派就对新法多有非难，批评新法"剥民兴利"，视新法为"聚敛害民"的掊敛之术。南宋出于"靖康国难"的政治考量，编纂《神宗实录》时"是元祐而非熙丰"，其后的《四朝国史》《宋史》等正史，坚持如此评判，南宋至晚清，绝大多数史家和思想家也秉持这种观点。南宋理学家依据传统儒家"义主利从"等经济伦理思想，对王安石的理财观点大加鞭挞，甚至"凡治财赋者，则目为聚敛"①。明太祖朱元璋深恨王安石变法"误国亡族"，并深以为戒，在国家经济政策上，放弃开放性财政措施，采取保守性和收敛性体制。明代学者对王安石变法也基本持否定态度，丘濬批评青苗法"尚其以义为利而毋专利以贻害哉"②。顾炎武批评王安石"趋利而不知义"③。王夫之直指青苗、方田、均输、手实、市易等法皆为害，并从义利之辨衍发出"华夷之辨"和"君子小人之辨"，视王安石为惑君乱国小人。④ 综之，宋元明清（前期）四朝，主导社会思想主流的程朱学派扬马（司马光）贬王（王安石），陆（陆九渊）王（王守仁）学派则较尊崇王安石，如南宋的陆九渊，宋元之际的吴澄，元朝的虞集，明朝的陈汝锜、章衮等都对王安石评价很高，认为他"扫俗学之凡陋，振

① 周密撰，吴企明点校：《道学》，载《癸辛杂识》续集下，北京：中华书局，1988年，第169页。
② 丘濬编《大学衍义补》（上册），上海：上海书店出版社，2012年，第232页。
③ 顾炎武著，陈垣校注：《日知录校注》卷十三《宋世风俗》，合肥：安徽大学出版社，2007年，第725页。
④ 王夫之著，刘韶军译注：《宋论》卷六，北京：中华书局，2013年，第438、443、484页。

弊法之因循。道术必为孔孟,勋绩必为伊周"①。

清代中晚期,学者们对王安石变法的评价渐渐转向,其中颜元、李绂、蔡上翔、杨希闵、龚自珍、陆心源等,都持褒扬态度,虽然转向的原因不乏对"乡贤"的敬重,但最主要的还是思想上的共鸣。颜元深恨王安石变法后,世人以苟安颓靡为君子,而诬揾柱乾坤者为小人,此非独荆公之不幸,亦宋之不幸。龚自珍心怀匡时济世之志,倡言"更法",极力推崇王安石。梁启超运用近世的观点和方法重新界定这场变法,直呼"今世欧洲诸国,其所设施,往往与荆公不谋同符"②,为王安石及其变法彻底翻案。虽然梁启超的评价有为清末变法辩护之嫌,但其后的研究者大多沿袭此说,并成为20世纪前半叶的主流观点。

民国时期,孙中山的三民主义与王安石变法的诉求多有吻合,这一时期的研究虽对新法的实施和作用观点不一,但对其中的"权制兼并,均济贫乏"思想都持肯定态度。柯昌颐踵从梁启超,极力推崇王安石和新法。③ 刘崎在为熊公哲的《王安石政略》作序时,认为新法类似近世西人的"社会主义"及孙中山的"企业国营"主张;薛以祥的《王安石政策之研究》也持这种观点。④ 钱穆认为各派的思想分歧源于宋代政治经济思想的南北之争。⑤

新中国成立后,运用马克思主义唯物史观来研究王安石变法渐成潮流,"商品经济""商业资本"等经济学概念被引入研究,学者们试图兼顾史学,从经济学角度对王安石变法展开综合分析。研究范

① 陆九渊:《荆国王文公祠堂记》,收入《陆象山全集》卷十九,北京:中国书店,1992年,第148页。
② 梁启超:《梁启超评历史人物合集·汉宋卷:陶渊明传 王安石传》,武汉:华中科技大学出版社,2018年,第66页。
③ 柯昌颐编《生前事与身后名:王安石评传》,北京:华文出版社,2018年。
④ 李华瑞:《王安石变法研究史》代绪论,北京:人民出版社,2004年,第15页。
⑤ 钱穆讲述,叶龙记录整理:《中国经济史》,北京:北京联合出版公司,2014年,第253页。

式的更新,使评判的标准和结论较之以往都有了很大变化。漆侠从社会发展规律角度展开分析,运用矛盾的观点和阶级分析的方法着重对熙丰新法的内容和变法思想进行透视,认为王安石变法是一场社会改良。①

改革开放以来,研究的关注点和结论都发生了转变。最突出的例证是四写王安石的邓广铭先生,他的王安石研究论著中,1953年版的书名为《王安石》;受列宁评价王安石为"中国十一世纪时的改革家"影响,1975年和1979年版的书名改为《中国十一世纪时的改革家王安石》;中国的改革事业成果骄人,邓先生把1997年版的书名改为《北宋政治改革家王安石》,并强调研究重心在"政治改革家"②。邓先生与时俱进,对分析方法的选择也在不断变化,如1997年的版本中,就略去了有关阶级斗争的部分,不再用阶级分析法研究这个问题。

21世纪以来,我国的改革事业向纵深发展,进入攻坚阶段,面对出现的新情况、新问题,学者们以现代视域审视王安石变法,还原历史本相,并对现阶段的改革和王安石变法加以对照,汲取经验教训,助力改革发展。这一时期的论著,从不同领域、不同维度,对王安石变法进行了专业的深层次分析。如吴晓波认为,王安石变法是一次涉及政府机构、产业、财政、物价及流通的整体配套体制改革,是汉武帝之后最重要的一次经济大变法,在之后的八百年里,没有任何变革可与之并论。③

(二)经济史领域的相关论著

政治是经济的集中体现,王安石变法以解决经济危机为主要目

---

①　漆侠:《王安石变法》代绪论,上海:上海人民出版社,1979年,第14页。

②　邓广铭:《北宋政治改革家王安石》,北京:生活·读书·新知三联书店,2007年,第276—289页。

③　吴晓波:《历代经济变革得失》,杭州:浙江大学出版社,2013年,第105、112页。

的,是中国经济史和中国经济思想史研究中的重点。唐庆增认为政治与经济学关系甚密,各个时代的经济政策皆与当时的政治情形和社会问题有关,研究中国经济思想不能置中国哲学于度外。[①] 如斯倒推之,研究中国经济伦理思想,还需要反求诸中国经济史和经济思想史的既有成果。

部分学者依据经济规律剖析王安石变法的利弊,认为新法悖反了经济、社会规律,故而难以彻底践行。赵晓雷指出,北宋经济虽有发展,但并未改变国家积贫积弱的状况,原因在于不抑兼并政策。王安石主张"资之以天地"以生财,但在生产力低下的农业社会,短时间内难以实现。[②] 钟祥财概括两宋的经济思想,指出变法在条文设计上存在不足和执行中有弊端,加上王安石的固执己见,使变法未能实现初衷。他认为,李觏对社会经济问题思考得比较全面,范仲淹和欧阳修的改制思想都有可取之处,王安石摧抑兼并,发展生产,激发了生产力,但他对历史的否定和对实践的轻视使变法阻力重重,难以推行。[③] 桑田幸三认为,是王安石等人对货币政策的无知,导致了变法的失败。在以尧舜王道为理想,以《周礼》为规范,以儒教指导实际生活的北宋,把货币政策引入新法,无异于"缘木求鱼"。[④] 王家范认为王安石在变法中的主观设想与经济规律脱节,致使新法难以取得理想成效。[⑤] 鞠佳认为,北宋当时已由农业社会转向商业社会,新法无视"小政府,大社会"的商业模式,忽视"效率优先"原则,背离"计划经济体制"退出市场的趋势,仍以"农业思维"控制"商业社会",用

---

① 唐庆增:《中国经济思想史》,第 10、36、37、40 页。

② 赵晓雷主编《中国经济思想史》,大连:东北财经大学出版社,2010 年,第 89 页。

③ 钟祥财:《中国经济思想史》,上海:上海社会科学院出版社,2016 年,第 67—72 页。

④ 桑田幸三著,沈佩林、叶坦、孙新译,朱家桢、叶坦校:《中国经济思想史论》,北京:北京大学出版社,1991 年,第 105 页。

⑤ 王家范:《王安石变法新析》,《历史教学问题》1985 年第 5 期,第 2—5 页。

"看得见的脚"代替"看不见的手",对经济进行"宏观调控",注定会使市场陷入混乱,致使变法失败。[①] 这些研究借用西方经济学理论,对王安石变法的分析切中肯綮。

一些学者从经济制度角度对新法利弊及其成败原因加以研究。钱穆分析了宋代政治制度的特点,指出制度弱症是王安石变法失败的原因之一。[②] 陈峰等以时间为序,剖析了北宋历代皇帝的治国方略,简述了王安石变法试图对传统治国理念进行突破但最终惜败的过程。[③] 邓小南指出,王安石变法的影响深度和广度远超庆历新政,对宋朝的"祖宗之法"冲击强烈,但仍未从根本上改变赵宋家法的性质。[④] 吴泰认为,王安石变法是场自上而下的政治改良,并未触及导致社会危机加深的社会经济结构,更没有触动专制皇权。新法既不能切中时弊,改变已有的统治制度;又在推行过程中状况频出,违背立法原意,极易随政局翻覆而中止。[⑤] 田浩认为,王安石与司马光对通过制度达到有序社会都持现实取向,但二人的政治主张却相差甚远,王安石认定国家与民众雄厚的经济状况是王道之治的必要条件,王安石变法涉及民众的社会和经济生活,使宋廷进入中国传统中最有进取性的时期。[⑥] 漆侠则认为,变法通过对官僚机构的整顿,军事

① 鞠佳:《变革之路:中国历朝改革得失》,北京:中国工人出版社,2016年,第194—200页。

② 钱穆:《中国历代政治得失》,北京:生活·读书·新知三联书店,2001年,第76页。

③ 陈峰等:《宋代治国理念及其实践研究》,北京:人民出版社,2015年,第76页。

④ 邓小南:《祖宗之法——北宋前期政治述略》,北京:生活·读书·新知三联书店,2006年,第439—440页。

⑤ 吴泰:《中国历史大讲堂　宋朝史话》,北京:中国国际广播出版社,2007年,第108页。

⑥ 田浩著,姜长苏译:《功利主义儒家——陈亮对朱熹的挑战》,南京:江苏人民出版社,1997年,第27页。

制度的改进和财政税源的扩大,极大地改变了北宋"积贫积弱"的局面。[1] 这些学者的结论充分证明了制度在经济社会中的重要作用,但他们并未深入探究制度背后的思想因素。

不少学者认为国家或帝王对经济社会的宏观主导作用举足轻重,王安石变法中的国家干预政策损害了国计民生的长远利益。如加藤繁认为国家是最强有力的经济单位,人的经济活动须在国家组织下方能完全实现。[2] 陈勇勤指出国家决定产权结构,最终要对造成经济的增长、衰退或停滞的产权结构的效率负责。国家建立起经济秩序的政治约束,这些约束由国家管理方式实现。[3] 葛金芳认为王安石的变法原意是"富民",但最终俯从于神宗"富国强兵"的愿望,这背离了王安石的初衷。[4] 并指出变法的核心是理财,目的在于"摧制兼并,均济贫乏,交通天下之财"[5],增收民间财利,以解北宋积贫积弱之势。但法令中的国家干预政策,破坏了市场经济规则,影响了北宋的商品经济发展。[6] 钟祥财指出,国家干预可以解决暂时的经济失衡和财政需求,但会阻碍民间经济的自然生存和发展。[7] 王曾瑜认为王安石变法的意图是富国,但最终变为国家聚敛,加重了百姓的负担。[8] 汪圣铎认为王安石变法不但没有解决"三冗"问题,反而增加

---

① 漆侠:《王安石变法》,第 256—262 页。

② 加藤繁著,吴杰译:《中国经济史考证》,北京:中华书局,2012 年,第 15 页。

③ 陈勇勤:《中国经济史》,北京:中国人民大学出版社,2012 年。

④ 葛金芳:《王安石变法新论》,《湖北大学学报》(哲学社会科学版)1990 年第 5 期,第 87—93 页。

⑤ 陈均:《九朝编年备要》卷十八,四库本,第 14 页。

⑥ 葛金芳:《两宋社会经济研究》,天津:天津古籍出版社,2010 年,第 218 页。

⑦ 钟祥财:《王安石抑兼并思想之我见》,《财经研究》2009 年第 10 期,第 26—35 页。

⑧ 王曾瑜:《王安石变法简论》,《中国社会科学》1980 年第 3 期,第 131—154 页。

了冗员。变法扩大了国家营利性经营规模,不利于民间工商业的发展。① 吴晓波认为变法强化了政府的管制能力,变法的失败表明,基于法家战略和儒家伦理的治国手段在经济改革领域进退维艰,使后来的治国者对激进式改革畏难却步。② 方宝璋列述了李觏、王安石和司马光的理财思想。③ 从经济、政治、文化等方面深入分析了王安石"以义理财"思想的两层含义,指出市易法是政府管制的失败,青苗法和免役法是政府赋役治理的失败。④ 这些研究,从探讨经济活动"主体"在国家经济发展中的作用展开,很有借鉴意义。

更多的学者认为,变法各派龃龉的缘由在于他们阶级立场上的差异。如:李剑农认为新法为普通农户所喜,却被士大夫所憎的原因在于新法中的"劫富济国"措施违背了北宋"与士大夫治天下,非与百姓治天下也"的祖制家法。⑤ 陈勇勤认为王安石和司马光在变法问题上的最大分歧在于二者对待豪强地主和基层民众的态度不同。⑥ 叶世昌认为司马光为富人辩护,主张藏富于民;新法最终还是以增加民赋而富国。⑦ 赵靖对变法在场者的观点和分歧进行了剖析。⑧ 石世奇和郑学益认为新法限制了地主豪商的兼并行为,对社会生产的发展和商品经济的扩大都有促进作用。司马光极力维护豪门权贵的

① 汪圣铎:《王安石是经济改革家吗》,《学术月刊》1989年第6期,第67—75页。
② 吴晓波:《历代经济变革得失》,第105、112页。
③ 方宝璋:《两宋经济管理思想研究》,成都:电子科技大学出版社,2014年,第38—45页。
④ 方宝璋:《宋代管理思想:基于政策工具视角的研究》,北京:经济管理出版社,2011年,第46、166、212页。
⑤ 李剑农:《中国古代经济史稿》,武汉:武汉大学出版社,2011年,第1010页。
⑥ 陈勇勤:《中国经济思想史》,郑州:河南人民出版社,2008年,第174—175页。
⑦ 叶世昌:《古代中国经济思想史》,上海:复旦大学出版社,2003年,第266—280页。
⑧ 赵靖:《中国经济思想史述要(上、下)》,北京:北京大学出版社,1998年。

既得利益,是落后的自然经济形式,具有浓重的保守色彩。① 王振芳和王轶英认为变法发展了生产,改善了财政,在富国强兵方面取得了一定成效,但触动了大官僚、大贵族和大地主的利益。② 叶坦认为新法有利民、害民的双重效果,变法"取诸民"而累聚的财富,来自对社会各阶层的盘剥。③ 赵明认为,王安石变法触动了北宋百年来形成的利益格局,(利益格局包括三部分:一是帝国财政,中央王朝"养官""养兵"和"金钱外交"的开支,再加上王室开支;二是作为王朝根基的以世俗地主为中坚力量,兼及商人阶层的庞大利益集团;三是依附于土地、人口众多的下层农民。)各阶层利益之间的博弈十分酷烈。④ 这些学者关注了变法的"受众"对新法的态度,但未探讨导致"受众"对新法评判的主观思想因素。

在浩繁的论著中,钱穆认为司马光是史学家,讲求现实,王安石重经学,较偏向理论而轻实际⑤;司马光的守持代表了北方人的传统保守态度,王安石的理念代表了南方学者的革新与急进精神⑥。所以,二者的经济理念分歧源于学科差异和地域差异。钱穆这样归纳王安石和司马光的分歧,很有创见;但事实上,无论是理论还是实际,王安石都很重视现实,讲求实用、事功。

不少学者与钱穆的看法略有不同,认为王安石有功利主义倾向,甚至认为王安石就是个功利主义者,新法中的经济政策也深受其功

---

① 石世奇、郑学益主编《中国古代经济思想史教程》,北京:北京大学出版社,2008 年,第 315 页。

② 王振芳、王轶英:《中国古代经济制度史》,太原:北岳文艺出版社,2012 年,第 155 页。

③ 叶坦:《大变法:宋神宗与十一世纪的改革运动》,北京:生活·读书·新知三联书店,1996 年,第 85 页。

④ 赵明:《文人政治的一曲悲歌:王安石变法启示录》,北京:北京大学出版社,2013 年,第 183—191 页。

⑤ 钱穆讲述,叶龙记录整理:《中国经济史》,第 251 页。

⑥ 同上书,第 253 页。

利主义思想影响。其中,朱家桢认为王安石不反对言利,理财是其变法的主要目的,"以义理财"是其变法的理论根据。[①] 胡寄窗认为王安石颇似功利主义者,在经济问题上有两个新见解:公开坚持"理财"和极端强调摧抑兼并。[②] 聂志红认为李觏与王安石一反儒者耻言理财的传统,首开北宋倡导功利思想的先河。[③] 侯家驹指出,王安石属于功利派,熙丰新法富国不裕民,尊君不重民,法令多有不便民处。[④] 吴晓波则直指王安石是个彻底的功利主义者,其对国家治理的思考是非教条和非道德的,与西方的马基雅维利很相似。[⑤] 刘炳良认为王安石作为功利主义思想的代表,掌握帝国实权,较为关注现实财政问题;反对派司马光则以历史学家的深邃,强调伦理纲纪为治国之本。[⑥]

经济学家们跳出传统窠臼,用现代科学理论研究王安石变法,做出很多裨益后世的成果。还有经济学家突破学科界限,探讨了变法中利益纷争背后蕴含的伦理思想,这方面的研究有待更深入具体的开展。

(三)伦理思想领域的相关著述

从伦理思想和经济伦理思想角度展开的研究,主要积聚于通史或断代史里面和变法相关人物的"评传"中。

相当多的学者认为王安石具有功利主义趋向。唐凯麟、陈科华认为,王安石的理财思想兼有"义以理财"的伦理意蕴和"以义理财"

---

① 朱家桢:《中国经济思想史》,北京:人民出版社,1994年,第94页。

② 胡寄窗:《中国经济思想史简编》,上海:立信会计出版社,1981年,第307、318页。

③ 聂志红:《中国经济思想史撷要》,北京:中国民主法制出版社,2012年。

④ 侯家驹:《中国经济思想史》,台北:"中央文物供应社",1982年,第336—346页。

⑤ 吴晓波:《浩荡两千年——中国企业公元前7世纪—1869年》,北京:中信出版社,2012年,第161页。

⑥ 刘炳良:《北宋易学与变法思想研究》,北京:人民出版社,2015年,第208页。

的经济理念,体现了"义利统一"的功利主义价值取向。[1] 朱贻庭认为王安石的伦理思想带有功利主义特色,变法派和反对派在"理财"问题上的冲突源自双方的义利观相异。[2] 吴晓波认为王安石不再"耻言理财",认为"理财即义",是个彻底的功利主义者。王安石还认为富商的财富都是剥削民众而来的,即"兼并积蓄富厚,皆蚕食细民所得",所以"商民对立",政府代表"细民"与"奸回之家"争利,有天然的合法性和道德性,是合乎义的。[3] 朱林、温冠英、罗蔚、姜国柱和金霞认为李觏和王安石的经世思想相符若契,都属于"荆公学派",都有"功利主义"倾向。[4]

赵益和吕世荣等人的研究关涉到义利等经济伦理问题。赵益认为变法触动了"王霸义利"准则,打破了传统儒家"以义为上""公利可言"等矛盾统一的平衡,从而遭到强烈反对和批评。[5] 吕世荣、刘象彬、肖永成认为变法并未触动封建统治根本,二程、司马光等人是从义利角度把问题扩大化了。[6] 诸葛忆兵认为范仲淹与王安石的义利观相似。[7] 刘子健指出,为坚持唯一的道德标准,固守唯一的价值体系,王安石建立"荆公新学"作为变法的理论基础,但新学遭到反对

---

① 唐凯麟、陈科华:《中国古代经济伦理思想史》,北京:人民出版社,2004年,第 344 页。

② 朱贻庭:《中国传统伦理思想史(增订本)》,上海:华东师范大学出版社,2003 年,第 343 页。

③ 吴晓波:《浩荡两千年——中国企业公元前 7 世纪—1869 年》,第 161 页。

④ 朱林、温冠英、罗蔚:《中国传统经济伦理思想》,南昌:江西人民出版社,2002 年;姜国柱:《李觏评传》,南京:南京大学出版社,1996 年;金霞:《依礼求利——李觏经世思想研究》,北京:人民出版社,2013 年。

⑤ 赵益:《王霸义利——北宋王安石改革批判》,南京:南京大学出版社,2000 年,第 160 页。

⑥ 吕世荣、刘象彬、肖永成:《义利观研究》,开封:河南大学出版社,2000年,第 83 页。

⑦ 诸葛忆兵:《范仲淹研究》,北京:中国人民大学出版社,2010 年,第159—170 页。

派的强烈抨击。①

　　还有学者认为党争是新法的重要阻力。邓广铭认为变法派与反对派衡量义理是非、生民忧乐和国家安危的标准相异，是两派冲突激烈的原因。② 金强与葛金芳认为北宋的文官政治是党争的源泉和推进剂，文官政治和党争导致了新法尽废而互讦不已。③ 罗家祥认为宋神宗在党争问题上的作用至关重要。④ 黄敏捷则从东明县民上访事件，揭示了变法各派的激烈交锋。⑤ 巩本栋认为北宋党争是围绕变法革新而引发的一场统治阶级内部的政治斗争，对北宋社会影响深远。⑥ 马玉臣与符海朝在分析党争问题时，都涉及义利问题。⑦ 刘祚昌认为王安石化友为敌的性格特质，致使新法推行困难并开启党争之祸。⑧ 李昌宪概括司马光的伦理思想时，涉及了王安石变法中各派的思想交锋。⑨

　　① 刘子健著，赵冬梅译:《中国转向内在:两宋之际的文化转向》，南京:江苏人民出版社，2012 年，第 60 页。

　　② 邓广铭:《北宋政治改革家:王安石》，西安:陕西师范大学出版社，2009年，第 191、272 页。

　　③ 金强、葛金芳:《北宋文官政治与熙丰党争》，《湖北大学学报》(哲学社会科学版)2001 年第 2 期，第 108—110 页。

　　④ 罗家祥:《宋神宗与熙丰时期的朋党之争》，《江汉论坛》1990 年第 3 期，第 65—69 页。

　　⑤ 黄敏捷:《北宋熙宁四年东明县民上访事件与变法君臣的危机处置》，《史学月刊》2016 年第 7 期，第 41—50 页。

　　⑥ 巩本栋:《北宋党争的再评价及其思想史意义》，《古籍研究》2000 年第 1 期，第 5—10、18 页。

　　⑦ 马玉臣:《熙丰党争新论》，《东方论坛》2005 年第 1 期，第 83—86 页;符海朝、马玉臣:《熙丰党争补论》，《贵州文史丛刊》2005 年第 1 期，第 11　15 页。

　　⑧ 刘祚昌:《论王安石的政治品质与政治作风》，《东岳论丛》1986 年第 2 期，第 9—16 页。

　　⑨ 李昌宪:《司马光评传》，南京:南京大学出版社，2007 年。

在有关王安石变法的研究成果中,葛金芳和金强[①]、朱瑞熙[②]、李华瑞[③]梳理和总结了不同时期有关王安石变法的研究成果,很有借鉴意义。王水照[④]对王安石的全方位研究,对变法利弊的分析,对变法困境的透视,裨益良多。

总之,学界对王安石变法的解读各不相同,这些研究都颇有见地,也为后续研究奠定了坚实的理论基础。经济学家从专业角度得出很多值得借鉴的成果,但很少有人深究经济原因背后的伦理思想因素;伦理学家关注了变法中的道德作用,如君子小人之辨等问题,但忽视了道德观念背后的经济利益驱动。经济学界和伦理学界都触及功利主义问题,但将经济伦理思想与变法思想结合在一起进行研究的尚不多见。经济伦理领域的研究各有侧重,但全方位、深层次探索义利问题对变法影响的研究尚显单薄。所以,本书尝试从义利维度缕析这次变法,期待能起到抛砖引玉的作用。

三、研究思路与主要内容

(一)研究思路

首先,文章从中外学者对北宋的评价中,总结出王安石变法的时代背景。叙述北宋的富足强盛及与之相伴对立的财政窘迫、军事羸弱的"贫弱"现状,追溯官多而庸、兵多而弱、财多而贫的矛盾成因:祖制家法导致的"三冗"痼疾把富足强盛的北宋羁累成"两积""陋宋"。处于表里矛盾、内外交困的社会环境中,北宋士大夫积极探索救治方

---

① 葛金芳、金强:《近二十年来王安石变法研究述评》,《中国史研究动态》2000 年第 10 期,第 11—20 页。

② 朱瑞熙:《20 世纪中国王安石及其变法的研究》,《安徽师范大学学报》(人文社会科学版)2003 年第 2 期,第 151—165 页。

③ 李华瑞:《王安石变法研究史》,北京:人民出版社,2004 年。

④ 王水照:《重新认识王安石,再析变法利弊与"荆公新学"》,《中华读书报》2017 年 3 月 29 日第 15 版。

略,迭涌的思辨和尝试为王安石变法积淀了思想和实践基础。

其次,分析变法在场者的经济伦理思想,变法派趋向于"以义理财,利在义先";反对派坚持"义以制利,义在利先";务实派认为"义利相辅,义利和合"。义利观的迥异导致各派在处理"为谁变法"问题时,在排序"家国"与"国家",及"国"与"民"之间的价值位阶时产生了分歧,帝王最看重"家国"之利,价值排序以维护赵氏统治为首要目的;变法派以"国家"利益为重;反对派首先关注豪强富户的利益;务实派则认为应先考虑黎民利益。义利观的迥异,价值排序的相左,最终导致各派在"怎么变法?"问题上的不同选择:帝相进行顶层设计时,选择"生财"和"取财"兼重,制定推行了一些劫富济国的法令;反对派主张节流养源,藏富于民,与变法派势成水火;务实派则提出裕民而后富国,变法要缓不扰民,避免影响百姓的正常生产生息。因此,苏轼会激烈反对变法派推出的误民法令,又会激烈抗辩反对派废除利民措施。

再次,缕析变法过程,新法制定中的失策及推行中的失当,引起反对派的反对和阻挠,也引起务实派的讥讽和反抗,使新法如陷泥淖。富国之法中,除农田水利法是发展生产的生财之法,符合"因天下之力,以生天下之财""欲富天下,则资之天地""不伤财不害民"的变法初衷,其他的如青苗法和市易法(均输法后来并入此法)均因法令缺陷及推行不当由利民变为祸民,更因法令与富民巨贾争利而招致地主豪商的抵制和破坏,使新法四面受困。且因法令过于超前(青苗法类似小额农业贷款)或滞后(市易法以封建农业意识管制商品经济),违背了经济发展规律,使新法注定失败。免役法和免行法本欲减轻底层民众负担,却因没有考虑现实(钱荒),加之也触动了既得利益集团的利益而遭到各阶级的反对,使新法楚歌四起。强兵之术中的保甲法、养马法因误农殃民而被质疑,募兵法、将兵法凶改制而招嫌,后来虽被神宗以亲率诸军而化解,但帝相嫌隙渐增,使变法遭受最重的损失。

最后,检点王安石变法结果并予以反思,以殷鉴后世。从结果看,王安石变法基本实现了变法目标:富国、强兵、裕民。但随着政局翻覆、党争祸起,良法最终受控于奸党,遗患无穷;也使后世慎言变革,滞缓了中国社会的发展。反思变法各环节,追索失败缘由,得出变法失败的根本原因是有些法令与规律相悖,使新法注定失败;主要原因是在场者的义利观不同,导致价值排序迥异,致使各派在选择变法途径时必然产生冲突;法令本身的漏洞虽可修缮,但增加了推行难度;用人失当也是变法失败的重要原因;主持者的性格缺陷,使之化友为敌,激化矛盾,成为压垮变法事业的最后一根稻草。概括有关王安石变法的评价,除了见仁见智的毁誉褒贬外,此次变法确是中国封建帝制时期的最后一次整体性配套改革;是中国经济史的重要环节,是唐宋转型中的一大拐点;在变法过程中迸发出来的经济伦理思想,激起进一步的争论和探讨,由义利之辨延展而出王霸之争和理欲之辨,融合成"一体两翼"体系,推动着经济伦理思想向更为开阔的领域和更为精深的程度持续发展。

（二）主要内容

文章从四个方面探讨王安石变法中蕴涵的义利思想。一是从变法背景中追溯出社会矛盾的根源在于祖制家法中的国家大义与家国私利的冲突。二是从义利之辨、价值位阶和义利博弈三个角度,对变法中的经济伦理思想展开分析,得出各派因义利观、价值位阶和义利博弈不同,对新法的认知和行为也不同。三是新法的制定和推行情况,都受在场者的义利观影响。四是对变法结果的总结和反思,及对变法过程中经济伦理思想发展的总结。

四、研究方法及可能的创新与不足

（一）研究方法

1.价值排序法:对变法在场者的价值排序进行比较,找出他们排在最优先序列的价值所在,分析其义利观的异同及义利博弈后不同的变法路径选择。

2.阶级(层)分析法:从阶级和阶层的视角,分析变法相关者的义利观及价值排序背后的阶级(层)立场,分析他们在义利博弈中所折射出来的阶级(层)利益。

3.历史分析与比较分析相结合:把熙宁时期士林的活动和思想置于北宋的大历史背景中加以梳理;进行历史分析的同时,辅之以比较分析,把他们的义利思想加以归纳和总结,并列表对比。

(二)可能的创新之处

1.方法创新。用价值排序的方法,分析变法在场者的义利思想,补益经济伦理思想的研究范式。

2.内容创新。以经济问题为经,以伦理思想为纬,分析王安石变法的过程及后果,探讨变法意义,补遗经济伦理思想的研究领域。

3.观点创新。剥析王安石变法,探究变法失败的原因是变法在场者的义利观和价值排序不同。

(三)研究的困难及不足

1.宏观驾驭能力不够。由于王安石变法涉及范围广,跨越时间长,涉及的人物、事件多,研究的史料卷帙浩繁,若把风云诡谲的变法渊源全景呈现,尤其是对北宋祖制家法形成的前因后果及其脉络体系分析透彻,不仅需要对王安石变法的内容和过程有清晰了解,还要对中国经济史、经济思想史、政治制度史以及经济伦理思想史等都有相当的掌握。但作者学识能力有限,涉猎的材料仍嫌不足,难以统筹各学科相关知识,形成准确表述,给予明晰呈现,这也是本书的难点所在。

2.微观探究不够深入,细节的衔接处理不够圆融,对关键人物学术思想的挖掘不够精微。若想全面展示在场者义利思想的全貌,有关在场者的个人资料必须丰富翔实,但现有的文献中,对他们的学术思想和政治思想较多论述,而对他们的经济伦理思想却较少有人涉猎,相关资料相当缺乏。要精确定位和评价变法在场者的义利观、价值排序和义利博弈,只能爬梳宋人文集、笔记等,需要查阅大量的相关文献。篇幅所限,能力所囿,在分析过程中难免挂一漏万,有失偏颇。

第一章

变法的时代背景及其理论渊源

身处动荡诡谲的乱世，得顺居安的宋太祖，以俭恭慈和治民，制定宽松开明的政治经济政策，开创了北宋文明昌盛、繁华富强的基业；以惧慎之心克己待人，定下防弊制衡的治国策略，稳固赵宋统治的同时，也留下了国弱民困的隐患。积沉百年后的北宋社会，贫富分化严重，财政收支失衡，文臣推诿敷衍，武将困塞颓萎。社会富庶而国库困窘的背离，盛世之下而军威不振的矛盾激起朝野争论，形逼势迫之下，革弊鼎新已成大势所趋。

第一节　变法时的社会概况及成因

北宋上承唐末五代动荡之势，终结群雄割据军阀混战之局，为国民经济发展提供了比较有利的环境。所以，先进的科技、繁荣的经济、迭涌而起且影响深远的各种思潮，使得历代学者对北宋称誉不已。但北宋繁华昌盛的表象下，内忧外患相伴始终：疆域较小，边事不断，军事羸弱，国力式微，终宋一代，幽云十六州长悬域外，国土未能统一。历览中国历史，绵延三百多年的中原王朝，始终不能一统江山的，唯有宋朝。[1] 与中国历史上的其他朝代相比，宋朝这种"富饶的贫困，强盛的羸弱"的矛盾特点不但致其有"陋宋"[2]之讽，也引起学界的深思和探究。溯源矛盾现象，可追索到宋初奠定的祖制家法，为改变内外交困的局势，朝野呼吁变革的浪潮层涌迭起，庆历新政惜

---

① 叶坦：《大变法：宋神宗与十一世纪的改革运动》，第 3 页。

② 王夫之著，王伯祥校点：《宰制第三》，收入《黄书·噩梦》，北京：古籍出版社，1956 年，第 9 页。

败后,又引发了中国历史上规模大、程度深、自上而下的王安石变法,但这次由宋神宗和王安石主导的改革却囿于北宋祖制家法的强韧和在场者的义利相异而功败垂成,徒留下扼腕长叹,也留给后世无尽的探讨。

一、学界对北宋的多元评价

学界对宋代的称呼不尽一致,有的学者称之为宋代,有的称之为两宋,无论怎么称呼都涵盖的有北宋。对比欧美、日本和中国本土的学界观点,对北宋研究有所涉猎的学者们对北宋的评价见仁见智,褒贬不一。概而言之,国外学者多称誉,国内学者的评价则较多元。

(一)国外学者对北宋的美誉度很高

国外学界以全球视域,横向比较文明发展程度,对北宋赞誉很高,特别是欧美与日本的汉学家,对北宋不吝赞扬。他们认为中国历史在北宋出现了很多近代化的趋势,社会的诸多方面和现代非常相似:政治开明,政治制度有民主共和的特征,虚君意识出现,皇帝和士大夫共治天下的局面形成。文化昌盛,印刷术进步,书籍流布广泛而迅速,学术思想活跃多姿,促成北宋文化之高度发展。[①] 科技先进,被认为达到了前所未有的高度,是同时代的巅峰,农业技术水平很高,还引进了高产水稻;手工业和冶矿业已呈工业化雏形,矿业形成规模,煤炭被用于冶铁,且冶铁技术精湛。经济发达,北宋的国家财政收入前超汉唐,后越明清,是封建社会中的巅峰。商业繁荣,商品经济逐渐取代自然经济,市场开始取代行政命令而进行资源配置,商业信用异常发达,出现了赊账形式,交子(类似银行汇票、支票、有价证券一类的东西)流通,钱庄(银行金融业)的雏形已经显现。海外贸易也高度繁荣,泉州等已经发展为世界性的港口城市。百姓的物质

---

① 吴叔桦:《苏辙史论散文研究》,台北:万卷楼图书有限公司,2007 年,第 11 页。

和精神生活都很富足,人文素养很高。不少域外学者认为北宋是中国历史上的"文艺复兴时期"或"经济革命时代",是中国"现代社会的开端"①。

国外学者对北宋的评价中,马克思对中国的四大发明评价很高,认为中国火药轰开了中世纪的城堡,中国人发明的热兵器射穿了封建骑士的盔甲;中国人发明的印刷术传播了文化,使得簿记制度能够得到普及;而中国人发明的海上罗盘针使发现新大陆、环球航行成为可能。② 世界著名经济史学家、德国学者贡德·弗兰克(Gunder Frank)认为,11—12世纪的中国,是世界经济最先进的地区,在工业化、商业化、货币化和城市化方面远超其他地方。③ 法国汉学家谢和耐(Jacques Gernet)说北宋现代化的程度令人吃惊:独特的货币经济、纸钞、流通票据,高度发展的茶、盐企业,对外贸易的繁荣,各种产品的专业化等。在社会生活、艺术、娱乐、制度、工艺技术诸领域,无疑是当时最先进的国家,"它具有一切理由把世界上的其他地方仅仅看作蛮夷之邦"④。白乐日(Étienne Balazs)也提出:"中国封建社会的特征,到宋代已发育成熟;而近代中国的新因素,到宋代已显著呈现。"⑤英国汉学家伊懋可(Mark Elvin)认为,唐宋之际发生的"经济革命"(包括农业、水运、货币、信贷、市场结构和都市化)和科技革

---

① Mark Elvin, *The Pattern of the Chinese Past*, Stanford: Stanford University Press, 1973.

② 中共中央马克思恩格斯列宁斯大林著作编译局编译《马克思恩格斯全集·第四十七卷》,北京:人民出版社,1979年,第13页。

③ 贡德·弗兰克著,刘北成译:《白银资本:重视经济全球化中的东方》,北京:中央编译出版社,2005年,前言第21页。

④ 谢和耐著,刘东译:《蒙元入侵前夜的中国日常生活》,南京:江苏人民出版社,1995年,导言第5页。

⑤ 转引自吴钩《生活在宋朝》,武汉:长江文艺出版社,2015年,第235页。

命,意义深远。① 学者李约瑟在《中国科学技术史》中盛赞"中国的科技发展到宋朝,已呈巅峰状态,在许多方面实际上已经超过了 18 世纪中叶工业革命前英国或欧洲的水平"②。他还总结了中国古代的"四大发明",认为四大发明中的三个半都在北宋,造纸术也在宋代得到长足发展。③ 美国学者彭慕兰(Kenneth Pomeranz)援引保罗·贝洛克(Paul Bairoch)的数据,认为 1800 年以前,中国的人均收入领先整个欧洲。④ 孙隆基说:"在我们探讨宋朝是否是世界'近代化'的早春,仍得用西方'近代化'的标准,例如:市场经济和货币经济的发达、都市化。"⑤黄仁宇先生则直接宣称:"公元 960 年宋代兴起,中国好像进入了现代,一种物质文化由此展开。货币之流通,较前普及。火药之发明,火焰器之使用,航海用之指南针,天文时钟,鼓风机,水力纺织机,船只使用不漏水舱壁等,都于宋代出现。在 11、12 世纪内,中国大城市里的生活程度可以与世界上任何其他城市比较而无逊色。"⑥郝若贝(Robert Hartwell)认为北宋发生了"煤炭革命",冶炼等技术水平领先世界,每年的铁产量有 7.5—15 万吨(到 18 世纪初,整

---

① Mark Elvin, *The Pattern of the Chinese Past*, Stanford: Stanford University Press, 1973.

② 转引自吴钩《宋:现代的拂晓时辰》,桂林:广西师范大学出版社,2015 年,自序第 8 页。

③ 葛金芳:《宋代经济史讲演录》,桂林:广西师范大学出版社,2008 年,第 11 页。

④ 彭慕兰著,史建云译:《大分流:欧洲、中国及现代世界经济的发展》,南京:江苏人民出版社,2003 年,第 32 页。

⑤ 孙隆基:《中国千年回顾:一个全球史的鸟瞰》,转引自吴钩《生活在宋朝》,第 238—239 页。

⑥ 黄仁宇:《中国大历史》,北京:生活·读书·新知三联书店,1997 年,第 128 页。

个欧洲,包括俄国的欧洲部分,铁的年总产量才有 14.5—18 万吨)。①
汉学家费正清(John King Fairbank)认为,宋代包括了许多近代城市
文明的特征,所以在这一意义上可以视其为"近代早期"。②《全球通
史》作者斯塔夫里阿诺斯(Leften Stavros Stavrianos)也认为"宋朝时
期值得注意的是发生了一场名副其实的商业革命,这对整个欧亚大陆
都具有重大意义"③。日本学者内藤湖南认为,唐代是中国中世社会
的结束,宋代是中国近世社会的开端。强调北宋的文化、社会高度发
达,其后的历史不过是反复。④ 其弟子宫崎市定认为,宋代是中国历
史上最具魅力的时代,实现了社会经济的跃进、都市的发达、知识的
普及,可以看到显著的资本主义倾向,呈现了与中世社会的明显差
异,应与欧洲文艺复兴是并行和等值的发展,是"东方的文艺复兴时
代"。⑤ 另一位日本学者薮内清也认为北宋时代是中国历史上具有
划时代意义的时代,有许多惊人的成就,可以和欧洲的文艺复兴时期
以至近代相比。⑥

从经济社会各领域的成就看,北宋无愧于国外学者对其的赞誉。
与中国历史上最强盛的唐代相比,宋代的矿产业、制瓷业、纺织业、造

① 郝若贝:《北宋时期(960—1126 年)中国的煤铁工业革命》(A
Revolution in the Chinese Iron and Coal Industries During the Northern Sung, 960-
1126 A. D.),载《亚洲研究集刊》(*The Journal of Asian Studies*), Vol. 21, No. 2
(Feb. , 1962), pp. 153–162。

② 费正清、赖肖尔著,张沛、张源、顾思兼译:《中国:传统与变迁》,北京:世
界知识出版社,2002 年,第 133—172 页。

③ 斯塔夫里阿诺斯著,董书慧等译:《全球通史:从史前史到 21 世纪(第 7
版)》(上册),北京:北京大学出版社,2005 年,第 260 页。

④ 宫崎市定著,焦堃、瞿柘如译:《宫崎市定中国史》,杭州:浙江人民出版
社,2015 年,第 234 页。

⑤ 宫崎市定者,黄约瑟译:《东洋的近世》,收入刘俊文主编《日本学者研
究中国史论著选译·第一卷　通论》,北京:中华书局,1992 年,第 216 页。

⑥ 薮内清著,梁策、赵炜宏译:《中国·科学·文明》,北京:中国社会科学
出版社,1988 年,第 101 页。

船业、造纸业、印刷业、军工业、金融业、饮食业、种茶业、制糖业、酿酒业、建筑业、制盐业、文化产业、娱乐产业等等无一不远远领先于唐代,宋代所发生的"钢铁革命""燃料革命""印刷革命""城市革命""农业革命""商业革命""金融革命""瓷器革命"等等,都让世界为之震撼,极大地推动着生产力的发展。也正因宋代的成就如此辉煌,才令国外学者对北宋的赞誉很高。

(二)国内学者评价各异

与国外学界以全球视域横向比较各国文明发展程度,对北宋的社会经济发展状况非常推崇相比,国内学者则立足于东亚或中国及其周边地区,着眼于对武功国运的关注,从历史的角度加以纵向比较,给出了差异较大的评价。

一部分学者对北宋评价较高。清末学者王国维对宋代颇为称誉,他认为:"故天水一朝,人智之活动与文化之多方面,前之汉唐,后之元明,皆所不逮也。"①当代国学大师陈寅恪对宋代的评价也很高,在他的观念里,岂止夏、商、周,即使是汉、唐,也不能与宋代相提并论,他说:"华夏民族之文化,历数千载之演进,造极于赵宋之世。"②著名历史学家漆侠先生曾指出:"在两宋统治的三百年中,我国经济、文化的发展,居于世界的最前列,是当时最为先进、最为文明的国家。"③历史学教授杨渭生先生也认为:"两宋三百二十年中,物质文明和精神文明所达到的高度,在中国整个封建社会历史时期是座顶峰,在世界古代史上亦占领先地位。"④北宋没有出现严重的宦官专权和军阀割据,兵变、民乱次数与规模在中国历史上也相对较少。宋

① 王国维:《宋代之金石学》,收入《王国维先生全集初编(五)》,台北:台湾大通书局,1976 年,第 1997 页。
② 陈寅恪:《邓广铭宋史职官志考证序》,收入《陈寅恪集·金明馆丛稿二编》,北京:生活·读书·新知三联书店,2001 年,第 277 页。
③ 漆侠:《宋代经济史(上册)》,上海:上海人民出版社,1987 年,第 2 页。
④ 杨渭生:《宋代文化新观察》,保定:河北大学出版社,2008 年,第 418 页。

朝给人的感觉就是和之前的任何一个朝代都有非常显著的差异,是中国历史上最具有划时代意义的朝代。唐宋之际出现了许多革命性的变迁,很多史学家认为唐代代表中世纪的结束,宋朝是现代化的开始。

有的学者并不认同宋代。钱穆先生对宋朝评价就很低,他曾说:"汉唐宋明清五个朝代里,宋是最贫最弱的一环。专从政治制度上看来,也是最没有建树的一环。"①研究宋史的张邦炜先生曾经感慨:"人们往往一提到汉朝、唐朝,就褒就捧:盛世治世。一讲到宋代,就贬就抑:积贫积弱。"②而且在中国的史书上,对宋朝的评价,向来有"暴秦、强汉、盛唐、弱宋"的"公论",和秦朝连起来,以"孤秦陋宋"与所谓的"炎汉盛唐"相对应。③

综合中外学者对北宋的评价,学界一直认同北宋的经济发达水平、文化繁荣程度、政治制度的规范与完备等,都认为明显高于前朝,也是当时的最高峰;但其军事萎弱,边境战事鲜有胜绩,也是事实。所以,对北宋进行评估时,既应该肯定其"文治之盛""风物恬熙",又要哀叹其"国势之弱""被征服于人",故而,得出唐宋两代"乃强弱之枢机,盛衰之际限"的结论。④

对同一个王朝的评价如此迥乎不同,在世界史上也属罕见。那么,真实的北宋是繁华富强的盛世,还是贫困羸弱的陋朝?

二、社会概况:富强表象下的积贫积弱

北宋社会经济高度昌盛,国家赋税收入史上最高,但财政收支严

---

①　钱穆:《中国历代政治得失》,第 74 页。

②　转引自吴钩《原来你是这样的宋朝》,武汉:长江文艺出版社,2016 年,第 259 页。

③　徐洪兴、姚荣涛:《中国历代王朝兴衰录》,长春:长春出版社,2010 年,第 1 页。

④　张丽:《王安石大传》,北京:商务印书馆国际有限公司,2011 年,第 25 页。

重失衡,亏空严重、赤字频现,可谓似富实贫;科技文教极度昌明,武器装备先进精良,可军事却极端衰弱,对外战争总是惨败而归,可谓据强而弱。军事上的萎弱,又使北宋的对外政策转为"虚外安内""金钱外交",在处理国际关系时不得不屈己资敌,致使弱己强敌,形成恶性闭环。

（一）富裕的北宋

北宋时期,国内社会安定,人力资源充足,垦田面积增长,耕作技术进步,水利事业发达,出现了农产品商品化和专业化趋势。农业的兴旺发达,也使手工业和商业得以空前发展,促进了整个社会的经济繁荣。工商经济的繁荣有了充足的劳动力和先进的技术保障,同时也开拓了广大的市场空间,为国民经济的迅速发展提供了稳固的基础和动力。有学者认为,宋代农业和手工业的商品生产、商品市场、市镇经济和货币金融均有划时代的发展。[1]

1. 农业经济空前兴旺

从国民经济体系的维度进行分析,北宋的农业经济相当发达。北宋立国后,对纷争与战乱的治理,对内忧外患的防范,都要求开国之君在经济策略上下大气力,努力恢复生产,发展经济,来维持庞大帝国生存的需要。[2] 宋初诸帝都秉持开明的执政理念,鼓励开放的社会风气,进而形成了兼容并进的社会氛围,为经济发展和科技进步创设了良好的社会基础,从而也促使了各行各业的长足发展。农业方面"不立田制""不抑兼并",注重发展,使"贫富无定势,田宅无定主,有钱则买,无钱则卖"[3]与"富室连我阡陌,为国守财尔"[4]的理念成为

---

① 方行:《中国古代经济论稿》,厦门:厦门大学出版社,2015年,第388页。

② 张丽:《王安石大传》,第25页。

③ 袁采著,刘云军校注:《富家治置当存仁心》,收入《袁氏世范》卷三,北京:商务印书馆,2017年,第159页。

④ 王明清撰,田松青校点:《祖宗兵制名枢廷备检》,收入《挥麈后录余话》卷一,上海:上海古籍出版社,2012年,第188页。

共识。土地买卖自由,贫富变迁可以靠个人努力实现,凸显出了"钱"在经济生活中的重要性,也使超经济强制渐趋削弱,促进了农民的生产积极性。[1] 土地买卖频繁、转移过程加速、商品化程度提高及由此产生的官田私田化,使得地主土地私有制普遍发展起来,地主制经济迅速膨胀,地租收入向上位移,超过国家赋税收入提居首要地位,成为拉动商品经济发展的主要力量。[2] 租佃制取代荫户制,地租从分成制变为定额制,减弱了农民对国家和地主的人身依附,以前的"贱民"转为"编户齐民"的平民,有了"自由迁徙"的权利,为进入手工业者行列提供了条件。[3]

宋初诸帝都很注意发展生产,积极劝课农桑、鼓励垦殖和增加人口。宋太祖连下诏书,鼓励民间植树和垦荒,对有成就者进行奖赏,对伐桑荒地者则论罪惩罚。宋太宗下令在地方各县设"农师",由懂得生产技术的人担任,负责指导农民种田。最高统治者的倡导,促使农业技术有了很大提高。[4] 复耕技术的广泛采用和水稻早熟品种的引进,使农业土地亩产量大幅增加,也从农业中析出更多的富余人口与富余农产品,流入工商业和城市。[5] 宋真宗时,中国人口第一次超过了一个亿,成为全球最大的、以内需为主的统一市场。[6] 当时汴京人口大约一百五十万,在全球中世纪城市中是无与伦比的。[7]

2. 工商业经济繁荣昌盛

农村不抑兼并,城市不设宵禁,不抑工商,积极拓展对外贸易,这都促进了商品经济的发展与繁荣。在商品经济方面,北宋政府对工

---

① 张丽:《王安石大传》,第 26 页。
② 方行:《中国古代经济论稿》,第 389 页。
③ 徐洪兴、姚荣涛:《中国历代王朝兴衰录》,第 21 页。
④ 张丽:《王安石大传》,第 25 页。
⑤ 吴钩:《宋:现代的拂晓时辰》,自序第 7 页。
⑥ 吴晓波:《历代经济变革得失》,第 98 页。
⑦ 张丽:《王安石大传》,第 26 页。

商业管控宽松,与其他王朝"崇本抑末"、轻商抑商不同,北宋倾向于重商主义与"财政国家",对开拓市场、发展商业、创造财货兴趣浓厚,不惮言利。[①] 所以,在农村不抑兼并,在城市不设宵禁,把私人占有视为藏富于民,官商现象更是提高了工商业者的社会地位,刺激了手工业和商业的发展。[②] 宋初诸帝"为国守财"的理念,也改变了以往专权强制与民争利的做法,对于促进民间经济的恢复与繁荣,产生了很大作用。宋太祖曾下令明立"商税则例",并公布于众,不许官吏擅自增税。宋太宗也不断重申政府的商业政策。政府还制定不许勒索刁难商贾、严格市场管理、统一度量衡器、保护私人财产等政策法规。这些政策后来在执行中虽有变化,但最初奠基者的初衷的确是要促使经济发达。[③]

稳定的社会环境、温和的执政理念、积极的经济政策、粮食产量的倍数增长以及人口的膨胀,为工商经济的繁荣发展提供了优质的前提条件。商品经济的兴起、自由贸易的发展,不仅使农业和手工业逐渐走向商品化、专业化和规模化,也使城市经济和海外贸易更加活跃繁荣。市场的需求导致了大规模农业生产商品化的发展,使农业技术得到很大提升。在商业领域,有行、有纲、有邮传,还有浩荡的船队和车队,全国性的商业网络建立起来。商品经济的发达远超前代。[④] 城市经济的发展,也打破了以往的"坊市"制度(即按时间、区域和行业进行贸易),贸易更为开放,商品市场有了划时代发展。10世纪末,在四川地区出现中国最早的纸币——"交子",标志着北宋商品经济的发达,也为货币史写下新的一页。[⑤]

北宋工商业的发达,还体现在经济和企业制度方面有很多创新,

---

① 吴钩:《宋:现代的拂晓时辰》,第 348 页。
② 徐洪兴、姚荣涛:《中国历代王朝兴衰录》,第 21 页。
③ 叶坦:《大变法:宋神宗与十一世纪的改革运动》,第 15 页。
④ 张丽:《王安石大传》,第 23 页。
⑤ 叶坦:《大变法:宋神宗与十一世纪的改革运动》,第 15 页。

中国最早的股份制公司、职业经理人、期货贸易都出现在北宋。[1]

3.国富民裕,富民成社会中坚

经济领域各行业的活跃和繁荣,为朝廷带来稳定且丰厚的财政收入。北宋的赋税收入数额在封建社会里超前越后,被认为是历代最为富庶的王朝,宋末理学家叶适在《应诏条奏·财总论二》中说:"祖宗之盛时所入之财,比于汉、唐之盛时一再倍。""一再倍"就是四倍。南宋史学家李心传在《建炎以来朝野杂记》"国初至绍熙天下税收数"中记载道:"国朝混一之初,天下岁入缗钱千六百余万。太宗皇帝以为极盛,两倍唐室矣。天禧(真宗年号)之末,所入又增至二千六百五十余万缗,嘉祐(仁宗年号)间又增至三千六百八十余万缗。"[2]有材料显示,仁宗朝的赋税收入是唐最强盛时期的两倍,是明朝最强盛时的十四倍,是清朝最强盛时的三倍。以下截取北宋几个时段的财政收入状况,用其与历史上盛誉不衰的唐朝比较,可以看出,北宋政府每年的财政收入远多于唐代。

表1-1 唐代岁入额[3]

年代	数量	单位	种类
天宝八载[4](749—750)	52 300 000	贯、石、匹、屯、端	钱、粟、绢、绵、布
建中元年(780—781)	13 056 070	贯、石	钱、谷
元和二年(807—808)	35 151 228	贯、石	钱、谷
开成初年(836—837)	35 000 000+	贯、石	钱、谷

---

① 郑岩编著《宋朝十讲》,哈尔滨:哈尔滨出版社,2006年,第115页。

② 李心传:《建炎以来朝野杂记》,北京:中华书局,2006年,第289页。

③ 全汉昇:《中国经济史研究(一)》,北京:中华书局,2011年,第173页。

④ 天宝八载(749)是现存最早的唐代岁入的数字,其时上承开元年间(713—741)武功彪炳之后,国势登峰造极,也是唐代政治史上的黄金时代,岁入数字大于唐代任何年份。

表1-2　宋代岁入额①

年代	数量	单位	种类	根据材料
咸平六年 （1003—1004）	60 266 020	贯、石、 匹、斤		《续通鉴长编》卷六六， 《玉海》卷一八五
景德三年 （1006—1007）	63 731 229	同上		同上
景德中 （1004—1008）	65 603 000	贯、石、 匹、两		包拯《包孝肃奏议》卷一 《论冗官财用等》
大中祥符 八年(1015—1016)	73 602 769		钱、帛、 粮斛、金、 银、丝、 绵、禾草	曾巩《隆平集》卷三《户 口》，《续通鉴长编》卷六 六，《玉海》卷一八五
天禧五年 （1021—1022）	150 850 100			《宋史》卷一七九《食货 志》
庆历八年 （1048—1049）	122 592 900	贯、石、 匹、两		包拯《包孝肃奏议》卷一 《论冗官财用等》
皇祐元年 （1049—1050）	126 251 964		金、币、 丝、纩、 薪、刍等	《续通鉴长编》卷一七二， 《宋史》卷一七九《食货 志》，《玉海》卷一八五， 《太平治迹统类》卷二九
治平二年 （1065—1066）	116 138 405			《宋史》卷一七九《食货 志》，《玉海》卷一八五， 《文献通考》卷二四

　　比较表1-1和表1-2可以看出，唐代最高的岁入总额，是5 230

---

① 全汉昇：《中国经济史研究(一)》，第173页。

余万,北宋天禧年间的岁入总额就已达 15000 余万,约为唐代的三倍,经过百年的发展,到宋英宗治平二年(1065),岁入为 1.1613 亿贯,神宗变法后最高达 1.6 亿贯,大约为盛唐的 7 倍。虽然唐宋岁入数字中的物品种类和计算单位不一定相同,但大体上可以由此推断北宋政府每年的财政收入总额都远多于唐代。① 横向与西方国家相比较,北宋的 GDP(国内生产总值)总量占到当时全球的三分之一。② 更具有历史标志意义的是,支撑如此庞大财政收入的不是靠横征暴敛、竭泽而渔,而是基于其发达的经济,特别是繁荣的商业。从真宗朝开始,工商税和征榷的收入就超过了农业税;熙宁十年(1077),北宋税赋总收入为 7 070 万贯(不含左藏库、封桩库),其中农业两税 2 162 万贯,约占 30%;工商税 4 911 万贯,约占 70%,农业税的比重降至约 30%。③ 这也说明宋朝的产业结构已经发生了变化,构成国家财政收入主体的已不是农业,而是工商业。从这个维度加以评判,宋朝堪称当时世界上唯一的"工业化"国家!④

　　国家财政收入多,人民生活水平高,富民逐渐发展成为社会主流。真宗时的宰相王旦说:"国家承平岁久,兼并之民,徭役不及,坐取厚利。京城资产,百万(贯)者至多,十万而上,比比皆是。"⑤宋人程珌认为北宋赋税征纳过程是"农夫输于巨室,巨室输于州县,州县输于朝廷"。这里的"巨室"即是富民,农夫则是租种的佃农。在这样的经济生产与产品分配模式下,小农、富民、国家之间形成稳定的相互关系。富民可以"上当官输",满足国家财政所需,下"为天子养小民",被视为"州县之本""上下之所赖也"。宋太祖对富民的重要

① 全汉昇:《中国经济史研究(一)》,第 181 页。
② 吴晓波:《浩荡两千年——中国企业公元前 7 世纪—1869 年》,前言第 3 页。
③ 贾大泉:《宋代赋税结构初探》,《社会科学研究》1981 年第 3 期,第 52—53 页。
④ 吴钩:《宋:现代的拂晓时辰》,第 382 页。
⑤ 李焘:《续资治通鉴长编》卷八五,北京:中华书局,2004 年,第 1956 页。

作用,有清醒的认识:"富室连我阡陌,为国守财尔"。富民渐渐成为社会的中坚阶层①,不仅是国家赋税收入的主要输入者,还是国家危急时期的主要经济依靠。唐德宗时,朝廷与藩镇交兵,国库空虚,向长安商人"借钱",威逼拷打,搜刮到 80 万贯。② 北宋庆历年间与西夏打仗,宋廷"急于财用",三司预算有十万贯的财政缺口,"议者请呼数十大姓计之,一日而足"③。正因为富民阶层对国家财政的重要作用及其在国家危难之际的坚挺作用,才有了变法触及富民利益时,在社会上激起强烈反对而阻力大增。

所以,无论是与之前的朝代比较,还是和当时的其他国家、地区比较,北宋的国家财政收入都是最高的,人民的生活也是最富足的。若从社会发展、国民收入、人民生活等维度进行评价,北宋不负"富宋"之誉。

(二)强盛的北宋

从科技发展视角评价,北宋是我国古代历史上科技成果最丰、进展速度最快、对后世影响最大的一个朝代。

1. 科技进步,军备精良

台湾学者许倬云研究发现,"宋元时代,中国的科学水平到达极盛,即使与同时代的世界其他地区相比,中国也居于领先地位"④。在我国历史上,北宋时期开始大规模开采煤矿,并用煤炭冶炼钢铁。⑤

---

① 所谓"富民"阶层,是中唐以来特别是宋代以来崛起的一个新的社会阶层。"富民"又称"富室""富家""富户""富人""富姓""多赀之家",某些情况下还可称"大姓""右族""望族""豪族""兼并之家"等。见林文勋、张锦鹏主编《中国古代农商·富民社会研究》,北京:人民出版社,2016 年,第 55 页。

② 刘昫等撰:《旧唐书》卷一二,北京:中华书局,2013 年,第 332 页。

③ 李焘:《续资治通鉴长编》卷三九六,第 9663 页。

④ 许倬云:《万古江河——中国历史文化的转折与开展》,上海:上海文艺出版社,2006 年,第 196 页。

⑤ 苏轼著,孔凡礼点校:《徐州上皇帝书》,收入《苏轼文集》第二册,北京:中华书局,1986 年,第 759 页。

美国学者赫若贝估计,11 世纪北宋的煤产量相当于 17 世纪整个欧洲的煤产量,北宋的钢铁产量相当于六百年后工业革命时期英国的钢铁产量。[①] 四大发明中罗盘和火药的发明,不仅推动了航海业的发展,也把世界从冷兵器时代推进到热兵器时代。[②] 宋代的数学、天文学、冶炼和造船技术以及火兵器的运用,都处于世界一流水平。宋人甚至还用活塞运动制造热气流,并发明了风箱,传入欧洲后,英国人根据这一原理发明了蒸汽机。[③] 此时的北宋,文明和科技已臻世界顶峰。

　　人口的增长(北宋后期已迈上 1 亿台阶)、农业生产率的提高(以一年两熟的复种制和商品性农业为标志)为早期工业化奠定了基础,日新月异的科技成果推动着手工业的快速成长,[④]使北宋的军备工业技术处于领先地位,掌握着先进冶铁技术[⑤]和火药制作工艺[⑥]的北宋,无论是冷兵器(冶铁),还是热兵器(指南针和火药),都居于优势,如北宋的神臂弓,从神宗朝开始直到晚清末年的近八百年间,一

---

　　① 郝若贝:《北宋时期(960—1126 年)中国的煤铁工业革命》(A Revolution in the Chinese Iron and Coal Industries During the Northern Sung, 960-1126 A. D.),载《亚洲研究集刊》(*The Journal of Asian Studies*), Vol. 21, No. 2 (Feb. , 1962) , pp. 153-162。

　　② 葛金芳:《宋代经济史讲演录》,第 21 页。

　　③ 《中国科学技术史》作者、英国学者李约瑟认为"蒸汽机=水排+风箱",而水排和风箱均发明于中国,他因此提出一个著名问题:为什么发明了水排和风箱的中国人并未进一步发明蒸汽机?见吴晓波《浩荡两千年——中国企业公元前 7 世纪—1869 年》,第 137 页。

　　④ 林文勋、张锦鹏:《中国古代农商·富民社会研究》,第 16 页。

　　⑤ "煤铁革命"使北宋铁产量飞跃增加,日本学者吉田光邦估计,北宋铁年产量为 3.5—4 万吨,美国学者郝若贝相信有 7 5—15 万吨,葛金芳认为宋代一年用铁约在 15 万吨上下。参见吴钩《宋:现代的拂晓时辰》,第 212 页。

　　⑥ 北宋时在汴京有大型兵工厂"广备攻城作",下设"火药作",制造各种火器,如突火枪、火球、火炮等。参见吴钩《宋:现代的拂晓时辰》,第 212 页。

直威服四夷。①

2.兵多将广,军事力量雄厚

兵员总数庞大。据《宋史》卷一八七《兵一》载:"开宝之籍(禁、厢军总数)总三十七万八千,而禁军马步十九万三千;至道之籍总六十六万六千,而禁军马步三十五万八千;天禧之籍总九十一万二千,而禁军马步四十三万二千;庆历之籍总一百二十五万九千,而禁军马步八十二万六千。"②

良将如云,名将辈出。从开国时在赵匡胤统领下的诸位开国元勋,到后来主持军务的曹彬及其子曹玮,太宗时威震边塞的杨业、李继隆等,仁宗时折服西夏的范仲淹、韩琦,及战功赫赫的狄青等,神宗熙河开边的王韶,五路伐夏时的李宪、种谔(其父种世衡,其侄种师道皆为名将)③、刘昌祚及沈括等人,皆是智勇双全、谋略过人之辈。

所以,从科技水平、军队数量、军事智慧和武器装备方面讲,北宋社会的整体发展状况,堪称"强宋",不应在军事上屡战屡败,最终输银纳贡,累及国家财政。

故而,从经济社会的发展程度和科技文化的先进程度等方面评价,国内外学者对北宋的推崇不无道理。因为,纵向与前代相比,宋代的城市规模和商品交流得到了空前发展,达到了自封建社会开始以来所未有的高度;其经济发达水平,文化繁荣程度,政治制度的规范与完备等,都明显高于前朝,是中国古代历史上的又一个新高峰;④横向与当时的世界各国相比,超过并行诸国,是当时世界上经济最发达、文化最繁荣、科技最先进的泱泱大国。⑤

---

① 按教弩法中称神臂弩是"中国之劲兵,四夷之畏服也"。见曾公亮、丁度著,陈建中、黄明珍点校:《武经总要》卷二,北京:商务印书馆,2017 年。

② 方宝璋:《宋代管理思想:基于政策工具视角的研究》,第 181 页。

③ 种世衡之子。种世衡、种谔以及后来的种师道祖孙三代,在战争中建立了赫赫威名的"种家军"。

④ 张丽:《王安石大传》,第 25 页。

⑤ 郑岩:《宋朝十讲》,第 115 页。

然而,在经济发达、文化繁荣的同时,宋代的国家财政却常常入不敷出,赤字频现;对外更是武运不振,国力空前衰弱,中原大国在与周边诸势力的交锋中屡战屡败,军威委颓,在外夷欺凌面前俯首纳贡,忍辱苟安,这在中国历史上绝无仅有,在世界史上也十分罕见。

(三)贫弱的北宋

繁荣富强的表象下,北宋却常常陷于内外交困的窘境,国内财政赤字频现,对外武运委颓,国力空前衰弱。当时的社会总局势是:经济上应富实贫,军事上应强实弱。[①] 具体情况是:

1. 负担沉重,财政匮乏

尽管北宋的财政收入为历代最多,可其行政支出、军费开支加上皇宫巨额消费和郊祀赏赐等支出更多,"澶渊之盟""庆历和议",又增加了纳贡开支,渐积渐重的"三冗"耗费巨大,财政常常入不敷出,赤字频现。蔡襄将之概括为:"岁入日少,而岁出益多。或曰:何谓也? 曰:兵日益多,官日益冗,财物有限,而支费无涯,国之所以贫也。"[②]雄厚的经济实力被"三冗"日削月蚀,终致不支。

一是"冗官":官员俸禄优渥,人数过多,财政支出数额巨大。

俸禄优渥。与唐朝相比,北宋地狭官多、民稀官稠,数额巨大的官俸支出,使财政拮据短绌。宋代优待文人,厚待士大夫,官员待遇为历代最高。宋朝给官员的俸禄,名目繁多,特别优厚,包括正俸、职钱、禄粟、职田和杂役之费(元随、傔人的衣粮),还有给卷(出差费)、茶、酒、盐、厨料、薪炭以及马料等费用。与唐朝的官员比,宋代官员的俸禄"给赐过优,究于国计易耗[③]"。宋朝一品官一人月俸禄三百千,年粟一百二十石,职钱六十千,此外还有布帛,傔人七十人,五十

---

① 漆侠:《宋代经济史》(下),北京:中华书局,2009 年,第 414 页。

② 蔡襄撰,陈庆元、欧明俊、陈贻庭校注:《蔡襄全集·富国》,福州:福建人民出版社,1999 年,第 430 页。

③ 赵翼:《廿二史札记·宋制禄之厚》,北京:中华书局,1984 年,第 534 页。

人衣粮,二十人日食。① 此外,还有各种赏赐。唐朝的官俸制规定一品官年俸禄七百石,职分田十二顷。② 除此之外,没有其他的收入。知府(知州)的月薪:本俸、职钱加上"公使钱"(特别办公费)、职田租金及各种补贴,大概有500贯左右,相当于年薪40万美元,和美国总统年薪差不多。③ 赵翼在《廿二史札记》中曾专门提到宋代的"制禄之厚""恩荫之滥"和"恩赏之厚",评价宋代朝廷对官员是:"恩逮于百官者,唯恐其不足;财取于万民者,不留其有余。"优渥的待遇,使官吏们没有了物质上的困窘,本该全力奉公,安邦济民,但高薪却养起奢侈风。官员们索求无度,欲壑难平,致使仕风日坏,吏治与所耗恶性循环。

人数过多。冗官并非宋代所特有,但在宋代最盛。④ 宋代入仕的途径有五种:贡举、奏荫、摄署、流外、从军,⑤ 其中贡举、奏荫是最主要的两种。贡举是朝廷取士的正规途径,考生只要考中进士就可直接做官,无须经过吏部加试。贡举确实选拔了大批优秀人才为朝廷效力⑥,如欧阳修、范仲淹等都是通过科举入仕的。但由于录取人数逐年增多,最终膨胀成庞大的官僚队伍。太祖朝取士还较谨慎,进士每年不过十人左右。自科举取消对庶人的限制后,只要考试合格,寒士亦可以入仕,录取对象相应扩大。太宗为笼络士人,一科进士取三四百人,诸科近千人。依据史料,有学者统计出的数字更大,太宗在位22年间,共录取4 500余人,平均每年200多人。⑦ 之后,真宗咸平三

---

① 脱脱等:《宋史》卷一百七十一《职官》十一,北京:中华书局,2013年,第4101—4108页。

② 欧阳修、宋祁:《新唐书·食货五》卷五十五,北京:中华书局,1975年,第1393页。

③ 吴钧:《宋:现代的拂晓时辰》,第373页。

④ 金霞:《依礼求利:李觏经世思想研究》,第31页。

⑤ 脱脱等:《宋史》卷一百五十八《选举》四,第3693页。

⑥ 脱脱等:《宋史》卷一百五十五《选举》一,第3604页。

⑦ 李国钧等著《中国书院史》,长沙:湖南教育出版社,1994年,第40页。

年(1000),皇帝亲试举人,取进士 409 人,诸科四百三十余人,又试进士科五举、诸科八举和 50 岁以上的老考生,取进士及诸科共九百多人。仅这一年朝廷取士就达 1 800 多人。^① 仁宗朝更疯狂,13 次科举共取进士、诸科 9 000 人。^② 有人统计仁宗朝录取各科登第者多达 14 000 人,平均每科 1 000 多人^③。

进士为官后又通过恩荫制度衍生出更多的官员,如滚雪球一般越滚越大。恩荫又称"任子""门荫""荫子",是官员按照职、阶高低而为其子弟或亲属获得官衔或差遣的制度。官阶越高,恩荫的人数越多,所以,皇族享受的恩荫最多。^④ 至于特恩荫补,更无定法,北宋诸帝多以宽仁自尚,官阶和待遇就成了朝廷恩赐大臣的一种方式,皇帝随心所欲下诏特恩荫官。自真宗确立恩荫制度^⑤,平均每年恩荫补官者不下 500 人,最后许多人成了只挂名不做事的闲散官员,"居其官不知其职者,十常八九"^⑥。清代学者赵翼评价说:"荫子固朝廷惠下之典,然未有如宋代之滥者。"^⑦对于屡试不第的人,宋朝还实行"特奏名"制。科举屡试不第者,可由各州申报礼部,核准后特予奏名,直接参加殿试,不论结果如何,均赐予进士荣誉。

科举时的大肆录取和恩荫恩赐造成庞大的官僚队伍。户部副使包拯曾统计:从真宗景德、大中祥符年间到仁宗皇祐年间的四五十年

---

① 李焘:《续资治通鉴长编·真宗》卷四十六,第 998 页。

② 李焘:《续资治通鉴长编·仁宗》卷一百二至一百五,第 2348—2460 页。

③ 李国钧等著《中国书院史》,第 40 页。

④ 皇族宗室本来规定 7 岁男童就可授官,后来竟发展到连襁褓中的婴儿也有官号并享受食禄。仅庆历七年(1047),皇族恩荫授官者竟达 1 000 多人。名将曹彬死后,荫及亲族门客、亲校也有 20 多人。见赵翼:《廿二史札记·宋恩荫之滥》,第 536 页。

⑤ 白钢主编《中国政治制度史》(下卷),天津:天津人民出版社,2002 年,第 558 页。

⑥ 脱脱等:《宋史》卷一百六十一《职官》一,第 3768 页。

⑦ 赵翼:《廿二史札记·宋恩荫之滥》,第 535 页。

内,官员总额从 9 700 多员扩大到 17 300 余员,且未受差遣的京官、使臣及守选人不在内。较之先朝,才 40 余年,已逾近一倍。真宗咸平四年(1001),皇帝下令:"减天下冗吏一万九千五百余人,所减者如此,未减者可知也。"如果官员总数的增加还不足以说明冗官现象,但若出现"州县不广于前",而官员已是"五倍于旧"①的现象,则冗官就是必然的。此外,还可从地狭官多和民稀官稠两方面证明宋朝的冗官现象,与唐朝相比,唐朝的国土面积远远超过宋朝,可宋朝设县比唐朝多,官员数量是唐朝的两倍多(唐朝 2 万人,宋朝 4.8 万人),所以是地狭官多。宋代户数与官员的比值大多数情况在 600 以下,比两汉、隋、后魏都低。所以,民稀官稠。②

这种"纡朱满路,袭紫成林"的"冗官"压力,势必会加重政府的财政需求,使朝廷背上沉重的财政包袱。

二是"冗兵":军人数量庞大,供养军队使财政不堪重负。

军人数量庞大。与唐代相比,唐玄宗时国家拥兵 12 万。③ 而宋朝开国初就有 22 万士兵。北宋实行的是募兵制,奉行养兵杜患方针,每次都从遭受天灾人祸的灾民中征收大量青壮年入伍,加上边防需求,兵员数量不断累加。从表 1-3 可以窥见北宋前期军队数量的增长幅度。④

---

① 脱脱等:《宋史》卷二百八十四《列传》第四十三,第 9594 页。

② 马玉臣:《从县的密度与官民对比看宋代冗官》,《河北大学学报》(哲学社会科学版)2005 年第 6 期,第 13—19 页。

③ 欧阳修、宋祁:《新唐书·兵》卷五十,第 1328 页。

④ "于是诏中书、枢密院同议。枢密院奏:开宝之籍总三十七万八千,而禁军马步十九万三千;至道之籍总六十六万六千,而禁军马步三十五万八千;天禧之籍总九十一万二千,而禁军马步四十三万二千;庆历之籍总一百二十五万九千,而禁军马步八十二万六千。"见脱脱等《宋史》卷一百八十七《兵》一,第 4576 页。

表1-3　宋太祖开宝年间至宋仁宗庆历年间军队增长

年代	军队总额（禁、厢军）	净增值
太祖开宝年间（968—976）	37.8 万	
太宗至道年间（995—997）	66.6 万	28.8 万
真宗天禧年间（1017—1021）	91.2 万	24.6 万
仁宗庆历年间（1041—1048）	125.9 万	34.7 万

如表1-3所示，从太祖到仁宗年间，军人数量增加了三倍还多。北宋帝王也曾觉察到冗兵问题，着手裁减过军队。景德二年（1005），真宗依照枢密使王继英等大臣的建议，"乃命先于下军选择勇力者次补上军。其老疾者，俟秋冬慎择将臣令拣去之"①。大中祥符元年（1008）二月，宋真宗又下令让年老有病的厢兵回家务农，他国士兵②由于没有依靠只好留在军队中充当剩员。③ 仁宗也意识到士兵繁多，担心"帑庾不能给"，在平息西夏叛乱之后，"乃诏省兵数万人"。④ 被裁减的士兵只是几万人，而军队人数多达百万，对于解决冗兵问题于事无补。一般来说，老病的士兵往往从禁军转移至厢军，较少被劝归农。政府裁军的人数和速度远远不及征兵的人数和速度，冗兵问题遂积重难返。

军费浩大。官员有俸禄，士兵有军饷，宋朝的兵员数额为历朝所少见，每年所费军饷与官俸相比有过之而无不及。庞大的养兵费用，使北宋财政不堪重负，常处于拮据窘境，军费也成为国穷民困的重要

① 脱脱等：《宋史》卷一百九十四《兵》八，第4826页。
② 指其他国家如交趾、西夏、契丹等国的人在宋朝军队里当兵。
③ 《宋史》记载："老病者便放归农，内契丹、渤海、日本外国人恐无依倚，特与收充本军剩员。"见脱脱等《宋史》卷一八九《兵》三，第4650页。
④ 脱脱等：《宋史》卷一百八十七《兵》一，第4574页。

因素。景祐元年(1034),三司使程琳计算军费开支时,发现河北路一年的军粮占税赋的30%,陕西路更高达50%,两路一年的缗钱总共上千万。[①] 如果加上其他路的军费开支,可以想象数字有多么庞大。平均每个士兵约500[②],91.2万士兵的奉钱高达45 600万,这还不包括赐予的军粮和布。[③] 蔡襄在《论兵十事疏》中论"养兵之费"时,核计养兵费用在财政收入中所占比重中说道:"一岁所用,养兵之费常居六七,国用无几矣。"之前,他在《强兵篇》中曾说:"天下六分之物,五分养兵,一分给郊庙之奉、国家之费,国何得不穷? 民何得不困?"[④]虽然两次比例有差异,但养兵费用占财政开支的绝大部分是一致的。而且,蔡襄所说的还只是处于静态中的养兵费用,实际上,即使对辽或西夏历次战役临时增加的军费不计,北宋平时戍守各地的禁军每三年"更戍"时的费用,就又是一笔巨额开支。所以,有人计算,北宋时期的军费占财政收入的十之八九[⑤],占比为历朝之最,连神宗都曾发出"穷吾国者兵也"的慨叹。而且,壮丁入伍,农村劳动力的出逃,极大地影响了农业、手工业等各行业的发展,又进一步拖累了国民经济的发展。陈靖、欧阳修、苏轼、苏辙都曾写有文章对宋代兵役制与农村土地荒芜的关系进行分析,得出几近相同的结论,那就是

---

① 脱脱等:《宋史》卷一百九十四《兵》八,第4842页。

② 《宋史》记载:"嘉祐二年复定等仗,自上四军至武肃、忠靖皆五尺已上,差以寸分而视其奉钱:一千者,以五尺八寸、七寸、三寸为三等。奉钱七百者,以五尺七寸、六寸、五寸为三等。奉钱五百者,以五尺六寸、五寸五分为三等。奉钱四百者,以五尺五寸、四寸五分为二等。奉钱三百者,以五尺五寸、四寸五分、四寸、三寸、二寸为六等。奉钱二百者,以五尺四寸、三寸五分、三寸、二寸为四等。"平均每位士兵的奉钱为五百。见脱脱等《宋史》卷一百九十三《兵》七,第4800页。

③ 据费正清统计,到庆历元年(1041),北宋在编军队人数已达125.9万,他们的开支占政府总开支的近80%。见费正清:《中国:传统与变迁》,第148页。

④ 蔡襄撰,陈庆元、欧明俊、陈贻庭校注:《富国》,收入《蔡襄全集》,福州:福建人民出版社,1999年,第430页。

⑤ 王曾瑜:《宋朝兵制初探》,北京:中华书局,1983年,第291页。

自五代以来,直到北宋中叶,京西路诸州郡之所以一直存在着大面积的抛荒土地,与当时实行的募兵制度有直接关系。在凶荒年份或流民众多地区,州郡长吏大量招兵,使农村的青壮年劳力流向军营,永离土地,阻滞了农村的灾后重振,拖慢了农村经济的发展。

三是"冗费":皇族日益奢靡,皇帝大行郊祀赏赐,加重财政负担。

开国之初,太祖太宗坚持"服浣濯之衣,毁奇巧之器,却女乐之献,悟畋游之非,绝远物,抑符瑞"的好传统。但仁宗之后,皇室开始逐渐靡侈挥霍、燕宴赏赐、郊祀兴造,"肇荒淫之基""发奢泰之端";真宗时制造祥瑞,建造道观,甚至大行封禅等,仁宗后期开始,皇帝每每大行赏赐,动以万计。① 仁宗死后大办丧事,大赐遗留财物给百官,罄尽国库所有。君行臣效,群臣也日渐"以豪华相尚,以俭陋相訾",进一步扩大需求,加深"冗费"时弊,这不但恶化了仕风,也让当时难以支撑的财政雪上加霜。

四是岁贡输出,财富外流,加大财政困窘。

北宋兵多却不精,将广却被掣肘,致使武运萎靡不振,在对外军事交锋中,常处于劣势。加之宋代帝王奉行"经济外交"思想,所以在与周边势力的博弈中,常以金钱换苟安。如景德元年(1004),真宗在战争已近乎胜券在握的情况下,与辽国签订"澶渊之盟",约定北宋每年给辽国纳"岁币"银 10 万两、绢 20 万匹,双方结成兄弟之邦,互不侵犯。庆历四年(1044),为免除西北边境的战事,仁宗同样在胜局基本在我的情况下,与西夏签订"庆历和议",约定西夏向北宋称臣,北宋则每年给西夏"岁赐"银 7.2 万两,绢 15.3 万匹,茶 3 万斤。

签订这些和议,北宋或以屈身示弱为国内发展换来边境的暂时安宁,或故作宽仁得到虚荣的面子,但条约的履行却使国家财政愈发亏空,百姓的赋税负担越发沉重,而辽国和西夏则得到真正的实惠,用北宋的"岁赐"挽救将颓的国内经济局面,得以喘息和休养。此消

---

① 张丽:《王安石大传》,第 40 页。

彼长日久,弱己强敌的结果是北宋的积贫积弱之势愈发严重。

五是其他因素使财政困难叠加。

后世学者把冗兵、冗官、冗费概括为三冗,其实北宋时期冗僧等出家人也使财政困难叠加,成为拖累社会经济的因素。当时各种思潮相激而勃发,儒、释、道三教合流,僧人、道士的数量很多,他们不仅占据大量的良田和劳动力,还免缴地租和免去劳役,严重阻碍农业生产的扩展和财政收入的增加,对人口的自然增长也有一定影响。

"三冗"问题累积到仁宗后期,出现了严重的"积贫"现象。《宋史》记载:"仁宗之世,契丹增币,夏国增赐,养兵西陲,费累百万。"庆历年间(1041—1048)的财政赤字,每年高达300万缗以上,财政系统要靠向皇帝的内库借钱来维持巨额支出。欧阳修曾叹息:"财不足用于上而下已弊,兵不足威于外而将骄于内,制度不可为万世法而日益丛杂。"以范仲淹为首的变革派曾为解决这一问题而实行了庆历新政,可惜最终不了了之。到宋神宗即位时(治平四年,公元1067年),财政年总收入是116 138 400两,但支出是123 043 100两,已经入不敷出,加上其他的零星支出、"非常出"共115 021 200两,几乎与当年的国民收入总值持平,所以,当年的财政总支出是总收入的两倍,国库已经严重亏空。神宗即位后,英宗的治丧费和神宗登基的恩赏费只有仁宗时的三分之一。皇帝没有充足的资金为先皇办丧事,只得以崇尚节俭为由进行掩盖;面对例行赏赐,更是捉襟见肘,无力进行。也正是受此窘迫形势所逼,宋神宗进行改革时才会那么坚定。

2.羸弱的军事加重了财政负担

北宋时期的边境威胁主要在北部,从西至东分别是西夏(党项族)、辽(契丹族)和逐渐兴起的金(女真族)。

孙子主张"兵者,国之大事",要以利为动。因为"带甲十万"要"日费千金""兵外而国利者未之有也""久暴师则国用不足",故李剑农认为,在造成北宋经济困窘的众多因素中,最重要的是东北及西北二边,常受边境诸族威胁,不得不养重兵以备之,造成军费支出浩大,国库常虞不给。① 而战争失利带来的经济损耗和输银纳贡的弱己资敌,则进一步加重了财政的亏空。

兵多将广、军备精良的北宋,自太祖统一南方转战北方后,军事上大多时候都处于劣势,强敌环伺下,向北的统一大业难以实现。对辽,太祖几次北伐无功而返,设立"封桩库",肇发"经济外交"由头;太宗平定北汉后御驾亲征,意欲收复燕云,却在高粱河一役中箭负伤,折戟而归;歧沟关宋军的溃败,不仅使雍熙北伐惨败收场,还使北宋国力大损,更严重的是宋军自此产生恐"辽"心理,对辽局势由战略进攻转为战略防御,渐萌"守内虚外"思想。真宗时在胜券在握的情况下,签订"澶渊之盟",北宋以输银纳贡换来长期和平。与西夏,也在三次大败(三川口、好水川、定川砦)后签订协议,西夏称臣,北宋岁赐输银。所以,无论是对辽还是对西夏,北宋的对外战争除太宗平汉,真宗以胜结盟②、王安石变法时的熙河开边③断西夏右臂,绍圣年间成就最强西线外,鲜有胜绩。尤其是元丰年间的五路伐夏,在国库充盈、兵强将勇的情况下,宋军却因组织不当、统筹不力致使惜败于夏军。功亏一篑的西征后,神宗再次的用人不当导致永乐惨败,致使西夏与北宋的强弱之势完全翻转,从此,西夏主动进攻中原,屡屡东进夺城掠地;而宋军只有抵抗之力,难有进取之功。军事上的几次失败,也使神宗雪耻光复、一统天下的雄心受到严重挫伤,导致他身心

---

① 李剑农:《中国古代经济史稿》,第 736 页。

② 指公元 1004 年的"澶渊之盟"。关于这个和议,有人认为是北宋文弱的力证;也有人认为是双赢的结局:宋帝国占关南三州,以金钱交换,且宋军组织一场大战,需要上千万贯,以 30 万贯以免除战争,既了却了最大边患,又避免了生灵涂炭,还为仁宗朝的文治巅峰创造了前提条件。契丹帝国每年有 30 万贯巨额财富的稳定收入,确保了国内经济的稳定发展。从这个维度上看,可谓趋近于帕累托最优状态。参见黄如一《铁血强宋》,昆明:云南人民出版社,2009 年,第 102 页。

③ 熙宁变法期间,王安石全力支持王韶对西蕃诸部的招讨,王韶取得河湟大捷,招降吐蕃诸部,为围剿西夏的战略目标奠定了基础。

疲惫、英年早逝,致使变法事业中断,直至去世后全面被废。

客观地说,与其他朝代相比较,北宋诸帝虽不都是贤明仁达之辈,但也不都是昏聩失德之主;且北宋时期名臣辈出,将星璀璨。可就在这样社会稳定、政治清明的前提下,武运国势却逐渐陷入萎弱,积重难返,直至后来都城隳落,宗庙被毁,皇族受辱。追溯这种似富实贫、据强而弱的奇怪现象的根本原因,北宋历代皇帝所奉行的统治策略(祖制家法)实为祸端。

三、矛盾根源:祖制中的国家大义与家国私利冲突

追溯北宋社会"似富实贫""据强而弱"的成因,最终指向由太祖定下基调,宋初诸帝继承并发展的"祖制家法"。客观论之,北宋初年,"祖制家法"在稳定社会(收兵权杜绝了朝代更迭、社会动荡的可能)、发展生产(前面已述)方面起着积极作用,但其所蕴涵的国家大义和家国私利冲突,也成为生发诸多矛盾的重要前提,成为影响北宋兴旺盛衰的关键因素。

(一)北宋的祖制家法

在"家天下"的社会中,指代天下国家的"社稷"总是与"宗庙""祖宗"联系起来认识,国家的支配体制和家族秩序有着密切的关联。[①]"尊祖敬宗"是礼制的核心内容,也是儒家秩序观和伦理观的基本出发点。帝制国家维系其政治结构的根本性原则,浸润在宗法制度的深厚传统之中,借助于祖宗威灵,依赖于经验与传统,注重前世之"故事"与惯例。这样的决策及施政方式,决定了对祖宗的崇敬总是与对其规制举措的仿效绕在一起的,事实上体现着渊源久远的

---

① 有关中国古代帝国的支配体制与家族主义等问题的学术史梳理,可参见尾形勇《中国古代的"家"与国家》序章,张鹤泉译,北京:中华书局,2010年,第1—62页。

"人治"与"礼治""法治"精神的衔接。①

经历长期混乱局面建立起来的北宋王朝,其社会形势复杂,立国基础薄弱,社会政治、财政经济、人才教育、思想学术、武备边防等,无不贫弱凋敝。五代时期,王朝更替频繁的同时,也使君臣父子等伦理纲常遭到破坏,等级制度松弛,宗法谱牒废弃。士大夫们虽以仁义忠孝为学,享受国家俸禄,却常罔顾国家存亡,这样的状况对加强皇权统治大为不利。北宋立国之后,赵宋统治者迫切需要重整伦理纲常,规范道德基础,恢复强化统治秩序,所以宋朝历代统治者都对士人礼遇有加,对文人优容涵养,以期重建伦理秩序,使赵氏统治长治久安。② 故而,北宋的"祖制家法"并非无本之木、无源之流,它产生于总结继承历史遗产的基础之上,其"本"植根于经历动乱、戒惕动乱的土壤中,其"源"要追溯至晚唐五代。就其原始意义而言,"祖制家法"特指太祖太宗"垂范立制"时所创设、贯彻的精神原则及其订立的诸多法度,他们奠定的政策基调和做法(如统治中枢的基本政治格局、宋初的文武关系、宋代的士大夫政治等)是宋初政治的中心内容。③ 真宗至仁宗前期,把立国以来所施行的法度及其精神加以总结概括,将其明确称为"祖宗典故""祖宗之法",并奉为治国理政之圭臬。随着宋代历史的推移,逐渐扩展为泛指赵宋列祖列宗建立与维持的轨范。④ "祖宗之法"的明确提出,其核心精神的具体化,其涵盖内容的不断丰富,是在宋代历史上长期汇聚而成,也是经由士大夫群体相继阐发而被认定的。所以,北宋的"祖宗家法"并不是一种固定具象、条目清晰的实体,而是诸多规定背后起制约作用的一种轨范,

---

① 邓小南:《祖宗之法——北宋前期政治述略》,第22—23页。
② 刘炳良:《北宋易学与变法思想研究》,序言第21页。
③ 邓广铭:《宋朝的家法和北宋的政治改革运动》,载朱东润、李俊民、罗竹风主编《中华文史论丛》1986年第3辑,上海:上海古籍出版社,1986年,第85—100页。
④ 邓小南:《祖宗之法——北宋前期政治述略》,第65页。

一种反映宋代制度文化的精神性内核,反映着一些探求治道的政治群体心目中的一种理念。①

尽管宋代的"祖宗之法"有其基本固定的原则,宋人也曾列举一些特定方面,但这些内容并非以条款方式出现,没有明确严格的范围界定,宋人对"祖宗之法"的具体理解,实际上也并不相同。宋代人信守"祖宗之法"不仅是一种政治行为模式,也是一种思想文化模式。此轨范广泛存在于宋代君王及士大夫的理念之中,对现实政治发生着深刻的影响,它不是实体,而是行为标准、精神原则。② 在宋人心目中,"祖宗"的举措施为及其原则被认定为"祖宗之法",被奉扬为一个朝代神圣的政治号召。大到朝廷决策的理论依据,小到任用官吏、确定则例……凡事举述"祖宗家法",成为赵宋突出的历史现象,宋人对于"祖宗之法"的重视与强调,达到了前所未有的程度。从宋人的议论看,"祖宗家法"和"祖制家法""祖宗之法"并无实质区别,"祖宗家法"的表述,兼容并包地将"家法"和"国法"混融为一体,反映出传统意识对"家国一体"的认定与强调,故而,在君臣关系方面,突出地体现着"忠""孝"的价值行为模式,在王朝设范立制的取向方面,鲜明地显示出注重秩序、注重承续、注重稳定的政治精神。③

所以,宋人心目中的"祖宗之法",是一动态累积而成、核心精神明确稳定而涉及面宽泛的综合体。它既包括治理国家的基本方略,也包括统治者应该循守的治事态度;既包括贯彻制约精神的规矩设施,也包括不同层次的具体章程。从根本上讲,它是时代的产物,是当时的社会文化传统与政治、制度交互作用的结晶;其出发点着眼于"防弊",主要目标在于标准政治格局与统治秩序的稳定,其核心思想是维护皇权,基本国策是经济外交。贯穿"祖制家法"的指导思想,是

---

① 虞云国:《从陈桥到厓山》,北京:九州出版社,2016 年,第 183 页。

② 邓小南:《祖宗之法——北宋前期政治述略》,第 13 页。

③ 同上书,第 43 页。

宋太祖的"弱臣以隆主,弱将以安君,弱兵以安内,弱民以安国"原则;
其立法贯穿的总原则是:以防弊之政,为立国之法。宋太宗总结并继
承了太祖的用意,并将其概括为"事为之防,曲为之制",并奉为巩固
政权之法宝。① 嗣后诸帝秉持这些理念并采取各种措施加以贯彻,最
终形成崇文抑武,强干弱枝,上下相维,内外相制,同级相持(异论相
搅)的国家管理体系。宋代历史上的许多问题的纠结就在其"祖宗之
法"。中央集权的活力与僵滞、各层级权力结构的分立与集中、"守内
虚外"格局的展开、文武制衡关系的形成、官僚机制运作过程中上下
左右的维系,乃至赵宋王朝的兴与衰,如此等等,处处都会遇到所谓
"祖宗家法"的问题。②

(二)祖制家法中的义利和合,促进了社会发展

鉴于唐末藩镇乱国,五代十国武力篡国、政权更迭频仍的教训,
为了不让甫建的王朝再蹈五代覆辙,确保赵宋江山长存,宋初皇帝
"以防弊之政,为立国之法",多管齐下,嗣后诸君则运用各种策略强
干弱枝,强化中央集权,增强皇帝的权力。宋代帝王的统御方略和措
施,是卓有成效的:中央集权得到强化,权力集中到皇帝手中,"君弱
臣强""外(地方)重内(中央)轻"的弊病及兵将联手兵变的危险消
除。其中被赞誉肯定的方面有:限制宗室、外戚、宦官权力,权力的分
立与制衡,与士大夫共治天下,不杀言事臣僚,提倡"忠义"气节,后宫
皇族谐睦俭约,等等;对"祖宗家法"的运用和实施,避免了武将拥兵
自重,文臣擅权弄国,确保了赵氏权柄在握和赵氏统治的长治久安。
政局稳定,政治清明,也为社会发展创造了和平稳定的环境,使历经
五代混战的百姓得以休养生息,促进了北宋的经济和文化得以繁荣
发展。北宋在经济、文化、科技等方面取得的成就皆为制度之功。经
济上不立田制,不抑兼并,提高商人地位,默许官商等都促进了社会

---

① 邓广铭:《宋朝的家法和北宋的政治改革运动》,第85—100页。
② 邓小南:《祖宗之法——北宋前期政治述略》,第66页。

经济的蓬勃发展,使北宋成为当时的经济强国;文化上,崇文抑武,从太祖的"宰相要用读书人"到真宗的"书中自有颜如玉,书中自有黄金屋",以致整个社会都充斥着"万般皆下品,唯有读书高"的理念,使北宋时期的文教达到高峰,也使有宋一代的文坛群星璀璨;科技上的成就令当时的其他国家难以望其项背。这些策略和措施终结了唐末以来政权更迭频仍、社会动荡混乱的局面,为社会经济的繁荣发展创设了良好的社会环境,也保障了赵氏统治的长治久安。

明清之际的王夫之对宋代在总体上无多好语,但对"祖宗家法"却持两分法。一方面虽痛斥赵宋家法的狭隘性:"宋本不孤,而孤之者,猜疑之家法也!"一方面对其所起的规范作用也大加肯定,他在《宋论》里指出,即其子孙之令,抑家法为之檠括;即其多士之忠,抑其政教为之熏陶也。

概而言之,北宋延展而成的祖制家法在经济方面,不立田制,不抑兼并,不抑工商,发展海外贸易等;在文化科技方面,尊儒崇文,开明、开放、开拓;在政治和军事方面则主张文治靖国,重文轻武,防弊制衡。这也是祖制家法与社会发展比较契合的部分。祖制家法中,在义利较统一和合的经济、文化、科技等领域,社会经济发展都取得了耀世成就。

经济上:不立田制、不抑兼并、不抑工商、发展海外贸易等策略,兼顾了促进社会生产力发展和提高人民生活水平,融合了惠及天下、恩泽黎民的大义与提高财政收入、稳固赵氏统治的私利。农、工、商业的蓬勃发展,逐渐使北宋确立经济强国地位。

文化科技上:北宋奉行崇文尊儒思想,且统治者态度开明、心态开放、心胸开阔。整个社会都充斥着"万般皆下品,唯有读书高"的理念,这使北宋时期的文教达到高峰,也使有宋一代的文坛群星璀璨,整个国民文化素养的提高,为社会生产力的快速发展提供了潜在动力;开放的心态、开阔的心胸,使北宋的海外贸易不断拓展,一方面为北宋提供了开阔的视野,可以吸纳先进技术,融合各种文明,提高社会生产力(如占城稻的引入极大地提高了粮食产量);另一方面也促进了北宋商品经济的发展,既丰富了人民生活,也提高了财政收入。对中外文明的兼容扬弃,也使北宋科技上的成就领先世界其他地区。开明宽容的社会氛围,繁荣富强却又贫困羸弱的国家现状,引发北宋士林思潮迭涌,在"义利之辨"等论题上交锋迭起,进一步发展了中国传统经济伦理。

(三)祖制家法中的义利冲突,造成积贫积弱之势

鉴于唐末五代之乱,防弊成为"祖宗家法"的立法基调,在祖制家法与社会发展的契合中,收到了一些积极效果,但也带来诸多负面影响,尤其是在政治、军事等领域,义利冲突激烈,逐渐羁累国家财政,削弱军事实力,不仅影响了国计民生,还导致了王安石变法的失利,为颠庙亡国埋下隐患。

1."祖制家法"里义利冲突的表现:防弊思想及措施

北宋祖制家法的目标在于稳定统治秩序,加强中央集权;核心思想是维护皇权;指导思想是:弱臣以隆主,弱将以安君,弱兵以安内,弱民以安国。太祖的总原则是:以防弊之政,为立国之法。太宗概括为"事为之防,曲为之制"。① 嗣后诸帝秉持并贯彻这些理念,最终形成崇文抑武,强干弱枝,上下相维,内外相制,同级相持(异论相搅)的国家管理体系。

为防大臣持权,颠倒在握,诸帝凡事防范,曲折施设。

防文臣持权而弱臣隆君。在"事为之防,曲为之制"思想指导下,北宋诸帝采取"强干弱枝""分权制衡"等措施,在中央和地方,用架床叠屋的组织机构,使臣僚间上下相维,内外相制;用"异论相搅"安排人事,使臣僚间同级相持,相互牵制;用"名实分离"调配官员,使政府官员尸位素餐,相互推诿。诸多因素的叠加,不仅形成"官多而庸"的"冗官"局面;还降低了官员的职业道德,误导社会公德,破坏公序

---

① 邓广铭:《宋朝的家法和北宋的政治改革运动》,第85—100页。

良俗;更增加了官多费重的"冗费"负担。

防武将篡位而弱将安君。王夫之一针见血地指出"宋所忌者,宣力之武臣耳,非偷生邀宠之文士也"。① 故而,太祖用"杯酒释兵权"解除开国元勋的军权,杜绝权柄更迭;采取"文治靖国"的国策,用"崇文抑武""以文驭武""文官监军"等策略,掣肘武将。太宗用"将从中御""兵帅分离"等制度,使军事力量掌控由己;又用"二府三司制"等方式,强干弱枝,集权中央。② 在诸多因素的博弈中,为赵宋的家国私利计,需要集权和一统,必须有效削弱武将实力;为民族战争的国家大义计,需要不断加强军事力量,给予将领训练士卒、指挥作战的权力。但北宋诸帝最终选择了家国私利,积重经年,形成将广受掣、兵多骄弱的"冗兵"沉疴,使北宋的武运萎靡,在对外军事交锋中,常处于劣势;数额巨大的军费开支也拖垮了国家财政。

北宋帝王的防弊之心,端倪可窥。太平兴国八年(983),太宗对臣僚说:"所冀上穹降鉴,亦为子孙长久计,使皇家运祚永久,而臣僚世袭禄位。"③将臣僚的利益与皇朝的运祚紧密联系,结成利益团体。文彦博对神宗说,帝王是与士大夫共治天下,而非与百姓共治天下。④也说明皇族与臣僚的家国私利联动一体已是朝堂共识。太宗晚年曾说:"外忧不过边事,皆可预防。惟奸邪无状,若为内患,深刻惧也。帝王用心,常须谨此。"⑤充分表露了帝王的慎戒防弊之心,在嗣后的北宋诸帝意识里,家国私利远重于国家大义,政权和皇位的安定是他们的首要目标。所以在政治、军事等制度的制定和执行上,他们都秉

---

① 王夫之著,刘韶军译注:《宋论》卷二,北京:中华书局,2013年,第148页。

② 钱穆:《中国历代政治得失》,第75页。

③ 杨亿口述,黄鉴笔录,宋庠整理:《杨文公谈苑》"太宗赞日本颇有古道"条,上海:上海古籍出版社,1993年,第48页。

④ 李焘:《续资治通鉴长编》卷二二一,第5370页。

⑤ 李焘:《续资治通鉴长编》卷三二,淳化二年八月丁亥,第719页。

持重内轻外、守内虚外①的祖制家法。

2. 义利冲突的结果:"三冗""两积"

在国家政策与政治层面,采取"文治靖国"策略,实行崇文抑武,以文驭武的方针,造成国家军事颓萎;外交上的"守内虚外"政策造成国势不振;统御百官的"分权制衡""强干弱枝"等策略,使中央及地方政府组织机构架床叠屋,机构臃肿;"曲为之制"的手段,如"异论相搅"使臣僚间相互牵制推诿,效率低下,"名实分离"等使政府官僚尸位素餐,人浮于事,都导致了行政效率的低下;"以文驭武"的家法与对外战争中的被动挨打,其间的关联毋庸赘论。这些积弊在内部表现为管理机制冗繁滞缓,官员名实分离,滥官充斥,工作效率低下,形成负担沉重的"冗官"体制;弊端的外部恶果是,强干弱枝,兵帅分离,将从中御,军队的战斗力逐渐萎靡,致使宋军在对辽、西夏、金及后来蒙古的战争中屡战屡败,形成兵多却骄弱的"冗兵";其中对武将的防范更重,尤其是对高级将领,更是警惕防范,从未雨绸缪到防微杜渐,再到层层设防、步步控制,全方位地严防死守,把军事力量牢牢操控在帝王手中。平时对军队的管理采用"更戍法",使"兵不识将,将不识兵",严防武将拥兵自重;对于带兵出征的将领,则由皇帝临时指派,强调"将从中御",甚至以"阵图"和所谓的"锦囊妙计"束缚前线统帅手脚,造成"积弱"之势。"冗官""冗兵"耗费的巨额费用再加上其他消耗,拖累着国家财政;国策逐渐转为"守内虚外"后,外交上的"纳币求和"更加重了经济危机,渐成难以破解的"积贫"之局。颓弱的军事在周边列强环伺下赢弱不堪,加之帝王奉行"经济外交"思想,故在与辽和西夏的争斗中,都以签订合约、输银纳贡解决,陷北宋财政于危机,加重积贫积弱之势。从冗官、冗兵和冗费三方面加以具体分析如下。

首先,冗官的形成:养官以安内,致使官多而庸。

---

① 漆侠:《宋太宗与守内虚外》,载漆侠主编《宋史研究论丛》第3辑,保定:河北大学出版社,1999年,第1—17页。

北宋经济渐积渐贫的直接原因是由冗官、冗兵和冗费的巨大耗费造成的,而追溯造成"三冗"问题的本源,却是开国之君定下的"事为之制,曲为之防"的统治理念,及嗣后诸君承袭此理念所实行的"强干弱枝""异论相搅""上下相维""内外相制"等加强中央集权的种种策略和措施。具体到官僚体系的设置,为防止文臣擅权误国,北宋的人事安排从中央到地方都从分权、制衡上着眼。以史为鉴,宋朝君主对武将的防范尤其重视,为此抬高文人地位,削弱武官势力,"崇文抑武",以文代武,以文监武,还在升迁制度中区别对待文武,压制武官的发展,文官三年一迁,武官则五年一迁。

自秦朝建立中央集权制度,皇帝对一切国家事务拥有决定权,但因个人能力和精力的限制,皇帝要依靠官僚群体施行其统治,为此建立"中枢权力圈",设置决策和执行机构,以分担皇帝的权力和各种事务。中枢权力圈之首是宰相,理想的政治格局就是所谓的"圣君贤相","圣君"择"贤相","贤相"竭诚事"圣君";"圣君"垂拱而治,"贤相"处理一切事务。可惜,事实总与理想相去甚远。自有君相之分,双方的龃龉和较量从未间断,商有伊尹放太甲,周有成王疑周公,到君主专制时代,皇权和相权的斗争更甚,而如何限制相权,则成为帝王术的重要内容,贯穿中国古代统治史。秦汉以降,皇帝多用牵制、削弱、架空、抵消等手段削弱相权,汉武帝时用"三公"变独相为群相;东汉时设尚书台架空三公,"事归台阁,三公论道而已";唐代实行三省六部制,把宰相职责分成三个相互制约的机构,由数十名官员分担。[①] 宋代后,再次改制,以强君弱臣。

中央层面。分化制约相权,办法是"一横两纵"加监督。从横向上把宰相分为两等,一等是同中书门下平章事,从一品,为正宰相;其次是参知政事,正二品,为副宰相,以分化宰相的行政职能。参知政事与中书侍郎、门下侍郎、尚书左丞、枢密使都叫执政。宰相与执政

---

① 徐洪兴、姚荣涛:《文盛武衰》,长春:长春出版社,2005 年,第 77 页。

合起来,叫宰执。两纵是把"事无不统"的相权分割为行政、军政和财政三块。行政权归政事堂,也叫政府、东府,由宰相管理;掌握军政权的是枢密院,也叫枢府、西府,由枢密使统领,枢密使正二品,地位与参知政事同,也是执政,称枢相,掌管军事政令,调动军队。政府和枢府合称"二府",宰相与枢密使,一文一武,互不通气,分别对皇帝负责。财政权归三司,即盐铁司(工商业收入和兵器制造)、度支司(财政收支和粮食漕运)、户部司(全国户籍、赋税和专卖等)。三司的长官是三司使,地位比执政略低,称计相,三司称计省。计省、枢府、政府,各司其职;计相、枢相、宰相,互不统属。真正大权集于一身的,是皇帝。这就是"二府三司制"。①

　　除分割相权外,还对宰相加强监督,让台官和垣官同时制约宰相。汉唐以来,监察官分台谏两种:台指御史台,也称宪台,御史称台官,是天子耳目,监察政府百官;言谏机关称谏垣,言谏官称垣官,谏诤和讽议皇帝过失,是宰相唇舌;两者合称台垣。君权与相权的调节关系为:皇帝用宰相,宰相用谏官,谏官谏诤皇帝过失。但宋代把言谏独立出来,由皇帝直接执掌,台官、谏官同为由皇帝亲擢,不准宰相任用,这样言官也由原来纠绳天子,变为监督百官,与台官职责混淆,都对付臣僚,而且他们还可以"风闻奏事",这就使台垣和宰相的关系极为紧张,宰执们要办事,台垣要找麻烦,于是谏垣政府遂成对立之势。② 如此臣僚相斗,维护了皇权,却遗下无穷后患。王夫之认为,宋代之所以"政紊于廷,民劳于野,境蹙于疆",终至"日削以亡",即始于此。③ 监察部门之外,考核部门也直属皇帝。政府用人,历来隶属于宰相职权,升擢罢黜是吏部的事。对官员的考课等于铨选,原有磨勘院,后改为审官院和考课院,分别考察京官和地方官;神宗时改为

---

①　钱穆:《中国历代政治得失》,第 75 页。

②　同上书,第 82 页。

③　王夫之:《宋论》卷四,第 347 页。

东院考核文官,西院考核武官。别置三班院,权衡一辈内廷供奉及殿直官。如此,用人权全不在宰相,原由宰相统领的行政(政府)、军事、财政和谏垣力量,被分化后直接由帝王掌控。

此外,皇帝还紧握任免权,直接控制百官。宋代的官制极为复杂,"名""实"相分、"职""权"相分。官员一般两个头衔,一个叫官,一个叫差(差遣),个别的还有职(授予高级文臣的清高头衔,如学士或待制)。这里的官,是定级别、领俸禄、穿衣服和算资历的。所以叫正官、本官、阶官、寄禄官。做此官行此礼,享受此待遇,但未必管此事,管什么事,主要由"差"决定。差即差遣,是实职,称谓有判、知、权、直等,任实职才有实权。如中书令若无"判中书省事"之差,就不能管中书省的事,但若有此差,即使是其他部门的官员,甚至是级别不够也可以管。"知""判""权"加在职务之前,意指临时可以随时调换。"知"代表差遣的职务与此人做官的品级相等;"判"代表差遣的职务比此人做官的品级低;"权"代表差遣的职务比此人做官的品级高。[1] 之所以这么复杂,就是为了皇帝能掌握用人权。如某人不称职,或皇帝不喜欢,又要体现对士大夫的优待,就会只升官不给差;若要重用某人,但又不能破坏论资排辈的规矩,就给予实权,不升官阶。所以,掌握了官衔和差遣,皇帝就掌控人事权,就可以操纵官员为赵宋所用了。

宋朝这些"上下相维""内外相制""同级相持"的措施,虽使权力集中到皇帝手中,却也形成了以文官为核心,名实分离、叠床架屋的庞大官僚体制。此体制固然根除了中唐以来"君弱臣强""外(地方)重内(中央)轻"的弊病,但也埋下新的弊端。[2]

其一,宰相以前"事无不统",处理事务时可以统筹调配人、财、物,效率很高。改制后"中书主民,枢密院主兵,三司主财,各不相知。

---

① 徐洪兴、姚荣涛:《文盛武衰》,第80页。
② 同上书,第82页。

故财已匮而枢密院益兵不已,民已困而三司取财不已"。各个机构、各部门之间,职责不清,分工不明,藩篱重隔,难以协调,推诿牵制下,效率极低。相权一分为三后,职权缩小,又都由文人担任,对国家大事所起的作用极为有限。①

其二,安排部门负责人时,让立场、观念不同甚至相反的人一起供职,使其在决断事务时"异论相搅"以待圣裁,从而增强帝王的权威。但因部门内部意见难以统一,常因争论不休而延误或搁置事务的处置,拖慢行政效率。

其三,官、职相分,名、实相离使许多官员没事做,许多事情没人做。因为三省六部二十四司,名义上都有任命的官员,但没有差遣,不能管事。官员不清楚该做什么就只好闲着。结果,事之所寄,十之二三;不知其职者,十常八九。朝廷内外,一片混乱。故而行政效率很低。

其四,人浮于事,冗员满朝。由于官员都是临时差遣,很难潜心于政务,所以因循守旧、不思进取、敷衍应付之风弥漫于官场。叶适说:"国家因唐、五季之极弊,收敛藩镇,权归于上,一兵之籍,一财之源,一地之守,皆人主自为之也。欲专大利而无受其害,遂废人而用法,废官而用吏,禁防纤悉,特与古异,而威柄最为不分。"②

地方层面。地方官员的设置,也是围绕加强中央集权、有利君主专制原则展开的。权力结构的设置,环环设防,处处牵制,呈"二权分立"的分权制衡之势。罢削唐以来节度使兼辖支郡(节度使除了自己主管的大藩府,还兼管周围州、郡)的旧制,设立大行政区"路"以代之。主要机构包括:一,转运使司,主管地方财赋,兼管治安等,称作"漕司";二,提点刑狱司,掌管地方司法、监察,称为"宪司";三,安抚

① 邓广铭:《邓广铭学术论著自选集》,北京:首都师范大学出版社,1994年,第141页。
② 叶适著,刘公纯、王孝鱼、李哲夫点校:《水心别集卷之十·始议二》,收入《叶适集》,北京:中华书局,1961年,第759页。

使司,掌管地方军事,称为"帅司"。熙宁变法时,加设提举常平司,掌管地方上丰歉时粮食、物价等的调节,称为"仓司"。诸司职权分立,彼此制约,漕司、宪司、仓司又有监察州县地方官的职责,又称"监司",故而"路"又有监察州郡地方官的性质。① 宋代的"路"是大监察区,其下州府是最重要的地方行政层级,州府下的县则政务相对简单。知州是一州行政长官,总揽兵民之政,但同时又设与知州平行的通判(监察官兼行政,故通判又称监州)一至二人,与知州同签公文,并使其遇事可以专达,甚至以"监州"的身份自居,使长吏无法专擅,制掣知州。② 经济上,每年各州的赋税收入,除支度给用,凡属钱帛之类,归于三司掌管的左藏库。统一南方后,财政充裕,又在内廷讲武殿后设内库,贮藏三司每年的财政节余,由皇帝直接掌握。军事上,从立国伊始就采取一系列措施将各地方藩镇和节度使的兵权逐渐收回,君主将财权、兵权、行政权悉数收归中央,地方军队(厢军)里的优秀者也被抽调到禁军中,使得地方政府无力对抗中央,更无力反叛君主。

随着政治体制的规范,北宋的官衙机构也日趋完备,各级政府的运转本应高效有为,但历代帝王为了防止臣僚分裂擅权,颠覆赵宋统治,一直在防弊的思想指导下,奉行"事为之防,曲为之制"的路线,采取"强干弱枝"的策略,实行一系列的分权、制衡措施,严重限制了文臣武将的才华施展,使他们很难实现入仕的初心。通过分割事权、多设机构的官职分离、相互掣肘等措施弱化官员手中的权力,结果是"户部闲了,事却归三司;礼部闲了,事归礼院,刑部闲了,事归审刑院;兵部闲了,事归枢密院"③。中央集权的君主专制制度在宋代得以加强,五代内乱纷争的局面终于得到彻底遏制。④ 但也带来了严重的弊端,一方面由于各部门之间相互牵制掣肘,行政效率滞缓,为完

① 徐洪兴、姚荣涛:《文盛武衰》,第79页。
② 钱穆:《中国经济史》,北京:北京联合出版公司,2014年,第416页。
③ 吕祖谦:《丽泽论说集录》,文渊阁《四库全书》本。
④ 金霞:《依礼求利:李觏经世思想研究》,第25页。

成事务,又不得不增加官员,而在职官员则人浮于事,唯诺塞责,形成不求有功,但求无过的官场习气,把奋发有为的官员也拖磨成因循苟且、推诿敷衍的官僚,甚至还会出现"良币驱逐劣币"现象,优秀精干的官员受压抑被排挤,难以践行出世济天下的抱负;另一方面机构重叠繁复,人员多而庞杂,支撑行政部门运转的费用耗费巨大。

其次,冗兵的形成:养兵以维和,致使兵多而弱。

鉴于前代藩镇割据、中央大权旁落的教训,宋代开国君主对武将的防范更甚,确立一系列政策、制度和措施,强化中央集权,采用"崇文抑武"、强干弱枝等政策,大力加强中央集权。

中央层面。立国伊始就采取措施将各地方藩镇和节度使的兵权逐渐收回,将财权、兵权、行政权悉数收归中央,把地方军队(厢军)里的优秀者抽调到禁军中,使得地方政府无力对抗中央,更无力反叛君主。设置机构时,使高级文官与禁军将帅互相牵制、互相制衡,如设置枢密使的原意,既要分宰相之权,也要使其与带兵将领互相牵制:枢密使有制令之权而无握兵之重,将领有握兵之重而无制令之权。到太宗时,又把枢密院的制令之权收归皇帝,对统兵出征的将领,采取"将从中御"的策略,并要求统兵将领打仗时遵循皇帝事先做好的"阵图"或"锦囊妙计",不得擅自改变。然而,战场上战机瞬息万变,统兵将帅若没有指挥主动权,不能因时因地制宜、灵活机动地制定作战计划,就等于把主动权交于敌方。

地方层面。宋朝实行募兵制,只要通过简单的体检就可以入伍,入伍后士兵可领取缗钱和衣履。[1] 兵源主要有四:"或募土人就所在团立,或取营伍子弟听从本军,或募饥民以补本城,或以有罪配给役。"[2]基于维护统治的需要,为避免饥民荒年造反,军队丰年叛乱。北宋从开国初起逐步形成招募饥民、流浪汉入伍的传统。每逢灾年,

① 金霞:《依礼求利:李觏经世思想研究》,第31页。
② 脱脱等:《宋史》卷一百九十三《兵》七,第4799页。

统治者都要吸收大量的破产农民到军队,招到的兵源,强壮的输入禁军,其余的做厢兵。这样的做法,确实减少了叛贼造反,国内呈现一片安宁景象。可随着灾年的累积,灾民也在成倍增加,军队日益膨胀起来。又因为担心拥有一定武技的士兵,尤其是骁勇的禁军解甲归田后聚众闹事,很可能成为盗贼的首领,进而成为地方骚乱的隐患,甚至威胁到朝廷。所以,士兵留在军队比放归故里更安全。因此,北宋君主不敢下狠心裁兵,宋代的兵制规定士兵不到61岁不会退伍。招兵既多且快,退伍的士兵却少而慢,由此形成冗兵。① 为防止将领与士兵关系密切,平时的军事管理,采取"更戍法"三年一换防,以使兵无常帅,帅无常师,"将不知兵,兵不知将"。这样避免了武将拥兵乱上、叛变篡权的可能,但也大大削弱了军队的战斗力,使将帅在两军对决时也很难高效地调兵谴将有效应敌。所以有人认为宋代国势疲弱皆因抑武导致,最主要的原因就在于猜忌武将,改变和调整了对军队的控制方式,削弱了军队的战斗力。"以屡易之将驭不练之士,故战则必致败"②,不管有多少兵力,也难以发挥应有的威力。

既要防止叛乱,又要保持军力,宋代皇帝只好在军备方面增加开支,运用大量人力、物力供养和增置军队,增加军队数量,但由于"赏重于罚,威不逮恩"的传统,既耗费了无数钱财,又滋长了兵士的骄惰。随着承平日久,训练懈怠,无论是禁军还是厢兵都逐渐养成"将骄兵惰"③的恶习。况且北宋崇文抑武,军人入伍与罪犯一样需黥面,在社会上颇受歧视。在"好铁不打钉,好男不当兵"的社会环境下,士兵没有荣耀感,无心报国。而且北宋的士兵抚恤制度也不合理,按制度规定,只要士兵们在战斗中保住性命,相应的衣食补助、俸钱仍然能够领取,一旦阵亡,就得不到任何补助,家属从政府得到的

---

① 金霞:《依礼求利:李觏经世思想研究》,第31页。
② 李焘:《续资治通鉴长编》卷一三八,第3316页。
③ 脱脱等:《宋史》卷一百八十七《兵》一,第4570页。

抚恤也较少,这也使得士兵不愿为国家浴血奋战。这些都是造成北宋兵多而弱的因素。① 所以北宋士兵数量特别多,战斗力却异常孱弱。在与契丹、西夏、女真等作战时,不是防守就是逃跑,根本不懂得如何组织进攻,经常大败而归。② 致使宋廷在对辽、夏战争中的军事状况形成:边防吃紧—增置军队—兵骄将弱—临敌失利—边防吃紧—增置军队……的恶性闭环。

故而,集权和一统,要求有效削弱武将实力;民族战争,需要不断加强军事力量。防范分裂和抵御内忧外患的需求矛盾,构成了宋代"兵多而弱"的实质病根。又需要宋廷在军备方面不断加重投资,因此北宋的"冗兵"问题不仅使军威难振、国威萎弱,还带来沉重的财政负担。"冗兵"的耗费和"金钱外交"的"纳币苟安"又使国家财政虚糜,加重积贫积弱之势。

最后,冗费的形成:行政、军事、外交的耗费,致使财匮而贫。

司马光对宋代开国后的一系列制度建设曾有过详细论述,他说:"及大宋受命,太祖、太宗知天下之祸生于无礼也,于是以神武聪明,躬勤万机,征伐刑赏,断于圣志,然后人主之势重,而群臣慑服矣。于是剪削藩镇,齐以法度,择文吏为之佐,以夺其杀生之柄;掣其金谷之富,选其麾下精锐之士,聚诸京师,以备宿卫;制其腹心,落其爪牙,使不得陆梁。然后天子诸侯之分明,而悖乱之原塞矣。于是节度使之权归于州,镇员之权归于县。又分天下为十余路,各置转运使,以察州县百吏之臧否。复汉部刺史之职,使朝廷之令必行于转运使,转运使之令必行于州,州之令必行于县,县之令必行于吏民,然后上下之叙正,而纪纲立矣。于是申明军法……然后行伍之政肃,而士用命矣。此皆礼之大节也。故能四征不庭,莫不率服,泛扫九州,以陟禹

---

① 金霞:《依礼求利:李觏经世思想研究》,第 33 页。
② 张丽:《王安石大传》,第 27—29 页。

之迹。"①然而,不可避免的是,福祸相依,利弊互生,救一弊,又生一弊。宋代的这些加强中央集权的制度和措施并非万全之策,又加之得非其人,在其制定之初就蕴含着走向反面的可能性。随着社会的繁荣和稳定,承平日久,因循苟且之风蔓延朝廷上下,其弊端逐渐显现,日趋严重,导致社会危机不断出现,以至于最后到了危机四伏、社稷不保的境地。② 黄仁宇在《中国大历史》中曾说:"唐代之覆亡不由于道德之败坏,也不是纪律的全部废弛,而是立国之初的组织结构未能因时变化,官僚以形式为主的管制无法作适当的调整。"③这样的事情古今皆然,宋代亦然。赵宋王朝一扫唐末五代之乱,掩有天下,力图破坏五代的混乱循环,逐步建立起中央高度集权的体制,在开国之初的太祖、太宗等朝,初立的制度是确有成效的。然而,之后的守成之君们只是墨守所谓祖宗之法,没能因时而变,及时修正改革,根据实际情况而相应调整施政方略,逐渐陷入"积贫积弱"的危机之中。

宋代经济制度承唐末五代之弊,未能加以革新的最重要原因,实为东北及西北二边,常受边境诸族之威胁,不能不养重兵以备之,军费之支出浩大,国库常虞不给。④ 来自外部的压力影响着内政决策的走向,外交则是内政的延伸,对外政策取决于内政的需要。但建立在军人易革命、文官易渎职基本认识之上的宋代政治机构,面对内忧外患的交织纠缠,把重点放在了防弊方面。赵宋的"祖宗之法"主要是内政方面的措置,它所强调的防范弊端,主要是指相对于"外患"的"内忧"。所以,北宋君主秉持"守内虚外"祖制,坚守"文治靖国"体制,在面临外部战争的强劲压力和内在体制自身的冲突震荡中,做出

---

① 司马光撰,李文泽、霞绍晖校点:《谨习疏》,收入《司马光集》,成都:四川大学出版社,2010 年,第 605—606 页。

② 刘炳良:《北宋易学与变法思想研究》,第 6 页。

③ 黄仁宇:《中国大历史》,北京:生活·读书·新知三联书店,2008 年,第 160 页。

④ 李剑农:《中国古代经济史稿》,第 736 页。

妥协退让、相峙待机以对外;养官养兵、增税增费以安内的选择。对官员的优厚待遇和"纡朱满路,袭紫成林"的"冗官"压力,势必加重政府的财政需求,使北宋朝廷背上沉重的财政包袱。防范分裂和抵御内忧外患,构成了北宋军备方面的浩大开支,防范武将的兵制配置和遥控指挥等方面的弊端,造成宋军战斗力低下;增兵与兵弱形成恶性循环,给养"冗兵",拖垮宋廷财政。在"金钱外交"策略下,真宗在军事占据绝对优势的情况下,签订"澶渊之盟",以每年给辽银10万两、绢20万匹的代价,换得苟安局面。北宋这次不仅损失了大笔金钱,更重要的是丧失了民心,暴露了国家的软弱无能,给北方强悍的游牧民族更多的可乘之机。嗣后,辽国得寸进尺,不断要求宋朝增加岁币,宋廷只好一次次满足他们的要求。西北的党项人乘宋虚弱,成立西夏,和宋战争不断,宋廷也是胜少负多,只好也屈辱求和,每年送给西夏银5万两,绢13万匹,茶2万斤,换来西北边境的暂时安宁。每年例行的巨额输出也是造成北宋"积贫"的重要因素。

高度的中央集权在中央是君权侵揽,相权衰落,军事、财政、人事的分散,使国家机器难以高效运转;在地方是财富兵力等全部注入中央,各地不准存储,这种挹地方以注中央的强干弱枝制度,效果日趋显现,地方日益贫弱。养官养兵的需要,战争的耗费,索求的巨款,不但沉重打击了宋廷财政,更加重了社会负担,酿成严重的社会危机。①"三冗"积重难返,消耗不断激增,为维持国家正常运转,只能随之加重对百姓的搜刮,使疲弊之民越发困顿,被迫铤而走险或暴力反抗。仅嘉祐四年(1059)四月一个月,刑部奏报全国发生的"劫盗"事件就有九百多起。国内制度上的弊端带来的内患,加上边境群强环伺引发的外患,使北宋逐步陷入内外交困的局面,也使后来学者有了"弱宋"的评价。在"弱臣隆主,弱将安君,弱兵安内,弱民安国"的思想指导下,形成的强干弱枝、上下相维、内外相制、同级相持(异论相搅)

---

① 叶坦:《大变法:宋神宗与十一世纪的改革运动》,第20—22页。

的管理策略和措施,日积月累逐渐叠加为"三冗"痼疾,终至积贫积弱的"两积"之势,被后人冠以"陋宋"的评价。

综上所述,形成"两积"主要是"三冗"等累积的后果,"三冗"的形成,则是在"祖制家法"理念下,所采取的一系列内外结合的分权制衡策略实施过程中渐积而成的。被北宋君主"奉为家法,视为故事"的"事为之制,曲为之防"策略,"崇文抑武""文治靖国"国策,"守内虚外""沉潜内向"政策,"分权制衡""异论相搅"制度,渐积而成"财多而贫、官多而庸、兵多而弱"的现实,加上社会的不安定和外患的强大压力,引发了朝野的强烈反响,迫使宋廷在内外交困的夹缝中,考虑改革弊政。一时间,有志之士纷起,呼吁挽救颓势、变法改革;君主也欲顺势而为寻找富民强国之路。于是乎,各种思潮相互激荡,为变法准备了思想基础,一些官员因地制宜先行的改革尝试或改良实践为变法提供了借鉴。北宋中叶,迫于局势而进行的两次变法,都有针对外患压力的因素,但主要还是对内政的调整和改革。遗憾的是,在防弊思想深固,为高度集权而定的"祖宗家法"制度下,不论军人还是政治家,都无法指望创下超群的功绩。①

祖制家法中义利关系不同,结果不同,见表1-4。

表1-4 祖制家法中的义利关系及其影响

	义利关系	政策措施		结果	
祖制家法	义利统一	文化科技:尊儒崇文,开放开拓		文化昌盛,科技先进	
		经济:不立田制,不抑兼并,不抑商贾		经济繁荣	
	义利冲突	防弊制衡	养官以安内,官多而庸	冗官	积贫积弱
			养兵以维和,兵多骄弱	冗兵	
			诸费叠加,财匮而贫	冗费	

————————

① 宫崎市定:《宫崎市定中国史》,第184页。

第二节　变法的思想和实践基础

宋初确立的祖制家法旨在强化中央专制集权,佑国百年后,其中加强集权、防弊制衡的制度和措施渐与生产力发展相抵牾,社会矛盾日益尖锐。仁宗朝时,开始走向反面,内忧外患接踵而至。西夏南下,辽朝勒索,军队人数激增,战场上却屡战屡败;政府机构庞大臃肿,冗员充斥,行政效率冗缓拖沓。兵多不足保边,官多不能治国,费多蚕食国力,转嫁危机引起"民变",加之自然灾害侵袭,国家财政拮据难支,北宋面临内外交困局面,统治危机突显。欧阳修曾描述当时的情况:"从来所患者夷狄,今夷狄叛矣;所恶者盗贼,今盗贼起矣;所忧者水旱,今水旱作矣;所赖者民力,今民力困矣;所须者财用,今财用乏矣。"[①]这样内外交困、进退维谷的局面,激发有识之士的深思,求变的思潮顺势而起,从真宗朝开始就有少数士大夫发出革除弊政、挽救危机的呼声。积聚到仁宗朝,社会危机持续加深,朝中要求改革的呼声日益高涨,渐成共识,尤其是宋对西夏战争惨败之后,社会矛盾进一步凸显,朝野争相探求变革途径,以调整利益分配,调和矛盾冲突。面对如此情况,仁宗开始着手改革事项,最终引发范仲淹主持的"庆历新政"。[②]

---

① 欧阳修著,李逸安点校:《准诏言事上书》,收入《欧阳修全集》卷四十六,北京:中华书局,2001 年,第 646 页。
② 徐洪兴、姚荣涛:《文盛武衰》,第 129 页。

一、庆历之前：探索变革，缓和矛盾调和义利

宋初以来崇文抑武、守内虚外的国策，致使"冗兵""冗官"与"冗费"问题积重难返，政府财政陷入僵局。"不立田制""不抑兼并"的政策，也使小农经济濒临贫弱无助的破产境地，群体性兵变与民变时有发生。① 祖制家法中的弊端和积贫积弱的现实状况，激起士林以天下为己任的情怀，他们或建言改革，或付诸实践，积极探索"富国强兵"道路。太宗端拱二年（989），右拾遗王禹偁就针对内政提出"厚民力"，并给出并省官吏、艰难选举、信用大臣、不贵虚名、禁止游惰五点变革主张。真宗时应诏言事，他又增加了"减冗兵，并冗吏""沙汰僧尼""亲大臣，远小人"②等内容。到北宋中期，社会矛盾和社会危机进一步发展，土地兼并严重，人民负担沉重，各种赋税、徭役繁杂，冗官、冗兵、冗费问题更加突出，财政虚糜，入不敷出，到仁宗朝已成燃眉之急。面对危机四伏的严重社会危局，日益蓄积的社会危机，内外交困的严峻局面，忧患意识强烈的士大夫针对时弊，慷慨陈词，要求革弊鼎新。如宋祁、贾昌朝、张方平等上疏指出三冗、三费问题，提出裁减冗费的建议。范仲淹、欧阳修、韩琦等直指吏治之弊，要求整饬吏治，改革官员选用考核办法，慎择州郡官长。宋祁、包拯、富弼、欧阳修等人提出过改革的要求和具体变革建议。王安石、司马光、程颢、程颐、苏轼、苏辙等人，也上书真陈时弊，要求革弊救危，并提出改革策略。连较为因循的宰相吕夷简也提出"正朝纲、塞邪径、禁货赂、辨佞壬、绝女谒、疏近习、罢力役、节冗费"八条改革措施。③

仁宗天圣三年（1025），范仲淹在《奏上时务书》中指出："倘国家不思改作，因循其弊，官乱于上，风坏于下，恐非国家之福也。"畅言

---

① 虞云国：《从陈桥到厓山》，第231—232页。

② 吕祖谦编，齐治平点校：《宋文鉴》，北京：中华书局，1992年。

③ 张丽：《王安石大传》，第76页。

"赏延"之弊,要求朝廷"兴复古道""厚其风化",广开言路,实施变革,成为庆历新政的先导。两年后,他在《上执政书》中尖锐地指出社会危机:"朝廷久无忧矣,天下久太平矣,兵久弗用矣,士曾未教矣,中外方奢侈矣,百姓反困穷矣。朝廷无忧,则苦言难入;天下久平,则倚伏可畏;兵久弗用,则武备不坚;士曾未教,则贤材不充;中外奢侈,则国用无度;百姓困穷,则天下无恩。苦言难入,则国听不聪矣;倚伏可畏,则奸雄或伺其时矣;武备不坚,则戎狄或乘其隙矣;贤材不充,则名器或假于人矣;国用无度,则民力已竭矣;天下无恩,则邦本不固矣。"①"今四方多事,民日以穷困,将思为盗。复使不才之吏临之,赋役不均,刑罚不当,科率无度,疲乏不恤,上下相怨,乱所由生。"②并力主改革。他认为不通过改革扫除弊患,国家就不可能得到拯救和振兴,这是"国之深忧","不可不更张以救之",故而发出"故务因循而重改作也,岂长世之策哉?"的警世之问,并为此提出"固邦本,厚民力,重名器,备戎狄,杜奸雄,明国听"等具体建议,初步构成一个系统的改革方案,成为十多年后《答手诏条陈十事疏》中的基本改革设想。③

士大夫们的变革设想,有的被采纳付诸实施,有的就在所属地推行,都在一定程度上调整了义利关系,起到利国利民的效果。如仁宗康定年间(1040—1041),郭谘和孙琳任职洺州肥乡县(今河北省肥乡县),由于赋税不均,民怨沸腾,郭谘和孙琳就采用"千步方田法",重新丈量田地以公平赋税,并取得了很好的成效。

① 范仲淹:《上执政书》,收入曾枣庄、刘琳主编《全宋文》(第九册),成都:巴蜀书社,1990年,第644页。
② 范仲淹:《奏乞择臣僚令举差知州通判》,收入曾枣庄、刘琳主编《全宋文》(第九册),第498页。
③ 刘炳良:《北宋易学与变法思想研究》,第13页。

二、庆历新政:改革试炼,败于公义私利悖反

从真宗到仁宗,革除弊政、挽救危机渐成朝野共识,尤其是对西夏战争的连战连败震惊了朝野,军事失利使京城的政治空气受到刺激而活跃起来,朝廷多年的沉闷空气被冲散,大臣纷纷上书要求进行政治改革,宰相吕夷简感到束手无策,颇谙"祖宗家法"的仁宗,面对激化的社会矛盾,形迫于形格势禁,不得不"欲更天下弊事",于庆历三年(1043)起用范仲淹、韩琦等有能力有作为的官员,任命范仲淹为参知政事(副宰相),韩琦、富弼为枢密副使(最高军事机关副长官),与宰相章得象等同时执政。同时,一直积极支持范仲淹的欧阳修、蔡襄、王素、余靖等人,则成为控制舆论的谏官,还以杜衍代替夏竦为枢密使(最高军事机关长官),并广开言路,求强国之策。于是朝野纷论改革,政治气氛渐趋活跃,富弼力陈当世之急务十多条,并提出安边十三策,韩琦提出了先行"七事"、救弊"八事"等改革主张,革除弊政。其中,最具可行性和系统性的是《答手诏条陈十事》,范仲淹在其中提出了十项改革方略。① 最终,以《答手诏条陈十事》为纲领,开启了"庆历新政"。②

所有的政治问题都围绕着经济问题,庆历新政也从官僚队伍建设和经济生产展开。③ 范仲淹富国强兵的逻辑是:欲振国势(不再受契丹与西夏凌辱)当须强兵;欲强兵力,必先富民;欲求富民,必先澄清吏治;而澄清吏治,当先从严考课、杜幸进、塞冗滥、改进考试、慎择官长开始。④ 所以,庆历新政的整体设想是,以整饬吏治为首要,以砥砺士风、兴办学校、改革科举、认明经旨、培养人才为本源,兼及经济

---

① 刘炳良:《北宋易学与变法思想研究》,第15页。

② 徐洪兴、姚荣涛:《文盛武衰》,第133页。

③ 诸葛忆兵:《范仲淹研究》,第126页。

④ 龚弘:《两宋人物》,济南:齐鲁书社,2005年,第84页。

和军事等领域。① 庆历新政前期,首先对吏治进行改革,主要解决"任人之失"问题,力图通过整顿吏治和限制特权来摆脱危机,达到革新吏治,加强政府管理职能,稳固统治秩序的目的。这与官僚集团的整体利益是一致的,也得到有远见的大臣和士大夫的支持。

但具体的政策及实施触动了部分权贵特别是高层权贵的既得利益及可期利益。如吕夷简、高若讷等,为维护个人及集团私利而罔顾济国安民大义,极力阻挠新政的实施。他们深谙帝心,用帝王深讳的党锢之忌攻击范仲淹等结成"朋党""务名无实"等,肇发北宋"党争"之源;夏竦更因愤恨仕途被阻,而以谋反罪诬陷富弼,为泄一己私愤而不顾家国大义,导致各种矛盾更加错综纠缠,使朝野失望于新政。此时,仁宗也对变革疑虑心起,范仲淹等"日夜谋虑兴致太平"的"新政"很快夭折,给后代仁人志士留下无限遗憾。

帝王的意识深处,稳固皇族统治,确保权柄在握的家国私利远超其他,所以他们都希望庶政平和,但警惕庙堂更迭。当仁宗面对内外困境、鼎沸舆情时,他允许一定限度内的调整与"革弊",支持变革,但他依然恪守"祖宗家法",贯彻防弊制衡原则,戒惕抵斥强烈的变更和冲击。范仲淹、杜衍、韩琦、富弼、欧阳修等人相互扶持、和衷共济,他们敢为天下先的任事精神,对于政策法规的锐意更革,冲击了长期以来固守现状的循墨政风,但也触动了帝王意识深处对高级官僚形成集团势力,在朝野间掀起政治波澜的警惕。② 如果变革引发的后果有危及统治的可能,他只会毫不犹豫地中止变革,毫不手软地把危险扼杀于未萌。所以,当新政遇上以防弊为立法根本的"祖制家法",且又触及朋党乱政的忌讳时,新政就注定了不可能走到最后,只能半途而废。

故而,庆历新政的失败,从表面看来是由于官僚中的既得利益者阻击之力过大和仁宗的疑心及优柔;深层次的原因是他们背后无法

---

①　刘炳良:《北宋易学与变法思想研究》,序言第 7 页。

②　邓小南:《祖宗之法——北宋前期政治述略》,第 427—428 页。

逾越的封建专制制度;最根本的原因,则是北宋既定的、被诸帝坚守的"祖宗之法"中的家国之利与国家大义的博弈。

三、熙丰之前:知行并进,义以济民以固国本

庆历新政失败以后,宋朝社会矛盾继续激化,在冗官、冗兵、冗费的消耗下,中央财政状况越来越糟糕。此时社会环境较以前好的地方,是自"庆历新政"后,士大夫中敢直言批评时政的人多了起来。[①]庆历新政的失败,也给志于变革救国的士大夫留下才识未靖国的遗憾。日趋虚弱的国势,日渐颓坏的现实,激起了他们的"共治"情怀,于是他们纷纷疏章条陈,建言献策,以期革弊康国,安邦济世。同时,一些地方的主政官员也因地制宜,在所辖属地尝试革新,平衡义利,这些地方改革或匡正兼并之家与百姓之间的赋税负担,还黎民以公平正义,还国家以赋税增收;或接济百姓于困厄,既固国本,亦增赋税,兼顾国家与百姓之利。

知。嘉祐三年(1058),从政十余载,从主政地方擢陟到中央,深味民间疾苦和朝廷痼疾的王安石呈《上仁宗皇帝言事书》,以"法先王"为旗帜,指出了进行改革的必要性和迫切性,并就理财、吏治、人才等方面的改革,提出了一些具体意见,论述革故鼎新。[②]《宋史》作者说:"后安石当国,其所注措,大抵皆祖此书。"就是说王安石主持变法后,推出的具体措施,大致上都源于这个《上仁宗皇帝言事书》。嘉祐四年(1059),欧阳修上书提出改革思想和建议。嘉祐七年(1062)司马光上《论财利疏》,系统阐述开源节流、富国安民的财政思想和改革主张,成为他经济改革的总纲领。[③]神宗即位后,他依然不断要求

---

① 徐洪兴、姚荣涛:《中国历代王朝兴衰录》,第 114 页。
② 同上书,第 115 页。
③ 司马光著,王根林点校:《司马光奏议》卷二十四,太原:山西人民出版社,1986 年,第 83—92 页。

除弊兴利。程颐在仁宗、英宗时都曾力主变革，并给出匡救之策。[1]
熙宁元年（1068），程颢先后又上《论王霸札子》和《论十事札子》，提
出变法改革的王道原则和十个方面的具体措施。[2] 他的《上神宗皇
帝陈治法十事疏》，被后人誉为"案其时势，悉中肯綮"。英宗时，蔡
襄撰写《国论要目》和《论兵十事》，建议用"兵少而精"的思想改革冗
兵问题，并构建了一个中书、枢密院、三司以及管军将帅的四者联动
机制，协调增兵与军费供给的关系。希冀既能裁减军费，减轻财政和
百姓负担，又能增强军队战斗力，通过强兵而达到国富民安的目的。

　　行。李参知盐县时，因"岁饥，谕富室出粟，平其直予民。不能籴
者，给以糟粃，所活数万"。后来做了陕西转运使，发现由于陕西"多
戍兵，苦食少"，在庆历八年（1048）至皇祐五年（1053）期间，就"审订
其缺，令民自隐度麦粟之赢，先贷以钱，俟谷熟还之官，号'青苗钱'。
经数年，廪有羡粮"。与李参相似，王安石主政鄞县时，也曾"贷谷于
民，立息以偿"，并取得不错成效。由于常平仓管理不善，粮食存放时
间过长会坏掉；而每逢灾荒，常因赈灾不及时或流于形式，百姓不得
不向豪门富户借贷度困，最终却在高利贷盘剥（利息是百分百或百分
二百）下，卖房卖地破产沦落。为救民困，王安石盘活官仓，降低借贷
利息（利息是两成），把常平仓的存粮借贷给百姓，助百姓度荒。这
样，老百姓既能从高利贷的盘剥中解困；官府也可收取一定利息，增
加收益；且官仓中久放的存粮也得以周转更新。这样利民、利国的双
赢方案，被推行后的成效也证实了其可行，农民以较低的利息顺利度
过饥荒，国本稳固；官仓的粮食以陈换新得以周转，除去损耗，官府收
入近一成利息，国家增收。[3] 李参和王安石的做法成为熙宁变法中青
苗法的先例。免役法的先驱是仁宗时任两浙路转运使的李复圭，他

---

　　① 程颢、程颐著，王孝鱼点校：《为家君应诏上英宗皇帝书》，收入《二程
集》，北京：中华书局，1981 年，第 518—527 页。

　　② 刘炳良：《北宋易学与变法思想研究》，第 149 页。

　　③ 张丽：《王安石大传》，第 48 页。

根据当地的实际情况,罢除衙前之役,改令出钱招人承募。这样不仅使服役百姓免去正常生产受扰之困,也为被招募的社会闲散人员提供了就业机会,而且,被招募的人员专人专职处理事务,也提高了效率,变相增加了社会效益,收到了利国利民的效果。除李复圭外,明州的钱公辅、越州的张诜也都在任内尝试过出钱募役的办法。仁宗康定年间(1040—1041),郭谘和孙琳在洺州肥乡县(今河北省肥乡县)重新丈量田地。"庆历新政"时,曾将这种方法推广至亳、寿、蔡、汝四州,但随着触及的既得利益者越来越多,受到的阻力也越来越大,最终中止,没能在全国实施。但这种做法被王安石借鉴,成为熙宁变法中拟定法令时的参考。司马光也曾在嘉祐七年(1062)提出募役法主张,被马端临认为是熙宁变法中免役法的雏形。

这些变革思想和局部实践,既饱含北宋士大夫对帝王家礼遇的"投桃报李"之个人气节,又蕴含了士大夫"忧乐天下"的浩然大义。尤其是地方上的局部改革,更为王安石变法提供了实践经验和条例范本,也为新法的推广奠定了基层基础。曾推行过相似法令的地方,百姓对新法的理解和接纳会更迅速、彻底,减少了新法推广和履行的阻力。

第三节　变法的经济伦理思想基础

恩格斯说:"一切观念都来自经验,都是现实的反映。"[①]处于历史大转折时期的北宋,其经济发展状况和文化精神风貌十分独特,随

---

　①　中共中央马克思恩格斯列宁斯大林著作编译局编译:《马克思恩格斯全集:第二十卷》,北京:人民出版社,1979年,第661页。

着社会经济的持续发展及社会危机的日渐增重,士大夫们的强烈忧患意识也得以激发,思想领域呈现出剧烈的冲突和快速更新,各种思潮纷呈,变法改革思潮迭起层涌,为熙宁变法奠定了思想基础。

一、文人"疑古惑经",各种思潮激荡演化

北宋文人基本都通经明义,并能在对经典著作的大义加以钻研和把握的基础上,发挥自己的见解并借以论政,在阐明儒义,穷究儒术中来表达自己的政治理想。加之宋朝尊儒崇文,立誓"与士大夫治天下",士大夫则"投以木桃,报以琼瑶",与皇室共忧患,以报知遇之恩,对国计民生关切的热情,超过了以往任何时代。① 开明宽松的社会氛围,使宋儒敢于摆脱汉唐师法束缚,跳出前人窠臼,在对经典著作的大义加以钻研和把握的基础上,指陈旧说,针对日趋严峻的社会现状,发表自己的见解并借以论政,在阐明儒义、穷究儒术中各抒己见,表达自己的政治理想。他们不仅敢于舍传,还敢于疑经,更敢于改易经文为现世所用,形成疑经变古思潮,成为左右社会时局、影响学术的思想洪流,发展为中国古代思想史上一场巨大的思想变革运动。② 如欧阳修质疑《诗》《易》,置惑《周礼》,认为所谓经古文不足为训。③ 有人从全新角度解读《周易》,以易学的通变智慧指导现实的社会政治改革。④ 如范仲淹他们依据《周易》"穷则变,变则通,通则久"的传统儒家思想与宋初强调的"无为而治"的黄老思想相抗衡,提出"昔曹参守萧何之规,以天下久乱,与人息肩,而不敢有为者,

---

① 诸葛忆兵:《宋代士大夫的境遇与士大夫精神》,《中国人民大学学报》2001 年第 1 期,第 107—112 页。

② 郭文佳:《宋代的疑经思潮与〈春秋〉学的地位》,《中州学刊》2004 年第 1 期,第 109—111 页。

③ 同上。

④ 刘炳良:《北宋易学与变法思想研究》,第 228 页。

权也;今天下久平,修理政教,制作礼乐,以防微杜渐者,道也"。① 王安石作《三经正义》,废弃先儒传注,断以己意,作为变法依据,等等。这一时期进涌的各种思潮,相互激荡启发,为变革旧制,推行变法,达成共识创设了良好的思想基础。庆历新政失败后求变求新的思想更加暗流涌动,尤其是庆历以来的疑经思潮,是中国古代思想史上一场巨大的思想变革运动。②

庆历新政失利后,范仲淹等人的所作所为,深刻影响着宋代的士风;改革者议政的锐气,也带动了宋人的言事之风③;前代王禹偁等"才虽无闻,谏则有素"的先驱精神④,至此得到光大;范仲淹等"儒者报国,以言为先"的鲜明立场⑤,进言者以道自任与坦率无忌的态度,更激发了有志之士以身许国、忧乐天下的情怀,他们怀着儒家"回向三代""以天下为己任"的情怀,抱着重建社会秩序价值的理想,"以忧患之心,思忧患与故""急乎天下国家之用",致力于变法革新,推进政治改革,以求匡扶社稷、经世济民、奋发图强。⑥ 他们对庆历新政的得失进行总结和检拣,更加认识到只有进行改革才能改变"积贫积弱"的局面,于是再次盎然振奋,提出各种革新思想,呼吁除弊鼎新以"兴致太平",揭开了宋代历史上富于生气的篇章。如陈傅良所说:"宋兴七十余载,百度修矣。论卑气弱,儒士犹病之。及乎庆历,始以通经学古为高,救时行道为贤,犯颜纳说为忠。呜呼盛矣!"⑦

---

① 范仲淹著,李勇先、王蓉贵校点:《上执政书》,收入《范仲淹全集》卷九,成都:四川大学出版社,2007年,第210—229页。

② 郭文佳:《宋代的疑经思潮与〈春秋〉学的地位》,第109—111页。

③ 对于庆历之后的仁宗朝政治,特则是其言事与政争的"吊诡"之处,刘静贞有做敏锐的分析,见刘静贞《北宋前期皇帝和他们的权力》,台北:稻乡出版社,1996年,第195—196页。

④ 《宋文鉴》卷四二《应诏言事》。

⑤ 范仲淹:《让观察使第一表》,收入《范仲淹全集》卷十七,第403页。

⑥ 刘炳良:《北宋易学与变法思想研究》,序言第2页。

⑦ 陈傅良:《策问十四首》,转引自邓小南《祖宗之法——北宋前期政治述略》,第429页。

故而,庆历以来,严重的社会危机与"新政"余波,促使士大夫们积极寻求解决社会危机的办法,朝野上下"言政教之源流,议风俗之厚薄,陈圣贤之事业,论文武之得失"①,"世之名士常患法之不变"②,各种直指时弊文论面世,各家建言改革的方略纷呈,一时间,呼吁变革以"兴致太平"成为社会思潮的主流。

宋代士大夫认为唐季以降,祸起藩镇跋扈、女后专政、宦者擅权、党争误事等,导致兵革不息,苍生涂炭。祖制家法在避免形成上述祸乱,尤其是藩镇跋扈、女后专政和宦官擅权方面,极其有效,但随着社会的不断发展,既定的利益分配方式已不再适应生产力水平,从而转为国家负担,严重拖累了社会发展。至仁宗时,国内经济已现颓势,对外军事羸弱不堪,积贫积弱局势已见端倪。在这样的局势下,要富国强兵,确保国祚久长,就必须改变衰颓之势革陈鼎新。于是,在士林积极探求救世方略,激发各种变革思想的过程中,经济伦理思想领域也得以乘势发展,尤其是关乎变革核心问题的义利关系上,更是各种观点交锋不断,论述特色各具。

二、变法时的经济伦理基本问题

宋初至王安石变法,经济伦理的基本问题有本末之辨、王霸之争、义利之辨及理欲之辨,针对这些问题,宋儒都有论述,但因与国民经济的相关度不同,关注的程度也不尽相同。

(一)本末问题

在农业经济为主的封建社会,本末问题是历朝历代都关注的重点问题,重本(农)是毋庸置疑的,所以,争论的重点在于土地制度问题和工商业的定位及政策问题。

土地制度问题。宋初不立田制,不抑兼并,历百年而到仁宗时,

---

① 范仲淹:《奏上时务书》,收入《范仲淹全集》卷九,第205页。
② 陈亮:《龙川文集》卷十一《铨选资格》,明崇祯六年刻本。

土地兼并现象已经非常严重,"诡名挟佃""隐产漏税"以及"产去税存"等种种弊病日益凸显,不仅影响了政府的财政收入,也拉大了社会贫富差距,激化了社会矛盾。所以,意识到问题严重性的宋儒开始探究如何调整土地政策,调节国家、富室和百姓利益,以缓和社会矛盾。

工商业政策问题。与传统儒家重本轻末、兴农抑商的观点不同,宋儒对商业和商人比较宽容,大都不讳言利,不抑工商。但他们对待商业的态度仍有差别,较保守些的观点认为,农业是国计民生的根本,工商只是配合农业经济的副业,所以不抑商也不重商,只是国家不能与民争利,应该任其自然发展。功利些的观点认为,工商业的繁荣丰富了人民生活,活跃了市场,促进了社会经济的发展,增加了国家财政收入,应该积极发展商业,提高工商从业者的社会地位以鼓励工商业的发展,为此,他们建言减少茶、酒、盐等税收,给商业更好的发展空间。

综之,在本末问题上,北宋士林在坚持重本的同时,并不抑商,而是主张本末并重。在变法过程中,各派很少就此问题产生争议,对变法过程的影响很小,所以本书对这一论题不再过多论及。

(二)义利问题

义利问题发端于西周,成论于先秦,一直是儒家经济伦理思想的主要议题。宋建国之初经济萧条,行业凋零,各界的关注点主要集中于制度建设和社会经济的复苏,宋儒们疑古惑经,专注于《春秋》《周礼》《周易》等经书义理的阐发,并未重视义利问题,至仁宗朝,社会经济发展中的一些伦理问题才开始引起宋儒的关注。欧阳修和李觏率先论及义利问题,他们主要从政治或制度安排方面讨论义利,欧阳修以义利之辨严君子小人之分,意在贬斥朋党,为庆历新政的拥护派辩护。李觏则强调财利、富国对治国的重要意义,肇启北宋反儒家传统义利观之先河。此时的义利之辨尚与王霸之争多有交集,至王安石变法,变法派与反对派围绕变法合理性展开的辩论,把义利、王霸之辨推上高潮。此观点将会在后面第二、三章详加论述。

(三)王霸问题

王霸之辩起于先秦,因孟子"言必称尧舜",贬斥霸道,倡导王道而掀起争论,荀子认为王道优于霸道,但霸道亦有优势,应为次优的政治选择。[①] 北宋的王霸之争,继承了先秦的思想,并力图从《周礼》《春秋》等典籍中追寻儒家理想的王道政治,"宋初三先生"(胡瑗、孙复、石介)是其代表。至仁宗时,现实的变化引起思想和学术的更新,李觏从"正名"角度反对传统儒家观点,但他并未给出义理说明,也未成为思想主流。王安石在主持熙宁变法时,虽然秉持儒家王道政治理想,但非常注重把理想与现实条件相结合。他认为王道和霸道的根本区别在于用心,王道政治以至诚之心(出于公心),求天下之大利,从而得到天下人的拥护,是顺取天下;霸道政治则以功利心为主导,借助王者事功赢取天下人的支持,是逆取天下。但不管采取什么样的统治途径,能否为天下谋利,才是最终的判断标准。王安石的王霸新论,引发了宋儒在此问题上展开辩论,促进了经济伦理思想的发展。

(四)理欲问题

关于理欲问题,在孟子的论述中已经有了相关观念,但并未成为经济伦理思想的基本论题。北宋时,二程从心性角度论述儒者的修身之道,将经济伦理思想的视域从宏观接入微观,从关注"治国平天下"的"大义""公利",转向体察儒者个人生活方式的"天理""人欲";从关注个人外在的志向理想,转入体味个人的心、性、情之间的关系。此时的理欲之辨,虽有公私之说,但尚未交代清楚;理欲之说初现雏形,但尚未成为显学,直至南宋朱熹展开论证,方有程朱理学的纵深发展和体系形成,对王安石变法的影响不大,故而不再赘言。

---

① 阮航:《儒家经济伦理研究——先秦儒家经济伦理的问题脉络与观念诠释》,北京:中国社会科学出版社,2013年,第173页。

三、北宋士林的多元义利观

仁宗时积弊日久,国内经济已现颓势,对外军事羸弱不堪,积贫积弱局势渐趋形成。在这样的局势下,要确保国祚久长,就必须革陈鼎新,以改变衰颓之势,达到富国强兵的目的。于是,改革变法成为普遍的社会呼声,性命之论及与之关联的义利之辩等问题,成为宋儒讨论的热点。崇尚务实致用的他们起而惑古疑经,继而指贬时弊,在义利关系上一反传统儒家"重义轻利""贵义贱利""正其谊不谋其利,明其道不计其功",甚至君子不言利的观念,而是直面现实,面对国内外局势,发表不同的见解。他们认为百姓的衣食住行、国家机构的顺畅运转、军事力量的强盛,都要充足的物质财富做基础,这些无不与"利"字息息相关。所以,宋儒基本认同"利"的重要性,不回避、不排斥"逐利"行为。王安石变法前后,北宋经济伦理思想的几个基本命题,都得到了丰富和发展,而其中的义利之辩更是贯彻变法始末,成为各派争论的焦点,相关的论述也颇为丰硕,其中以理学经济伦理思想和功利主义经济伦理思想最具有代表性,也对变法影响最大。

(一)理学经济伦理思想的义利观

自先秦诸子展开"义利之辨",至汉时儒家"重义轻利""重公轻私"的价值观居于主导地位;到北宋时,学者们对义利问题也非常重视,其中,北宋五子从理欲角度论证义利问题,并将其本体论化,周敦颐提出"以诚为本";张载强调"天理"与"人欲"的对立;理学家二程认为"天下之事,惟义利而已",他们还认为"义利之辨"的实质是"公私之辨",并从儒家道义论出发,得出"理欲难以统一"的结论,从而推演出义利对立,如"大凡出义则入利,出利则入义""盖只以利为心则有害""不独财利之利,凡有利心,便不可"等论断。[1]

---

① 唐凯麟、陈科华:《中国古代经济伦理思想史》,第311页。

(二)功利经济伦理思想的义利观

与理学经济伦理思想的义利观不同,功利经济伦理思想家们主张义利统一。面对北宋困窘的社会现实和繁荣昌盛的经济现状,他们在义利关系上一反传统儒家"重义轻利""贵义贱利""正其谊不谋其利,明其道不计其功",甚至君子不言利的观念,认为百姓的衣食住行、国家机构的顺畅运转、军事力量的强盛,都要充足的物质财富做基础,这些无不与"利"紧密相关,他们认同"利"的重要性,不回避不排斥"逐利"行为,认为义利相成、义利统一。本书择取对王安石变法影响较大的李觏、苏洵和范仲淹的义利观点,一窥当时的义利问题概况。

1. 李觏:义利双行,以礼求利

李觏被国外学者评价为制度功利主义者[1],其思想为庆历新政提供了理论支持,也是王安石变法的思想渊源。他以《周礼》为宗,著《周礼致太平论》,提出改革设想,内容涉及国家经济各领域;如《平土书》有关平土均田的主张和方案,《富国策》提出丰财足用、富民教化的理念。他的经济伦理思想以"康国济民为意",包涵了富国利民、平土均田、薄赋轻役、重农抑商等经济思想。[2]

在义利观上,他反对儒家"贵义贱利"、重道义轻财利的传统思想,试图将义利统一,主张义利双行的价值观。因为"治国之实,必本

---

[1]　例如 A. S. Cua 认为,"an acceptance of Li Kou's theory in effect amounts to the acceptance of some version of the subsumption thesis—a thesis that is congenial to the rule theories of ethics in Western moral philosophy, particularly to rule utilitarianism." 参见 A. S. Cua,"The Problem of Conceptual Unity in Hsün Tzu, and Li Kou's Solution", University of Hawaii Press, *Philosophy East and West*, Apr., 1989, Vol. 39, No. 2, pp. 115—134。

[2]　姜国柱:《李觏评传》,南京:南京大学出版社,1996 年,第 146—147 页。

于财用"①,"人非利不生"②,故而"利欲可言";因为"焉有仁义而不利者",故需"以礼求利"。在处理利益分配问题时注重实效,重视功利,主张公利,注重民利,认为民富是富国的前提,国富是强兵兴国的基础。故而治理国家的首要任务是富国,核心是足财用,重点是富民,途径是"民富国强",措施是强本节用并举。国家财政的最理想状态是"下无不足而上则有余",即人民富裕,国家富足。为达到此状态,"贤圣之君,经济之士,必先富其国焉"③;途径是"民用富而邦财丰"④,因为民不富足,则会"食不足,心不常,虽有礼义,民不可得而教也。尧舜复起,末如之何矣!"⑤故,民若不能教化,很难达到富国目的。也即富民以富国为最终目的,富国以富民为实现途径。要富国丰财,还必须注意理财,理财时应"因民所利而利之","因民心而利导之"⑥。也即政府可以适当干预经济,不要求君主让利于民,但反对君主与民争利,毕竟整个天下都是君主的,子民也是君主的私有物,即使君主暂时让利于民,由于君主与子民利益是相通的,最终的利益还是归于君主。⑦所以,他认为君主应该理财富国、养民制政。

总之,在价值导向上,李觏主张公利,注重民利,主张义利双行。⑧明确指出"人非利不生,利欲可言,可求",赞同人们大胆言利和求利,但他也同时警诫,要以礼加以约束,以防出现贪腐堕落与骄奢淫逸,所以他主张在礼的规制下求利。"以礼求利"亦是李觏经济伦理思想

---

① 李觏著,王国轩校点:《富国策第一》,收入《李觏集》,北京:中华书局,1981年,第133页。

② 李觏:《原文》,收入《李觏集》,第326页。

③ 李觏:《富国策第一》,收入《李觏集》,第133页。

④ 李觏:《国用第四》,收入《李觏集》,第78页。

⑤ 李觏:《平土书》,收入《李觏集》,第183页。

⑥ 李觏:《强兵策第三》,收入《李觏集》,第156页。

⑦ 金霞:《依礼求利:李觏经世思想研究》,第193页。

⑧ 赖井洋、张斌:《李觏经济伦理思想初探》,《山东科技大学学报》(社会科学版)2000年第2卷第4期,第37—41页。

的独到之处。

胡适曾经评价说,"李觏、欧阳修、王安石一班人想从礼乐刑政一方面来做那'自大其教'的事业;程颐、朱熹一班人想从身心性命一方面来做那'自大其教'的事业,李觏是最能代表这种精神的人"[1],是"一个不曾得君行道的王安石"[2]。并且,李觏的胆识和见解亦不在欧阳修与王安石之下。[3] 只不过,李觏一生都未能得君行道,就连最基层的官职也没担任过,未能施展经邦济世才能。

2. 苏洵:义利和合,任民自利

苏洵着眼于实际,注重实用,对义利问题的认识比李觏略清晰、翔实,他反对重义轻利等义利对立的观点,认为"徒义"和"徒利"都行不通,力主"义利和合"。在公利和私利处理上,要求统治阶级重视百姓的物质利益;比较注重商业发展,但反对官员从商与民争利,主张"任民自利"。

苏洵在《利者义之和论》文中,阐明义、利关系,提出义利交相养、义利相合相济的观点。与传统儒家以礼抑情、以义抑利的观点相左[4],反对儒家传统"君子喻于义,小人喻于利"的严义利之辩观点,认为义利关系应该是"义利、利义相为用","义必有利而义和""利在

---

① 胡适:《记李觏的学说》,收入《胡适文存　贰》,北京:华文出版社,2013年,第36页。

② 同上书,第23页。

③ 胡适称赞李觏是"北宋的一个大思想家","他的大胆,他的见识,他的条理,在北宋的学者之中,几乎没有一个对手! ……近来读他的全集,才知道他是江西学派的一个极重要的代表,是王安石的先导,是两宋哲学的一个开山大师"。见胡适《记李觏的学说(一个不曾得君行道的王安石)》,载《胡适文存贰》,第23页。萧公权也赞美李觏说:"李氏之劭名远逊荆公,其立言之富有条理,则有过之。"见萧公权《中国政治思想史》,沈阳:辽宁教育出版社,1998年,第417页。

④ 苏洵著,曾枣庄、金成礼笺注:《嘉祐集笺注》,上海:上海古籍出版社,1993年,第282页。

则义存,利亡则义丧"①,同时,因为"君子乐以趋徒义",但"小人悦怿以奔利义",离开义对利的制约,"天下将流荡忘反",②社会将陷入无限的争斗中。所以,利也要有义相约束。在义利关系中,他特别强调"徒义"和"徒利"都行不通,认为虽为圣徒,徒义难以行于天下,武王以天命诛独夫(纣王),但仍要汲汲于发粟散财以"恤天下之人",因为他不能"徒义加天下也",否则难以取得最终胜利。故而,徒义足以戕天下,徒利陷天下于不安。据此,苏洵得出"利者义之和""利物足以和义""义必有利而义和"③的义利和合观点。

深究苏洵的义利观,他实际上把利看作第一性的东西,把义看作是外加于人的一种道德规范。④ 因为他认为"义必有利而义和","利之所在,天下趋之","君子欲行之,必即于利;即于利,则其为力也易;戾于利,则其为力也艰"。而且一直在强调"利在则义存,利亡则义丧"。⑤

作为地主阶级思想家,苏洵不能不维护剥削阶级⑥,在《上皇帝书》中,他明确指出:"利之所在,天下趋之。是故千金之子,欲有所为,则百家之市,无宁居者。古之圣人,执其大利之权,以奔走天下,意有所向,则天下争先为之。"⑦要求统治者兼顾义利,注重百姓利益,把百姓的利益放在首位,而不是仅用义来维护自己的统治。⑧

苏洵还很重视商业,把商业看作是百姓相生养的主要途径,但他

①　苏洵著,曾枣庄、金成礼笺注:《嘉祐集笺注》,第278页。
②　同上。
③　同上。
④　陈勇勤:《中国经济思想史》,第155页。
⑤　苏洵:《嘉祐集笺注》,第277—278页。
⑥　吴孟复、詹亚园:《苏洵思想新探》,《安徽大学学报》(哲学社会科学版),1982年第3期,第69页。
⑦　苏洵:《上皇帝书》,收入曾枣庄、舒大刚主编《三苏全书》第六册,北京:语文出版社,2001年,第46页。
⑧　叶世昌:《古代中国经济思想史》,上海:复旦大学出版社,2003年,第265页。

反对与民争利,坚持"仕则不商"的原则,反对官吏及其家属、亲朋利用政治特权经商,以免其以权力垄断市场,破坏正常的市场秩序,压制、损害民间工商业的正常发展,与民争利从而加剧百姓贫困。

3. 范仲淹:义利并重,养民富国

在义利关系上,范仲淹主张义利并重。他既强调"义"的重要性,也很重视"利"的作用,不盲从于儒家传统观点,理由是"利者何也?道之用者也。于天为膏雨,于地为百川,于人为兼济,于国为惠民、为日中市,于家为丰财、为富其邻……统而言之,义之和也"①。

范仲淹的经济伦理思想以国家利益为核心,主张"养民富国",强调"养民之政"是"富国之本"。他清醒地认识到,财富是施行仁政的物质基础,所以要富国。"使国家仁不足以及物,义不足以禁非,官实素餐,民则菜色。有恤鳏寡,则指为近名;有抑权豪,则目为掇祸。苟且之弊,积习成风,俾斯人之徒共理天下,王道何从而兴乎!"②而国家富强与百姓的富裕程度密切相关,百姓的财富减少,上缴的国家赋税就减少,就难以实现养民富国,达致国家财政富盈的目标。所以在处理国家(君主)与人民的利益时,他建议君主施政时"不以己欲为欲,而以众心为心。达彼群情,侔天地之化育"③,希望君主以人民的心愿作为其施政的意向,不要以自己的喜好作为为政的出发点,以养育天地万物。劝谏皇帝明了"务本者惟王""民食而为贵","惟农是务,诚天下之本",④否则"民力愈穷,农功愈削,水旱无备,税赋不登。减放之数,动逾百万"⑤。

为实现民富国强的目标,就要发展经济。为此,他重视商业商品经济,从而使人民生活富裕,进而繁荣国家经济。他曾写了《四民

---

① 范仲淹:《四德说》,收入曾枣庄、刘琳主编《全宋文》(第九册),第 770 页。
② 范仲淹:《上执政书》,收入李勇先、王蓉贵校点《范仲淹全集》,第 214 页。
③ 同上书,第 21 页。
④ 范仲淹:《稼穑惟宝赋》,收入李勇先、王蓉贵校点《范仲淹全集》,第 500 页。
⑤ 范仲淹:《答手诏五事》,收入李勇先、王蓉贵校点《范仲淹全集》,第 549 页。

诗·商》，阐述商人为国家经济发展做出的贡献。提出"大变商法以行山海之货"，而政府若"轻变其法"，再"与民争利"，不但违背了民本原则与其自身的行为准则，也是一种不"义"的行为。

除了力主发展经济以增加赋税收入，范仲淹还提倡厉行节俭。他清醒地认识到，从宋朝立国到庆历年间，社会风气严重堕落，国家财政困窘难掩。官吏因循守旧、不思进取，只顾贪腐奢靡，漠视民间疾苦，骄淫之气弥漫朝野。他沉痛指出"八九十年间，朝廷全盛，用度日滋，增兵颇广，吏员加冗。府库之灾，土木之蠹，夷狄之贪，水旱之患，又先王食货之政，霸王之略，变通之术，不得行于君子，而常梏于群吏，则天下之计宜其难矣"①，"天之生物有时，而国家用之无度，天下安得不困"②，"国用无度则民力已竭矣。天下无恩则邦本不固"③。而且，军事强盛需有充盈的财政做物质基础，若国库匮乏，物质难继，强兵永远难以实现。只有国民皆富，才能有充足的资源装备军队，以确保边境安宁、国家安宁。所以他面对时局，结合实际，提出"故圣人之宝俭"和"抑奢侈"的节俭消费伦理观，内容包括"宝俭"的价值导向和"师古人之行"的躬行践履。他特别提出，君主要以身作则地践行"清净为宗"，持俭抑奢，为百官百姓提高道德修养水平做出表率，引导民众回归内心清净本源，以减少和抑制欲望的泛化。

养民富国的实现，有赖于官吏的组织与执行。利于百姓和国家的善政都须依靠精干的官员切实执行。若官员执行不力或只选利己的政策，则善政也可能变成危国害民的弊政。所以"圣人养民之时，必先养贤。养贤之方，必先厚禄。厚禄然后可以责廉隅，安职业

---

① 范仲淹：《与省主叶内翰书》，收入李勇先、王蓉贵校点《范仲淹全集》，第 262 页。
② 毕沅：《续资治通鉴》卷第三十九，长沙：岳麓书社，2008 年，第 492 页。
③ 范仲淹：《上执政书》，收入李勇先、王蓉贵校点《范仲淹全集》，第 184 页。

86

也"①。首先解决好官员们的生活问题,用高薪督促廉洁奉公。为此,范仲淹不仅建议高薪养廉,还建议"复前代职田之制,使中常之士自可守节,婚嫁以时,丧葬以礼,皆国恩也。能守节者,始可制奸赃之吏,镇豪猾之人。法乃不私,民则无枉"②。官员的道德品质是社会发展过程中出现的各种现象的源头。所以,他主持的庆历新政从整治官场、淘汰庸冗开始,他着力于择官长任贤能,选取和建设廉洁高效的官僚队伍,以更好地管理百姓,服务国家。

综上,三者的义利观及其影响,见表1-5。

表1-5 李觏、苏洵、范仲淹的义利观及其影响

人物	义利观	观点(主要)	主要影响
李觏	义利双行	利可言可求、以礼求利、民富国强	庆历、王安石变法的理论基础
苏洵	义利和合	徒义徒利皆不可、仕则不商、任民自利	苏轼、苏辙继承其观点
范仲淹	义利并重	以国为重、养民富国	主持庆历新政影响王安石变法

---

① 范仲淹:《答手诏条陈十事》,收入李勇先、王蓉贵校点《范仲淹全集》,第531页。

② 同上书,第532页。

第二章

变法在场者的义利思想

在经济活动中,行为主体如何进行利益选择,反映了主体的价值判断和取向,即行为主体的义利观(人们对义利概念、义利关系的认识及由此形成的对义利问题的基本态度)。从伦理的角度看经济活动,义利问题是一个贯穿经济活动始终无法回避的问题,是伦理基本问题(道德与利益的关系)在经济活动中的反映。从思想史的角度看,义利之辨则是经济伦理思想中的核心内容,本质上是道德价值论。

关于义利问题,中国很早就有相关论述。周襄王十七年(前635),大夫富辰说道:"夫义所以生利也,祥所以事神也,仁所以保民也。不义则利不阜,不祥则福不降,不仁则民不至。"[1]晋献公时,大夫丕郑也曾说:"民之有君,以治义也。义以生利,利以丰民。"[2]由此可见,义利是互生共长的两个要素,"言义必及利"。[3] 所以,从古至今,都认为义利之间是相辅相成、对立统一的关系,正因如此,人们在社会生活中只能在义利之间权衡,取义舍利或者取利舍义,或者兼而有之,一旦人们在现实生活中做出抉择并且身体力行,便不可避免地遭遇义利之争,并且以实际结果回应义利之争。[4] 从这个维度说,义利问题归根结底是利益相关者背后社会各阶级的力量对比及其经济利益在道德领域的反映。王安石变法中,代表不同阶级利益的在场者,也有不同的侧重和不同的取舍,义利之间的角力也呈现出不同的态势。

---

① 徐元诰撰,王树民、沈长云点校:《国语集解》卷二《周语中》,北京:中华书局,2002 年,第 46 页。

② 徐元诰:《国语集解》卷七《晋语一》,第 256 页。

③ 曾誉铭:《义利之辨》,上海:上海辞书出版社,2017 年,第 51 页。

④ 同上书,第 43 页。

第一节 变法在场者的义利之辨

在中国经济伦理思想史上,共有五次影响较深刻的义利之辨,分别发生在春秋战国、两汉、两宋、明末清初和近世(鸦片战争—五四运动)时期。其中比较大的两次发生在中国社会发展史两个重大的转折变革时期,即中国由奴隶社会向封建社会的过渡变革时期(春秋战国)和中国由封建社会前期向后期的过渡变革时期(宋明时期)。北宋的义利之辨,在形式上从王安石和司马光在1068年的理财之争肇端。其前后有张载提出"利于民则可谓利;利于身利于国皆非利也。利之言利,犹言美之为美。利诚难言,不可一概而言","义,公天下之利","故为政者在乎足民,使无所不足,不见可欲,而盗必息矣"。程颢认为,"大凡出义则入利,出利则入义。天下之事,惟利而已"①,"义吾所当取,不义吾所当舍"②。张栻则提出"学莫先于义利之辨。义者,本心之当为,非有为而为也。有为而为,则皆人欲,非天理","学者潜心孔孟,必得其门而入,余以为莫先于义利之辨"。朱熹称"义利之说乃儒家第一义"。宋人对义利之辨极为重视的态度,也反映了"明义利"之争辩在宋代的激烈程度,"义利之辨"不仅成为宋儒关注的焦点,也成为社会价值判断的标准。③ 在义与利、公与私等问题的论辩中,宋儒总体倾向于强调义和公的方面,但也有许多不同的

---

① 程颢、程颐:《师训》,收入《二程集》卷十一,第124页。
② 程颢、程颐:《附师说后》,收入《二程集》卷二十一,第273页。
③ 漆侠:《宋代经济史》(下),第1178—1232页。

见解涌现。此处以对王安石变法影响较大的主要派别(变法派、反对派和务实派)的代表人物(王安石、司马光和苏轼等)所持的观点加以剖析,以探究他们变法理念背后的经济伦理思想。王安石提出"利者义之和,义固为利"的理财思想,为他的"熙丰新政"寻找理论根据,他的观点被后世公认为以理财为核心,利在义先。司马光的观点则代表了传统儒家的重义轻利、先义后利的思想。① 苏轼和苏辙秉持苏洵的理念,认为"义利和合"是义利关系的最本质状态。

一、变法派之神宗:谋求富强,认为"义理可行则行, 自无不利"

才高、志雄、命短②的神宗,铭心于太宗雍熙北伐的负伤之仇,耿耿于历朝签订的金钱换苟安盟约之辱,希望绍续太祖之休烈,振扬国威,统一中国,重现汉唐盛世辉煌。但他即位时,北宋已立国 107 年,内政外交积弊深重:内部土地兼并严重,行业垄断盛行,赋税分配不公,贫富差距悬殊,百姓不堪重负,社会矛盾突出。财政入不敷出,经济赤字严重,英宗山陵俭简以对,神宗例行赏赐,困窘难支。对外军事羸弱,外族索钱要地,伺机进攻,北宋屈己纳币,以金钱换取苟安。面对"三冗"羁累下"积贫积弱"的局势,神宗急切想要探寻富国强兵之路,以改变国家财政的困窘局面。即位伊始,他就对宰相文彦博说,天下的弊端实在太多,不改革不行,提出"当今理财最为急务",并征询众多重臣元勋的意见意向。③

由此可见,神宗的改革蕴涵着两层愿景:一是针对时弊,革陈鼎新,使国泰民安,稳定社会,稳固赵氏统治;一是重整山河、建功立业,富国强兵后,平定辽、西夏,一统江山,确保赵氏统治长治久安。其变

---

① 刘燕飞:《苏轼哲学思想研究》,北京:人民出版社,2014 年,第 201 页。
② 龚弘:《两宋人物》,第 149 页。
③ 毕沅:《续资治通鉴》卷第六十六:"天下敝事至多,不可不革……当今理财最为急务。"

革的出发点和目的都是重利的,他整顿朝纲、奋发图强的直接原因,是国库困窘、财政维艰和强敌环伺、军事萎弱,深层次原因则是为了成就中兴帝业,维护赵宋江山稳固。

受儒家思想和帝王术双重浸润的神宗,不仅要为帝王和皇族谋划长远利益,与宰执协力革陈鼎新,振兴国势,还要恪守祖制家法,以"异论相搅"等权术制衡各方势力,以确保帝王权柄在手,天威永续。但儒家思想和帝王职责驱使,又使他在治理国家推行新法时,要关注百姓疾苦,兼顾各方利益,平衡各种关系,以使法令得以顺利执行,达致富国强兵安民的目标。所以,神宗在处理义利关系时,是兼顾义利但偏重于利的,而且偏重的是一家一姓(赵氏)之利,至于对子民的关爱,也是他达致目标的过程中加以兼顾的内容。所以,在他看来,只要不违背义理,就可以围绕国富兵强的目标进行改革。

二、变法派之王安石:义利并重,以义理财,利在义先

王安石的义利观,比李觏前进了一大步。针对儒家传统重义轻利的义利观,他主张义利并重,以义理财。认为:"盖聚天下之人,不可以无财;理天下之财,不可以无义。"[1]"孟子所言利者,为利吾国……所以理财,理财乃所谓义也。"[2]

义利并重,理财即义的观念是其变法的理论基础。因为"利者义之和,义固所为利也"[3],而且"古之人以是为义,而吾今必由之,是未必合于古之文也。夫天下之事,其为变岂一乎哉?"[4]时代的核心问题在变化,古代所谓的义的行为未必适合现在,所以应该按照古代义

---

① 王安石:《乞制置三司条例》,收入《临川先生文集》,北京:中华书局,1959年,第745页。

② 王安石著,秦克、巩军标点:《答曾公立书》,收入《王安石全集》卷八,上海:上海古籍出版社,1999年,第73页。

③ 李焘:《续资治通鉴长编》卷二百一十九,第5421页。

④ 王安石:《杂著·非礼之礼》,收入《王安石全集》卷二十八,第241页。

的本质去做事,而不是追求古代义的现象,当代最主要的国家问题就是利的问题,是不可能回避它而只谈义的。而且一部《周礼》,理财居其半,"周公岂为利哉!""所以理财,理财乃所谓义也"。① 也即为国家理财就是利国,圣贤对义的解释也是利国,所以理财本身就是义。传统看法总是将"利"解释成个人私利,王安石将"利"的内涵改为国家之公利,如此一来,非为己而为国家的理财本身就是义。

以义理财是其变法思想的核心内容。王安石的理财含义有两种情况:一是为了统治集团贪婪、奢靡的私利而搜刮、掠夺百姓,就是聚敛,这种理财是王安石所不齿的;另一种是为了改变国家贫弱衰落的现状,在改善国民经济状况的基础上改善国家财政状况,这种理财是他所推行的"以义理财"。这样的理财是"举先王之政,以兴利除弊,不为生事。为天下理财,不为征利"。② 但要注意"聚天下之人,不可以无财;理天下之财,不可以无义"。③ 对百姓,他认为"夫闵仁百姓而无夺其时,无侵其财,无耗其力,使其无憾于衣食,而有以养生丧死,此礼义廉耻之所兴"④。对官吏他主张高薪养廉,把官吏们的鲜廉寡耻归因于俸禄太薄,"盖人主于士大夫能饶之以财,然后可责之以廉耻。方今士大夫所以鲜廉寡耻,其原亦多出于禄赐不足,又以官多员少之故,大抵罢官数年而后复得一官。若罢官而止俸,恐士大夫愈困穷而无廉耻"⑤。所以,变法伊始,当陈升之称他以宰相的身份而言财利应深以为耻时,王安石即毫不迟疑地宣称,言财利乃是真宰相之任。所以他认为,以义作为统率去理财,只要不是对人民的聚敛

① 王安石著,唐武标校:《答曾公立书》,收入《王文公文集》(上册)卷八,上海:上海人民出版社,1974年,第97页。
② 王安石:《答司马谏议书》,收入《王文公文集》(上册)卷八,第96—97页。
③ 王安石:《乞制置三司条制》,收入《王文公文集》(上册)卷三十一,第364页。
④ 漆侠:《宋代经济史》(下),第1167页。
⑤ 王安石:《看详〈杂议〉》,收入《临川先生文集》卷六二,第663页。

搜刮,而是为天下理财,为发展社会生产、增加国家的财政收入和使人民富裕起来而理财,这种性质的理财是谋取公利,是义之目的所在,是正大光明理所应当的,是义以制利在国家经济生活中的实践,是合乎"义"的要求的。故而,在义利并重和以义理财原则下,为国理财才是"义"的最终目的。

在义和利的轻重博弈中,他主张以理财为中心,利在义先。①"利者义之和,义固为利","义"是以理财为中心的,也即利在义先,利重于义。

王安石的"理财乃所谓义也",与前述苏洵的"利者义之和"都突破了儒家正统派的说教,为义利观增加了新的内容。② 而且这样的义利观也影响了宋儒对义利观的看法,不再固守传统儒家贵义贱利的义利观。

三、反对派之司马光:义利统一,义以制利,义在利先

变法的反对阵营以司马光为首。司马光自谦"朴儒",人称"醉儒",是传统儒家思想的坚守者,其经济伦理思想中的很多主张都是对传统儒家经济伦理思想的继承和发展,其义利观以"义利统一"为基础,处理义利关系时主张"利以制事,义以制利""义在利先",兼顾国家与百姓利益,反对国家与民争利,主张"藏富于民"。《论财利疏》集中体现了他的经济伦理思想,《荒政札子》《劝农札子》《蓄积札子》《钱粮札子》《节用札子》《论钱谷宜归一札子》等奏疏也包含了其财政经济主张。

作为一个政治家和历史学家,司马光深知功利对维护封建国家统治的重要性,针对朝廷的财政困境,他认可"利"的合理性和正当

---

① 古屿鑫:《论苏洵伦理思想的三重蕴含》,《儒道研究》2016 年第 3 辑,第 225 页。

② 漆侠:《宋代经济史》(下),第 1167 页。

性,也肯定"义"的功利性目的与价值,认同"义"作为道德规范的合理性和正当性。他从四个方面诠释了伦理价值取向,即"求利以养生""利以制事,义以制利""爱利天下"和"君子尚仁义"。

义利是统一的。他深知物质利益是人生存的根本条件,"食货为先"①是"生民之大本,为政之首务也"②,"衣食货赂,生养之具""生生之资,固人所不能无"③,所以"求利以养生","利"具有正当性、必要性;财利在国计民生中具有重要作用,《潜虚·行图》中说"何以临人?曰位。何以聚民?曰财。有位无财,斯民不来"。④

"以义制利""义在利先"。认为"彼商贾者,志于利"⑤,个人利益具有正当性和合理性,所以要"利悦小人"⑥,"利以制事";但人性贪婪,过度追求财利会造成"丧其生"的恶果,"求利所以养生也,而民常以利丧其生",主张"利不苟取","求利"仅以养生,否则"生生之资,固人所不能无,然勿求多余。多余,希不为累矣"⑦。过多的物质利益会使人拖累,且"贤而多财则损其志,愚而多财则益其过"。为避免"事失其宜,人丧其利"⑧,主张"以义制利""义以利事",且"义在利先",在"义"的规范下追求"利"。强调义的规范性和功利性。

在国家"义"与生民"利"的角力中,他倾向于"利民",以苍生为念,"爱利天下";在价值取舍中,主张"尚仁义",认为帝王行仁义使

---

① 司马光著,李之亮笺注:《论钱谷宜归一札子》,收入《司马温公集编年笺注》第4册,成都:巴蜀书社,2009年,第253页。

② 司马光:《劝农札子》,收入《司马温公集编年笺注》第3册,第111页。

③ 司马光著,王宗志注释:《温公家范》卷二,天津:天津古籍出版社,1995年,第25页。

④ 司马光:《潜虚》,上海:商务印书馆,1936年,第48页。

⑤ 司马光:《论财利疏》,收入《司马温公集编年笺注》第3册,第185页。

⑥ 司马光:《乞听宰臣等辞免郊赐札子》,收入《司马温公集编年笺注》第3册,第542页。

⑦ 司马光:《温公家范》卷二,第25页。

⑧ 司马光、张载:《温公易说》,上海:上海古籍出版社,1989年,第7页。

百姓受益,统治就会受到拥护,其实也是帝王的长远之利。故而,他建议把"善治财富,公私俱便"列为科举内容,倡导厉行节约、节制,黜奢崇俭,劝谏皇帝养本开源,节用爱民,藏富于民,反对"与民争利";希望统治者"安民勿扰,使之自富,处之有道,用之有节"①。途径包括"养其本源而徐取之""减损浮冗而省用之"和"随材用人而久任之"三个方面,涉及生产、分配、消费、管理等经济环节。提出以农为先、兼重工商的本末论,注重农民和工商业的基本生存权,维护百姓的正当利益。

反对王安石变法时,他以义为本,反对王安石聚言利之人以变更祖宗旧法,指出设立制置三司条例司是"聚文章之士及晓财利之人,使之讲利。孔子曰:'君子喻于义,小人喻于利。'樊须请学稼,孔子犹鄙之,以为不知礼义信,况讲商贾之末利乎?……于是言利之人皆攘臂圜视,衔鬻争进,各斗智巧,以变更祖宗旧法"②。

除司马光外,文彦博固守"贵义贱利"道义论反对新法。他说:"衣冠之家罔利于市,缙绅清议尚所不容,岂堂堂大国,皇皇求利,而天意有不示警者乎!"可见,在对于"利"的态度上他与王安石是截然对立的,也是两种义利观从各种的立场出发,在"理财"问题上的不同体现。经历过庆历新政的富弼,也是儒家传统思想的拥趸,他上书皇帝曰:"臣闻为国家以义为利,不以利为利。或闻兴利之臣,近岁尤甚,亏损国体,为上敛怨,民间小利,皆尽争夺。至若为场以停民货,造舍而蔽旧屋,榷河舟之载,擅路粪之利,急于敛取,道路怨嗟!"③遵循儒家"贵义贱利"的传统,直斥变法派为兴利之臣。与富弼不同的是,欧阳修看到了利的重要性,他说:"衣被群生,赡足万类。此上之

---

① 司马光:《上休要疏》,收入《司马温公集编年笺注》第4册,第8页。
② 龙榆生选注,毛文鳌整理:《古今名人书牍选》,上海:上海古籍出版社,2016年,第78页。
③ 李焘:《续资治通鉴长编》卷三三六,第8107页。

利下及于物,圣人达之以和于义也。则利之为道,岂不大哉!"①认为利乃是"圣人达之以和于义也",即利是实现义的途径。所以在变法开始的一年多时间里,他并没有发声反对,但青苗法推出后出现的问题令他转变了态度,开始反对变法。

四、务实派之苏轼:义利和合,利由义范,义由利得

三苏务实尚用,思想一脉相承。苏轼秉承苏洵的义利观,认为义利相互支撑,义利相养,义利和合。无利之义不是义,只能是徒义;无义之利,只能称之为徒利,徒义或徒利都不可行。

苏轼的经济伦理思想主要体现在应试时的二十五篇策和六篇论及后来写的《思治论》《辩试馆职策问札子》及《上神宗皇帝书》等文章中。其义利观表现出义利兼重、义利和合的鲜明特色。在国家与百姓的关系中,他着眼于国家的稳定和社会经济的发展,强调藏富于民,主张给人民选择自主权,任民自为自利。

义利和合的义利观。在《东坡易传》里,他解释《乾卦·文言》中的"'利'者,义之和也;'贞'者,事之干也。君子体仁足以长人;嘉会足以合礼;利物足以和义,贞固足以干事。君子行此四德,故曰:'乾,元亨利贞'"时,发出"礼非亨,则偏滞而不合;义非利,则惨洌而不和"②的感慨,以论证"徒义""徒利"皆不可,佐证"利者义之和""义利和合"观点的合理性。与苏洵一样,他也认识到物质财富在国家政治生活中的重要性,"民者,天下之本;而财者,民之所以生也"③,认同"利之所在,天下驱之"的观点,④所以重视物质利益,提出安商利

---

① 欧阳修:《夫子罕言利命仁论》,收入《欧阳修全集》卷六十,第868页。

② 苏轼著,龙吟注评:《东坡易传》卷一,长春:吉林文史出版社,2002年,第7页。

③ 苏轼撰,孔凡礼点校:《策别训兵旅二》,收入《苏轼文集》卷九,第277页。

④ 苏洵:《上皇帝书》,收入《嘉祐集》卷十,上海:上海古籍出版社,第281—293页。

商的观点,主张广开财源、节用财富,即"厚货财"以振兴经济,达到民富国强的目的。

利由义范,义由利得。北宋士大夫阶层尤其是官员普遍经商,官商一体使商人的地位得到提高,甚至士商地位俨然相同。在这样的社会背景下,传统的"贵义贱利"的思想受到很大冲击,人们只看重商业利益,重利轻义现象越来越普遍,伦理纲常对人们的约束作用越来越小,社会风气越来越差,非常不利于社会的稳定。① 特别是王安石变法开始后,从上而下的逐利行为急剧影响了社会风气,苏轼力谏皇帝,试图扭转这种趋势,在《上神宗皇帝书》中,他以"结人心""厚风俗""存纲纪"为纲,强调了了"义"的重要性。他以商鞅变法来进行对比,认为变法若"使民知利而不知义",就会"虽能骤至富强,亦以召怨天下,旋踵而失也"。对于设置变法机构"制置三司条例司"及其变法的具体措施,认为新法求利太急,见小利、眼前之利而失人心、乱风俗,警醒皇帝以"万乘之主而言利""执政以天子之宰而治财","变易即行,而不与商贾争利者,未之闻也",长此以往,势必会失人心、坏"大义",甚至会乱国亡国。② 他认为"国家之所以存亡者,在道德之浅深,不在乎强与弱;历数之所以长短者,在风俗之厚薄,不在乎富与贫"③,所以苏轼希望重塑人们的道德标准,即他所谓的"民俗"。他认为民俗之厚薄关系着国家的生死存亡,"夫三代之民,非诚好义也,使天下之利,皆出于义,而民莫不好也。后之所以使民要利者,非诈无由也。是故法令日滋,而弊益烦,刑禁甚严,而奸不可止","夫见利而不动者,伯夷、叔齐之事也;穷困而不为不义者,颜渊之事也。以伯夷、叔齐、颜渊之事而求之无知之民,亦已过矣。故夫廷尉、大农之所

---

① 刘燕飞:《苏轼哲学思想研究》,第 211 页。

② 黄杰:《论苏轼性命义利观对其诗歌的意义》,《杭州大学学报》1994 年第 3 期,第 135 页。

③ 《苏轼文集》卷一九《上神宗皇帝书》,收入曾枣庄、舒大刚主编《三苏全书》第 11 册,第 450 页。

患者,非民之罪也,非兵之罪也,上之人之过也"。① 规劝神宗皇帝
"崇道德而厚风俗",求"富强"时要注重"义"。

民利为重,捐利于民。苏轼与王安石在义利问题上的分歧主要
体现在对利的理解不同。面对"君子喻于义,小人喻于利"的儒家传
统义利观,王安石认为非为己而为国理财的本身就是义。苏轼则接
受传统儒家的观点,认为百姓的利才是义。他赞成孟子以仁义的概
念来代替百姓之利和国家长远之利的"利",认为行仁义使百姓受益,
国家才会繁荣昌盛,帝王受到拥护,统治就会稳固长存,最终结果还
是帝王的长远之利。苏轼和王安石在舍私利为国家公利的问题上是
没有分歧的,他们观点的不同体现在如何解释国家公利问题上。王
安石认为"率土之滨,莫非王臣",国家之利就是君王之利,当君王之
利和百姓之利发生冲突时,舍掉百姓之利也是义;苏轼认为"民为邦
本",天下是人们共有的,君主只是管理者而已,国家公利是百姓之
利,百姓的利才是义,即使是君王,同百姓争利也是不义的,②"先王
之理财也,必继之以正辞,其辞正则其取之也义。三代之君食租衣税
而已,是以辞正而民服。自汉以来,盐铁酒茗之禁,称货榷易之利,皆
心知其非而冒行之,故辞曲而民为盗。今欲严刑安赏以去盗,不若捐
利以予民,衣食足而盗贼自止"③。

以父兄为师的苏辙,与苏轼的学术趋向基本一致,学术观点大都
不分彼此,其义利观也一脉相承。④ 苏辙重视物质财富,认为"财者
为国之命而万事之本,国之所以存亡,事之所以成败,常必由之……
苟无其财,虽有圣贤,不能自致于跬步;苟有其财,虽庸人可以一日而

<hr/>

① 《苏轼文集》卷一○八《关陇游民私铸钱与江淮漕卒为盗之由》,收入曾
枣庄、舒大刚主编《三苏全书》第 14 册,第 320 页。
② 刘燕飞:《苏轼哲学思想研究》,第 203 页。
③ 苏轼撰,孔凡礼点校:《刑政》,收入《苏轼文集》卷四,第 134—135 页。
④ 谷建:《苏辙学术研究》,北京:光明日报出版社,2009 年,第 27 页。

千里"①。但他反对刻意求利,在注解《孟子解》首章"圣人躬行仁义而利存,非为利也。惟不为利,故利存。小人以为不求则弗获也,故求利而民争,民争则反以失之"时,他指出"利"的存在具有必要性,并将孟子义利对立的观点加以统一,认为躬行仁义自可得利,无须刻意求利。此注解虽然偏离了孟子义利观的本质,却更为符合义利关系的本质。在《历代论·尧舜》中,以尧舜治国理念和孔子论政思想说明德义安民的重要,并直指时弊,强力批判一味追求"富国强兵"者,或"侵夺细民",或"凌虐邻国",结果导致"富强之利终不可得"。所以治国首重以德(义)安民,使人民安居其所,国家方可长治久安。在处理国家之利与生民之利的关系中,他认为治国应重本轻末,勿因小利而害民。如在《宇文融》中,苏辙指责唐玄宗因贪利而用宇文融"治籍外羡田逃户,命摄御史分行括实"②之策,结果造成"州县希旨,多张虚数,以正田为羡,编户为客"③,虽多得了数百万缗钱,但形成"群臣争为聚敛,以迎侈心"④之贪夺局面,德义已荡然无存。当然上下交相贼之结果,国家终以安史之乱收场。所以,国家不应贪利而聚敛,从而与民争利。

变法三派虽然身份不同,立场各异,但他们都认识到,经济与财政乃立国之本,可以在"义"的框架下追求国家或民生之"利"。对"义"都很看重,但对"利"的重要性持不同看法,对公利和私利的见解更不一样,这些因素导致他们的价值排序相异,最终决定了他们在变法道路选择上的冲突。

除了上述立场不同,观念各异,但不为己谋的在场者外,熙丰时

---

① 苏辙:《上神宗皇帝书》,收入曾枣庄、舒大刚主编《三苏全书》第 17 册,第 215 页。

② 苏辙著,曾枣庄、马德富校点:《宇文融》,收入《栾城集》(全三册),上海:上海古籍出版社,1987 年,第 1269 页。

③ 同上。

④ 同上。

的朝堂也不乏一些守护既得利益的官僚,他们"惟官资崇卑、禄廪厚薄是计",把职权当成谋求"声色货利至于名位禄秩"的手段,以个人私利或局部的小团体利益为重,置国家和苍生大义于不顾。变法三派义利观见表2-1。

表2-1　变法派、反对派、务实派的义利观

派别	代表人物	义利观	义利关系	与民利益关系
变法派	王安石	义利并重,以义理财	理财为义,利在义先	可以与民争利
反对派	司马光	义利统一,义在利先	利以制事,义以制利	不能与民争利
务实派	苏轼	义利和合,义利相养	利由义范,义由利得	捐利于民

第二节　变法在场者的价值位阶

价值排序原则,又称价值位阶原则,即按照价值高低排出主次、先后。价值位阶原则是指在不同位阶的法的价值发生冲突时,在先的价值优于在后的价值。把某些价值"优先"(vorsetzen,"偏爱法则")和把某些价值"后置"(nachsetzen,"偏恶法则")来涵括人心所追求的"实质的价值"(materiale wert)。

从伦理学角度讲,价值排序指道德主体对价值原则的优先性进

行判定和选择,此问题与人类的道德生活相伴而生,是伦理学的经典问题。① 约翰·凯克斯(John Kekes)认为"一个有理性的道德主体必然会在两种或多种价值中进行排序(ranking values)。这种排序显示了普遍人性中各种价值原则固有的相对独立的特殊本质"。② 根据美国伦理学家雅克·蒂洛(Jacques Thiroux)的理论,决定价值排序的方法有两种:一种以逻辑优先性或经验优先性为依据,逻辑优先性由逻辑性或逻辑思维决定,经验优先性是由观察到感觉的证据所确立的优先性秩序;另一种依据具体的境遇或情境进行判定,需要我们分析具体情境,才能进行最后的价值排序。道德主体在进行价值排序和决策选择时,都必须面临不同的伦理风险。一般来说,价值排序问题引起的伦理风险主要有以下两个方面:一是同一道德主体在不同情境不同领域中的价值排序;二是不同道德主体价值排序相异乃至冲突。③

在我国历史上,传统儒家崇尚"民为邦本",价值排序是"民贵君轻,社稷次之",即民优先于国,国优先于君,这是"民主"的逻辑出发点与归宿点,而"民主"不过是实现"民本"的技术手段罢了。④ 当国家之"利"与百姓之"利"有冲突时,认为国家要维持统治的正当性(仁),就不能与民争利(为富),否则就失去了为政的正当性。在变法过程中,对变法的终极目的是富国强兵还是富民强国,不同的在场者见解并不相同。⑤ 变法中的利益相关者,依据其不同的立场和理念,在利益较量后,给出了不同的价值排序。本书根据变法三派(变

---

① 张彦:《价值排序与伦理风险》,北京:人民出版社,2011年,第2、3、21页。
② John Kekes, *The Morality of Pluralism* (Princeton, N. J.: Princeton University Press,1996),p.57.
③ 张彦:《价值排序与伦理风险》,第6页。
④ 吴钧:《中国的自由传统》,上海:复旦大学出版社,2014年,第59页。
⑤ 朱家桢:《义利思想辨正》,《中国经济史研究》1987年第2期,第111—134页。

法派、反对派、务实派)在变法中的作用及他们在变法中所持的立场不同,对其观点加以分类和排序。

专制帝政氛围下,皇帝的核心思想是维护皇权,在所要考量的要素里,皇室权柄是第一位的。仁宗最终选择范仲淹主持改革,是因为他认为改革有利于国家,有利于巩固皇权。神宗发起王安石变法,也是为了维护统治,使皇家运祚永昌。

社会地位不同,阶级不同,在变法中的选择不同,即使是同一阶级内部也存在差别,这正反映了利益相关者对立的利益诉求,也体现了不同道德主体的价值排序差异。地主阶级中的变法派和反对派在维护封建经济制度上是一致的,至于如何维护却并不一致:变法派代表了地主阶级的整体利益,抑制大地主以稳定中下层地主,从而解决国家财政困难,巩固封建统治;反对派则站在大地主阶级的立场上,为维护其既得利益而反对新法,造成了北宋中期以来地主阶级变法派与反对派之间的尖锐斗争。以王安石为首的变法派主要由中小地主出身的士大夫组成,间有少数大地主出身的士大夫,形成一个政治势力。① 他们革旧鼎新以求富国强兵,在神宗皇帝支持下,设立"制置三司条例司"为变法的中央机构,起用新人,制定和推行新法;而另一批以司马光为首的大官僚、大地主、大商人等既得利益者持不同政见,与变法派展开了全面激烈的斗争。在斗争中,他们或多或少,或有意或无意地,成为不同利益的代言人,显示出他们的价值排序差异。

一、变法派之神宗:维护赵氏统治,"家国"之利最重

作为王安石变法的发起者,神宗也是顶层设计者,其变法的目的是维护统治,近期的目标是要解决财政危机,以成就中兴盛世,远期目标是完成超越祖宗的统一大业,确保赵宋江山永固。所以,在所有

---

① 漆侠:《宋代经济史》(下),第 1232 页。

要考量的价值序列中,他最重视的是赵氏的"家国"之利。

叶坦先生对神宗评价很高,说"通览青史,身为'天子',位极'九鼎'的正统帝王,不仅有建功立业之心、图强更张之志,而且善用群臣,随机应变,还能亲躬策划,实施新法,在位之年完全沉浸于变法大业者,君唯神宗,岁唯熙、丰"①。而且神宗的文治武功确实都很突出,文有《资治通鉴》,武有熙河开边,在宋史和中国史上,都影响深远。但政治的天然困境是,统治者宣称其目的是"民利",而真实情况或是"己利",或者是那些既得利益者的利益;即使从主观意图上,统治者是"为民"的,但在现实中做到统治者与百姓的意图相契合,仍是十分困难的事②,更何况是在专制制度下的封建王朝。太宗对臣僚们的一席话,或许能代表帝王们的心声,他说:"中国自唐季,海内分裂,五代世数尤促。又大臣子孙鲜能继述父祖基业。朕虽德不及往圣,然而孜孜求治,未尝敢自暇逸,深以畋游声色为戒。所冀上穹降鉴,亦为子孙长久计,使皇家运祚永久,而臣僚世袭禄位。"③将臣僚之家的基业与皇朝的运祚联系起来,也揭露出在所有需要权衡的要素里,帝王的价值排序以政权和皇位的稳定为首要目标,其次是臣僚之家世代阀替的富贵,最后才是"与士大夫共治天下",共商"牧民"安民的问题。神宗主政伊始(熙宁元年)二月就对宰相文彦博说,天下敝事甚多,不可不革。三月份又说,"当今理财最为急务,养兵备边,府库不可不丰,大臣宜共留意节用"④。这也是神宗发起变法时的价值排序,即丰财、强兵,但当时的许多大臣并不认同。执政后的王安石逐渐俯从此意,熙宁变法的精神大致秉承此旨。

对臣僚的安排调整也是神宗的价值排序在变法布局中的反映。

① 叶坦:《大变法:宋神宗与十一世纪的改革运动》,引言第1页。
② 曾誉铭:《义利之辨》,第143页。
③ 杨亿口述,黄鉴笔录,宋庠整理:《杨文公谈苑》"太宗赞日本颇有古道"条,第48页。
④ 毕沅:《续资治通鉴》卷六十六,第1618页。

因为苏辙在《上神宗皇帝书》中描绘的革弊制、"去三冗"后果："天下之财得以日生而无害,百姓充足,库府盈溢,陛下所为而无不成,所欲而无不如意。举天下之众惟所用之,以攻则取,以守则固。虽有西戎北狄不臣之国,宥之则为汉文帝,不宥则为唐太宗,伸缩进退,无不在我"[1],契合神宗的变法目的,于是擢拔苏辙进入制置三司条例司,共襄变法大业。所以,对臣僚的擢拔废除也是以神宗的价值排序为评判标准的。

二、变法派之王安石:富国强兵,"国家"之利最优

作为变法的顶层设计者和主持者,王安石要实现其经邦济世的理想,"国家"之利是他最优先的考虑。他在变法中的价值排序是,国家利益高于人民利益,更高于个人利益,所以他竭尽可能,把财富和人力集中到国家手里,为此不惜与民间资本争夺利润,用劫富济国的方式,解决国家财政危机,达到丰财富国甚而强兵的目的。即使民众在新法中搭便车得到了方便和好处,也是次要的。

中国传统"士大夫"都有安邦济世的理想,王安石也是个儒家思想浸润入骨的士大夫,他认为儒者要"用于君则忧君之忧,食于民则患民之患"[2]。受"食君之禄,忠君之事"思想驱使,他向仁宗上《万言书》,倡言改革以改良现状,利国益民。与神宗相遇相知,他实现了文人的最高奢望:位极人臣,辅弼圣躬,可以一展抱负,实现理想。面对神宗的"知遇之恩",在强烈的"知己感"激励下,王安石以身付国,与神宗一起竭力挽颓势起中兴,以完成君臣共同的志向与理想。所以,在解释国家公利问题上,王安石主张国家是君王的国家,国家之利就是君王之利,当君王之利和百姓之利发生冲突时,舍掉百姓之利也是

---

① 苏辙:《上神宗皇帝书》,收入曾枣庄、舒大刚主编《三苏全书》第17页,第226页。

② 王安石:《子贡》,收入《临川先生文集》卷六四,第678页。

可以的。① 他对神宗进言,"陛下果能理财,虽以天下自奉可也"②,"陛下若能以尧、舜之道治天下,虽竭天下以自奉不为过,守财之言非正理"③。

"以天下为己任"的情怀也使他关注民生,加之他自己的生活成长经历和为官地方的体验,都让他深味民间疾苦。所以,在进入中枢主持变法之前,他是以民为本的。他曾在《河北民》中写道:"河北民,生近二边(宋夏、宋辽边境)长苦辛。家家养子学耕织,输与官家事夷狄。今年大旱千里赤,州县仍催给河役。老小相携来就南,南人丰年自无食。悲愁白日天地昏,路旁过者无颜色。汝生不及贞观中,斗粟数钱无兵戎!"这也是他要变法的原因之一。但后来他进入中枢,了解国家财政困窘、军事羸弱的现状后,感觉到事逼势迫,最终服从神宗"理财最为急务"之意,以富国为先。

北宋社会不立田制、不抑兼并的国策,使官僚地主兼并豪夺成风,土地兼并现象十分严重,致使富者田连阡陌,贫者无立锥之地,"富商大贾因时乘公私之急"大发横财,严重的贫富分化,极易激起民变,危及社会安定和帝王的统治。而且财富迅速聚集到豪强地主和富商大贾手中,也消减了国家的赋税收入,使国家财政日趋危急,所以,"天下之财力日以困穷,而风俗日以衰坏,四方有志之士,谒然常恐天下之久不安"。此时的王安石正是出于维护国家和中小地主的利益,力倡变法革新,提出"理财乃所谓义"的重要命题,主张"理财"为治国之本,为其变法理财张目。但他的主张触犯了官僚大地主的利益,遭到了反对派的猛烈攻击。

所以,在他的价值排序规定下,变法目的之一就是收夺豪绅大地主们享有已久的部分特权,使他们的兼并侵蚀行径受到限制,使地主

---

① 刘燕飞:《苏轼哲学思想研究》,第 203 页。

② 邵伯温撰,李剑雄、刘德权点校:《邵氏闻见录》卷四,北京:中华书局,1983 年,第 36 页。

③ 脱脱等:《宋史》卷四百二十八《杨时传》,第 12742 页。

阶级的中下层和富裕农民的经济地位稍得稳定,免得再经常出现破产失业的人家,借以保障地主经济能正常发展。虽然这样一来,"所宽优者,皆村乡朴蠢不能自达之穷氓,所裁取者,乃仕宦并兼能致人言之豪右"。也即被裁取者,大都是"豪杰有力之人,其议论足以动士大夫",每当新法触动了他们的特殊权益、威胁到他们的既得利益时,他们必然要跳出来大吵大闹。①

三、反对派之司马光:富国安民,关注"富民"利益

出身于世族的司马光,自幼受教于儒家传统思想,是儒家传统思想的坚定维护者,秉持"达则兼济天下,穷则独善其身"的理念,经邦济世、靖国安民也是他仕途的终极目标,儒家"民为邦本"的理念使其为政时顾虑到百姓疾苦,出身于世族又让他天然地站在豪强官绅地主的立场上思考问题,以社稷为重,并为富民阶层辩护。所以,他的价值排序次序是"民为贵,社稷次之,君为轻",但需注意的是,他所谓的"民"是指"为国养民""为国守财"的富民阶层和大地主阶级,并非底层百姓。

司马光把贫富差别归因于贫富者的材性愚智,认为贫者困顿的原因是由于愚钝,从而为富民辩护。"夫民之所以有贫富者,由其材性愚智不同。富者智识差长,忧深思远,宁劳筋苦骨,恶衣菲食,终不肯取债于人,故其家常有赢余,而不至狼狈也。贫者呰窳偷生,不为远虑,一醉日富,无复赢余,急则取债于人,积不能偿,至于鬻妻卖子,冻馁填沟壑,而不知自悔也。"②"愚民知取债之利,不知还债之害,非独县官不强,富民亦不强也。昔太宗平河东,立籴法,时米斗十钱,民乐与官为市,其后物贵而和籴不解,遂为河东世世患。臣恐异日之青

①　邓广铭:《北宋政治改革家——王安石》,第110页。
②　司马光:《乞罢条例司常平使疏》,收入《司马温公集编年笺注》第4册,第47页。

苗,亦犹是也。"①

以司马光为首的反对派,主要是出身北方世族或居官地多在北方的官员。他们之所以要维护祖宗之法,反对改革中的一些法令,除受儒家"法祖"思想的支配外,也是要借此维护本阶层的既得权益。在对待豪强地主、富商大贾的问题上,变法派与反变法派分歧严重。②司马光等是固执的天命论者,认为贫富贵贱是由聪明才智造成的,而"智愚勇怯,贵贱贫富"都是"天之分也",是上天安排的,如若变更就会"僭天之分,必有天灾"。③与其不同,苏洵则认为贫富差异是由地主对租地耕者的剥削造成的,他在《田制》中说:"耕者之田资于富民……而田之所入,己得其半,耕者得其半。有田者一人而耕者十人,是以田主日累其半以至于富强,耕者日食其半以至于穷饿而无告。"④恰是对司马光这个见解的尖锐批驳。

在处理皇帝与百姓的利益关系时,司马光在公忠体国的基础上,比较体恤民力,他曾质问仁宗:"夫库府金帛,皆生民之膏血。州县之吏,鞭挞其丁壮,冻馁其老弱,铢铢寸寸而聚之。今以富大之州,终岁之积,输之京师,适足以供陛下一朝恩泽之赐,贵臣一日燕饮之费。陛下何独不忍于目前之群臣,而忍之于天下之百姓乎!"⑤也曾直指仁宗之过"夫府者,聚天下之财以为民也,非以奉一人之私也。祖宗所为置内藏者,以备饥馑兵革非常之费,非以供陛下奉养赐予之具也"⑥。劝谏皇帝为统治长固计,要顾念百姓,爱惜邦本。

四、务实派之苏轼:裕民富国,以"苍生"为国本

儒家"民为邦本"的民本思想对苏轼影响很深,他认为天命即民

① 脱脱等:《宋史》卷三百三十六《司马光传》,第10765页。
② 漆侠:《宋代经济史》(下),第1181页。
③ 司马光:《士则》,收入《司马温公集编年笺注》第5册,第448页。
④ 苏洵:《田制》,收入《嘉祐集笺注》,第135页。
⑤ 司马光:《论财利疏》,收入《司马光集》,第621页。
⑥ 同上书,第620页。

命,"民者国之本"①,"民者,天下之本"②,民"实执其存亡之权"③。即人民是国家的根本,民裕则国富,民安则国泰。他多次表达民贵君轻的观点,如"人君者,天下公议之主也"④,"天下者,非君有也,天下使君主之耳"⑤等。是以,在苏轼的价值排序里,民本原则贯穿始终,民贵君轻是其最主要的特征。

出身于较为清寒的耕读之家,苏轼了解底层百姓的真实状况,入仕后游宦各地,熟知基层的民生事宜。所以他能以苍生为念,兼顾中小地主、富农及贫困百姓,为他们的利益发声。《宋史本传》中曾如此评价,"时新政日下,轼于期间,每因法以便民,民赖以安"⑥,连他的政敌吕惠卿也承认他的"以民为重"思想。综观苏轼科考时的 25 篇《进策》,及其入仕后的奏章及著述,民本思想都是其中的主导思想。

他认为"人君者,天下公议之主也",要"以至诚为道,以至仁为德",理财时应如"先王之理财也,必继之以正辞,其辞正则其取之也义。三代之君食租衣税而已,是以辞正而民服"⑦。否则,若帝王"兴利以聚财,必先烦刑以贼民",就会导致"国本摇矣",所以"毒莫深于夺民利"。所以,要稳固统治就要先考虑到百姓之利害。

与王安石主张"富国",劫富济国,以解皇帝和国家的燃眉之急不同,苏轼改革财政的目的是富民,主张将富人阶层的财富分配给农

---

① 《苏轼文集》卷一〇三《上初即位论治道二首·刑政》,收入曾枣庄、舒大刚主编《三苏全书》第 14 册,第 230 页。

② 《苏轼文集》卷一一二《策别训兵旅二》,收入曾枣庄、舒大刚主编《三苏全书》第 14 册,第 367 页。

③ 《苏轼文集》卷一一二《策断一》,收入曾枣庄、舒大刚主编《三苏全书》第 14 册,第 371 页。

④ 苏轼撰,孔凡礼点校:《上初即位论治道二首》,收入《苏轼文集》卷四,第 133 页。

⑤ 《苏轼文集》卷一一三《御试制科策》,收入曾枣庄、舒大刚主编《三苏全书》第 14 册,第 389 页。

⑥ 脱脱等:《宋史》卷三百三十八《苏轼列传》,第 10808 页。

⑦ 苏轼撰,孔凡礼点校:《刑政》,收入《苏轼文集》卷四,第 134 页。

民,即"富民"。他的改革方案不谈增加国家财政收入,只谈节流,特别是要求统治阶级去奢节用、"俯己就人",以减轻百姓负担,促进经济发展。基于民本原则,他认为财政的出发点应该是"裕民",国家不应该重视财政收入,认为"兴利以聚财者,人臣之利也,非社稷之福。省费以养财者,社稷之福也,非人臣之利……民者国之本,而刑者民之贼。兴利以聚财,必先烦刑以贼民,国本摇矣,而言利之臣,先受其赏"①。所以他主张应该藏富于民,甚至"捐利于民",财政收入只是"不得已而取",批评当前的国家财政是国家求利,与民争利,是"仰人以援己",是"苟可以取者,莫不有禁,求利太广,而用法太急",认为国家专卖(盐、铁、茶、酒等)是"衰世苟且之法"②。

他也并非全然反对王安石变法,只是反对其中"虐取其民"的损民害民法令。同样,当司马光尽废新法时,苏轼建议要"较量利害,参用所长",主张"苟不至于害人,而不可强去者,皆不变也"③,留下有利于百姓的法令。历经宦海沉浮后,苏轼依然不改其民本原则,在《东坡易传》中,他说:"位之存亡,寄乎民。民之死生寄乎财,故夺民财者,害其生者也;害其生者,贼其位者也甚矣!斯言之可畏也,以是亡国者多矣!"④依然不改其民本原则。

苏辙与其兄政见类似,也胸怀安邦靖国之志,向皇帝献策建言要以民为本,去奢就俭,整顿吏治,去除"三冗",以巩固统治,运祚永昌。同时他劝谏帝王不要太恋栈权位,要"视天下甚轻"从而"心舒缓",心态平正则会"为政也宽",这样就能治理好国家,稳固统治;否则"重失天下""防之太过",必致民心背离,天下不稳。⑤

在对待富民的态度上,苏辙与司马光相同,都认为富民是国家基

---

① 苏轼撰,孔凡礼点校:《刑政》,收入《苏轼文集》卷四,第135页。
② 《苏东坡全集·应诏集》卷四,《策别十八》。
③ 苏轼撰,孔凡礼点校:《策略三》,收入《苏轼文集》卷八,第232页。
④ 苏轼:《东坡易传》,第314—315页。
⑤ 吴叔桦:《苏辙史论散文研究》,第161页。

石,应该加以关注。苏辙认为大姓是"州县赖之以为强,国家恃之以为固,非所当扰,亦非所当去也",明确指出富人是国家存在、富强的保障,应得到保护,不应受到侵扰,更不是能消灭的。

五、既得利益者:肥私朘己,以局部私利为重

变法在场者中,还有一大批利己主义者,他们支持或反对变法的原因不是法令是否利国利民,而是看能否为自己带来利益。未达到利己目的时,他们或与变法派一起,以变法为晋身之阶;或隐于反对派阵营,阻挠不利于己的法令;在新法推行过程中,他们故意曲解法令或只推行对自己有利的部分,从而损人肥己、中饱私囊,以满足私利。

综上所述,各派的代表人物、目的及其与民关系、价值位阶,可见表2-2。

表2-2 不同派别的代表人物、目的、与民关系和价值位阶

派别	代表人物	目的	与民关系	价值位阶
变法派	王安石	富国强兵	可以与民争利	以国(君主)为重(国家主义)
反对派	司马光	富国安民	反对与民争利	以民(官僚地主)为重(保富)
务实派	苏轼	裕民富国	捐利于民	以百姓为重(民本主义、济民)
自私派	既得利益者	肥私朘己	损民损国利己	以私利为重(利己主义)

第三节　变法在场者的义利博弈

博弈本质上是人类的决策选择,特别是人们相互之间存在互动关系、策略对抗情况下的决策选择。具体讲就是一些个人、队组或其他组织,面对一定的环境条件,在一定的规则下,同时或先后,一次或多次,从各自允许选择的行为或策略中进行选择并加以实施,各自取得相应结果的过程。包括四个要素:参加者(players)、可选策略(strategies)或行为(actions)的集合、博弈次序(orders)、得益(pay-offs)。①

义利从根本上属于道德范畴,主要指处理人与人之间的关系的正当原则。② 人们在义利之间权衡、取舍的行为,其实也是人们面对义利进行的义利博弈,只要做出义利抉择并加以实施推行,就会遭遇利益相关者的义利之争,回应义利博弈以实际结果。

北宋中期的这场变法,在场各派的主要成员,或者说正直的成员,要求变法的意愿是没有分歧的,他们都是忧患情怀浓厚的士大夫,都想革弊鼎新,去除三冗以解国家危机。存在分歧的是他们的变法策略、途径和最终目的,也即如何变法,为谁变法。所以,在这次变法中,义利博弈的焦点是,变法的终极目的是富国强兵,还是富民强国;为达到目的,应该采取什么样的政策,制定什么样的法令。变法

---

① 谢识予编著《经济博弈论》(第四版),上海:复旦大学出版社,2017 年,第4—5 页。

② 曾誉铭:《义利之辨》,第42 页。

在场者陈情时政危机,陈述济世良方时,在不同的价值排序前提下,义利博弈时关注的重点不同,最终选择的救国济民策略和路径也大相径庭。变法派和反对派的博弈焦点是要不要全盘变更一直遵循的祖制家法,要不要触动官僚地主、巨商富贾的既得利益以缓和社会矛盾,改善人民生活,并增加国家财富,加强军事实力。务实派与变法派甚至与反对派义利博弈的重点是为谁而变法,是为了富国强兵,以实现帝王的中兴愿望,从而代替豪强地主聚敛于民?还是为了富国安民,以维护地主阶级的既得利益,从而稳定封建国家的统治?还是为了裕民,以解民之难、济民之困而捐利于民?在这些问题上,变法各派义利博弈时选择的策略和路径不同,造成了变法过程中各派之间的纷论不断角力激烈,甚至演化为元祐更化时的意气之争,绍圣绍述时愈演愈烈的党锢之祸,最终在崇宁大观时被操纵利用,成为祸国亡国的诱因。

一、变法派之神宗:开源节流并用,调整国策,富国强兵

神宗既欣赏"开源"主张之气魄,也赞赏"节流"措施之实效,他理想的财政改革应该是开源节流并举。如图2-1①:

神宗即位后,曾广泛征询大臣的意见,探求革新之路。召富弼入对,富弼劝其先布德泽,不言兵事。向司马光请教,司马光告诫他先修身而后治国。元老重臣们深知天下事积重难返,希望神宗沉着冷静,循序渐进地修身治国。然而,稳健常流于因循无为,畏难常落入庸碌苟且。因此在神宗皇帝看来,早失庆历锐气的元老们虽老成持重,却也空泛而不着边际,丝毫不能解救当务之急。他想要的是兼有王安石恢宏大气的变法更张之辅佐和司马光稳健持重、脚踏实地的出谋划策之能臣。

---

① 方宝璋:《两宋经济管理思想研究》,第9页。

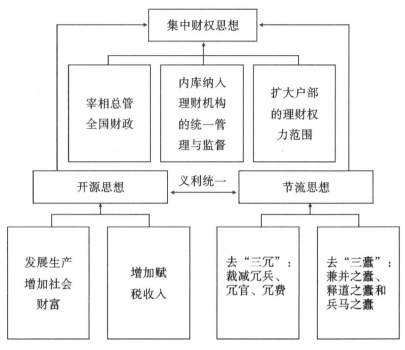

图2-1　神宗理想的财政管理思想框架

关于财政危机的拯救,他以理财作为变法的切入点,调整人事安排,增减机构设置,并颁下《令三司判官等上财用利害诏》,说:"朕以为欲致治于天下者,必富之而后可。今县官之费不给,而民财大屈,虽焦劳乎昃食之间,其将何所施哉?故特诏辅臣,置司于内,以革其大弊,而使美利之源,通流而不竭。"以表明变革的原因、做法及计划。具体到如何理财,神宗并不主张唯财是求,他认为:"则其所得必积,所言必通,聚而求之,固足以成吾富民之术。若夫苛刻之论,务欲朘削于下而敛怨于上,斯亦朕之不取。"也即他力主理财,但不认同苛刻百姓。① 他和王安石本想通过发展生产增加收入,但财政问题亟待解

_____

① 叶坦:《大变法:宋神宗与十一世纪的改革运动》,第64—65页。

决等不得从容缓行,所以,事穷势迫之下,他们选择了"劫富济国"的道路。他也赞同司马光节用去冗的观点,节约支出,减轻财政负担。为此,神宗与王安石君臣际会后,耗竭心力进行一系列政策调整(变法的法令),以增加财政收入,富国强兵。

二、变法派之王安石:王本霸术,开源节流,劫富济国

王安石变法的目的是富国强兵,改革的重点是理财富国,实现途径是以义理财。以义理财的思想包括三方面:其一是开源生财(发展生产),其二是抑制兼并(劫富济国),其三是立善法以确保"以义理财"顺利进行。

开源生财(发展生产)。王安石认为北宋财政困窘的原因不仅是支出无节制,更重要的是生财无道,开源过少,在《本朝百年无事札子》中,他指出"其于理财,大抵无法,故虽俭约而民不富,虽忧勤而国不强",认为"自古治世未尝以不足为天下公患也,患在治财无其道耳"[①]。而且,如果不能提高生产力发展生产,把资源变成财富,而只敛取于民,则犹如阖门市子,不能增加社会经济总量,也不能根解财政"穷空"问题。所以他把开源生财(发展生产)视为解决财政危机的主要策略,以增加社会财富总量,提高国家财政收入。方法是"欲富天下则资之天地"[②],原则是遵循"天地节而四时成,节以制度,不伤财不害民"。与司马光的"天地间财物有定数,不在官就在民"的零和博弈论调不同,王安石认为可以通过扩大社会生产,依靠"人致己力"开发自然资源,发展经济增加社会财富,在此基础上扩大税基,就能增加税收,解决公私困穷的问题。即其所说的"因天下之力以生天下之财,取天下之财以供天下之费"[③]。梁启超在《王安石传》中,

---

① 王安石:《上仁宗皇帝言事书》,收入《临川先生文集》卷三九,第422页。
② 王安石:《与马运判书》,收入《临川先生文集》卷七五,第795页。
③ 王安石:《上仁宗皇帝言事书》,收入《临川先生文集》卷三九,第417页。

感喟王安石的睿智,认为王安石当时的认识已经暗合近世经济学和财政学原理。即只有发展生产,增辟财源,提高社会经济总量,才能在税率不变(民不加赋)的情况下,增加国家的财政收入(国用饶),既化解了公私困穷,彻底解决了财政困窘问题,也实现了他变法时"民不加赋而国用饶"的承诺。

劫富济国也即抑制兼并("振乏绝,抑兼并"也是变法目标之一),是指在社会财富总量不变的情况下,运用政治权力进行社会财富的重新分配,从而增加国家财政收入。① 王安石从国家(君主)维度综观国家经济,认为经济的开阖敛散之权,必须由政府掌握,政府若对全国经济调控自如,豪强官绅兼并之家就不可能成为与国家分庭抗礼的势力。若不如此,则有可能出现"私取予之势,擅万物之利,以与人主争黔首,而放其无穷之欲"②的局面,陷帝王于被动境地。③ 所以,他主张分割兼并势力所占有的社会财富,以增加国家财政收入,一再强调要"摧兼并,收其赢余,以兴功利,以救艰厄""苟能摧制兼并……不患无财""稍收轻重敛散之权,归之公上",认为后世"学者不能推明先王法意,更以为人主不当与民争利。今欲理财,则当修泉府之法,以收利权",④也即是说,身为"人主","与民争利"没有什么不对,富商巨贾的财力过分增长会影响国家财政,政府要通过官营禁榷等方式,主动干预经济,以拯救财政困窘。⑤

立善法以保障发展生产和摧抑兼并。面对反对派固守祖宗家法的做法,他认为"先王之法"都是针对当时的问题而定的,有其特定的历史背景,即便在当时是属于非常完善的,但"执久则释,视久则瞬,

---

① 方宝璋:《宋代管理思想:基于政策工具视角的研究》,第171—172页。
② 王安石:《度支副使厅壁题名记》,收入《临川先生文集》卷八二,第861页。
③ 邓广铭:《北宋政治改革家——王安石》,第52页。
④ 陈邦瞻:《宋史纪事本末》卷三十七《王安石变法》,北京:中华书局,1977年,第323—367页。
⑤ 叶坦:《大变法:宋神宗与十一世纪的改革运动》,第64页。

事久则弊,不更则瞆",时过境迁,世易事移,社会的发展与变革是历史的必然规律,不能胶柱鼓瑟般地对待"先王之法"。要锐意改革实现富国强兵,就要变更祖制家法,去除弊法陋制,所以他要"善吾法而择吏以守之,以理天下之财"①。要立善法资天下,以趋先王之意。

开源固然受到王安石重视,节流(节制财用)也并未被忽视。他曾言明节流的必要性,"天地之生财有时,人之为力也有限,而日夜之费无穷。以有时之财,有限之力,以给无穷之费,若不为制,所谓积之涓涓而泄之浩浩,如之何使斯民不贫且滥也。"他大力裁汰冗兵,精健军政,熙宁年间财政好转,撙节军费功不可没。② 他还劝谏皇帝厉行节俭,认为皇室和官吏的奢靡生活也是导致国库竭蹶的重要原因,说"天下以奢为荣,以俭为耻"③"富者竞以自胜,贪者耻其不若"④。建议皇帝限制官吏开支,以抑制奢侈浪费。

三、反对派之司马光:以德行仁,养源固本,藏富于民

司马光认为"前人所为,是则因之,否则变之,无常道"⑤,力主变法,但他认为,对传统制度需保持继承与革新相结合的改良态度,认为"故变法者,变以从是也,旧法非则变之,是则不变也",应变革旧法中的不利因素,保持其中的积极因素,而非尽变旧法。加之,因立场和理念不同,他与王安石选择的策略和道路也不同。所以,变法伊始,司马光并不反对变法,他只反对尽变祖制家法;但其后来却转而持"先王之法,不可变也"的观点反对变法。

面对国家财政的竭蹶现状,司马光主张养本开源,崇俭节流,藏

---

① 王安石:《度支副使厅壁题名记》,收入《临川先生文集》卷八二,第860—861页。
② 漆侠:《宋代经济史》(下),第1163页。
③ 王安石:《上仁宗皇帝言事书》,收入《王安石全集》卷一,第7页。
④ 王安石:《风俗》,收入《王安石全集》卷三十二,第286页。
⑤ 汪荣宝撰,陈仲夫点校:《法言义疏》,北京:中华书局,1987年,第125页。

富于民。在《论财利疏》中,他提出系统的经济改革纲领,并阐述了开源节流、富国安民的财政思想和改革主张,指出国家当时的财政措施是"徒有利民之名,而无利民之实",不如古之圣王"养之有道,用之有节,上有余财,然后推以予民。是以上下交足,而颂声作矣"。建议帝王"养其本源而徐取之""减损浮冗而省用之"。①

养本开源。即发展经济,培养财源,是增加财政收入的基础和保障。因为"善治财者,养其所自来,而收其所有余。故用之不竭,而上下交足也。不善治财者反此"②。所以要养其所自来(养本),方法是"将取之,必予之;将敛之,必散之"③。只要这些"财之所自来"的经济部门各尽其职,"农尽力,则田善收而谷有余矣;工尽巧,则器斯坚而用有余矣。商贾流通,则有无交而货有余矣"④,就能增加国家财富。财政收入还能随着各经济部门的发展而增长,只要不超其负担,即使多取一些也不会造成危害,即"养其本源而徐取之""彼有余而我取之,虽多不病矣"。

崇俭节流。针对奢靡风气,司马光认为"多求不如省费"⑤,过度消费使财政困顿,故要控制消费,量入为出,杜绝奢靡。为此,他力主去冗,崇俭节流。在《论财利疏》中他揭露了耗竭民财的六大弊政,提出要"减损浮冗省用之",主张强制裁费,提倡朴素崇俭,矫正奢靡之风,惩罚行贿受贿,选用廉吏等。⑥ 对于皇室的奢华浪费,他认为"穷天下之珍怪,极一时之鲜明,惟意所欲,无复分限。以豪华相尚,以俭陋相訾,厌常而好新,月异而岁殊"⑦,"赏赉之费,动以万计,耗散府

---

① 司马光:《论财利疏》,收入《司马光集》,第614页。
② 司马光:《论财利疏》,收入《司马温公集编年笺注》第3册,第183页。
③ 同上书,第185页。
④ 同上书,第183页。
⑤ 司马光:《招军札子》,收入《司马温公集编年笺注》第3册,第393页。
⑥ 方宝璋:《宋代管理思想:基于政策工具视角的研究》,第175页。
⑦ 司马光:《论财利疏》,收入《司马温公集编年笺注》第3册,第186页。

库,调敛细民"①等造成了"祖宗之积,穷于赐予,困于浮费"②,为此应当厉行节约,加以节制、裁损。且"夫府库者,聚天下之财以为民也,非以奉一人之私也"③,劝谏皇帝"专用朴素,以率先天下,矫正风俗"④,并提出"节用之道,必自近始",赞成不再按照惯例大肆赏赐,带头紧缩开支,爱惜民力。

藏富于民。他继承儒家传统的民本思想,认为民是社稷的财富之源,"民者,国之堂基也"⑤,"人君所以安荣者,莫大于得人心"⑥。国家之财,皆出之于民;君之所用,皆民之所供,民富是国富的基础,是君主富有的前提,所以重视民众在国家统治中的作用,劝谏皇帝顺民心、利百姓、不与民争利。"夫为政在顺民心,民之所欲者行之,所恶者去之"⑦,"夫安国家、利百姓,仁之实也"⑧。由于百姓的富足状况会影响国家财政状况,"下贫则上贫,下富则上富"⑨,他疾呼"阜天下之财以养天下之民","于天下钱谷常留圣心""当今之切务,汲汲于富国安民"。不仅如此,司马光还大力为富民辩护,认为贫富是天资所致,富贫之间"彼此相资""富者常假贷贫民以自饶,而贫者常假贷富民以自存。虽苦乐不均,然犹彼此相资,以保其生也"⑩。相当于富者在为国养民以使社会经济得以稳定发展。所以,国家不仅要

① 司马光:《与杨畋论燕饮状》,收入《司马温公集编年笺注》第3册,第102页。
② 司马光:《论财利疏》,收入《司马温公集编年笺注》第3册,第186页。
③ 同上书,第187页。
④ 同上书,第189页。
⑤ 司马光:《惜时》,收入《司马温公集编年笺注》第3册,第76页。
⑥ 司马光:《留吕海等札子》,收入《司马温公集编年笺注》第3册,第442页。
⑦ 司马光:《乞降封事签帖札子》,收入《司马温公集编年笺注》第4册,第198页。
⑧ 司马光:《务实》,收入《司马温公集编年笺注》第3册,第85页。
⑨ 方孝博选注《荀子选》,北京:人民文学出版社,1958年,第59页。
⑩ 司马光:《乞罢条例司常平使疏》,收入《司马温公集编年笺注》第4册,第47页。

"藏富于民",还要保护富民,以稳固统治根基。

四、务实派之苏轼:无为而为,因"实"制宜,捐利于民

在王安石变法诸派的义利博弈中,苏轼以富民为目的,坚持务实原则和民本原则,从便民济世的维度考量变革的策略和途径,主张稳健缓变地推进新法。在处理国家与百姓利益分配时,建议帝王"省费以养财",休养生息,听民自为自利,反对与民争利,建议"均民而富国"①,甚而"捐利以予民"②。

苏轼坚持"民为邦本"理念,认为民富则国强,民安则国泰,帝王应尽力使民富而安。③ 使民富裕的最好方法就是安民勿扰,休养生息,使百姓能专心所务,发展生产力,这也是增加国家财富的最根本办法。所以,他主张国家减轻赋税,听民自为自利,不过多干预,崇尚无为而治。

苏轼认为,民裕才会国富,所以他从来不谈增加朝廷财政收入,只谈薄敛和节流。认为"毒莫深于夺民利"④,把所有的利都收归国有,特别是与民争微末利,是不可取的。应该"夫所贵乎县官之尊者,为其恃于四海之富,而不争于锥刀之末也。其与民也优,其取利也缓"⑤。否则,聚敛而加剧百姓生存艰难,进而导致民风败坏,社会道德堕落,最后会影响国家的稳定。他不仅主张裕民,还建议捐利于民。北宋时社会经济呈现两极贫困、中间富庶的橄榄球状。三冗拖垮了国家财政,沉重的赋税压垮了底层农民,但也出现基数庞大的富

---

① 苏轼撰,孔凡礼点校:《御试制科策一道》,收入《苏轼文集》卷九,第298页。
② 苏轼撰,孔凡礼点校:《刑政》,收入《苏轼文集》卷四,第135页。
③ 阮延俊:《苏轼的人生境界及其文化底蕴》,广州:世界图书出版广东有限公司,2014年,第32页。
④ 《苏轼文集》卷一〇三《上初即位论治道二首·道德》,收入曾枣庄、舒大刚主编《三苏全书》第14册,第228页。
⑤ 《苏轼文集》卷一一〇《策别安万民·一》,收入曾枣庄、舒大刚主编《三苏全书》第14册,第347页。

人阶层。由于不抑制兼并,土地集中的速度与程度都很快,出现了大批大地主;由于保护和鼓励工商业,富商巨贾迅速崛起,这些豪商地主占有巨额财富,对国家经济影响很大。于是北宋中期,出现三个利益群体:朝廷、富人阶层、平民。变法在场者都注意到了财富过分集中,贫富极端分化的社会现实,都主张重新进行利益分配,苏轼本着民本思想,主张将富人阶层的财富分配给农民,即捐利于民,以达到"均民而富国"的目的。

关于变法进程,在应对宋神宗"方今政令得失"的召问时,他对以"臣窃意陛下求治太急,听言太广,进人太锐,愿陛下安静以待物之来,然后应之"①,因为"欲速则不达",故而反对"一切图速成之效";因为"法相因则事易成,事有渐则民不惊"②,所以要避免变法过遽而扰民,主张法令要渐变缓推,给人民接受、适应新法的缓冲时间。

苏轼不反对变法,只是反对新法中损民害民的法令。③ 也不赞同司马光尽废新法,认为应该"校量利害,参用所长"④。在《策略三》中他说:"苟不至于害人,而不可不强去者,皆不变也。"⑤在《论给田募役状》中,他总结"免役法""有五利二弊"⑥,主张应留不应废。

苏辙的观点介于司马光与苏轼之间,主张节流省用,"藏富于民"。

面对边事屡失、财用不足的困境,苏辙提出,解决财政困境重在节流省用。仁宗时他劝谏皇帝减损浮费,俭谦节欲;神宗时,他建议去害财之"三冗","方今之计,莫如丰财。然臣所谓丰财者,非求财

---

① 苏辙:《亡兄子瞻端明墓志铭》,收入李之亮笺注《苏轼文集编年笺注》,成都:巴蜀书社,2011 年,第 589 页。

② 苏轼:《辩试馆职策问札子二首》,收入《苏轼文集》卷二十七,第 791 页。

③ 阮延俊:《苏轼的人生境界及其文化底蕴》,第 34 页。

④ 苏轼:《辩试馆职策问札子二首》,收入《苏轼文集》卷二十七,第 792 页。

⑤ 苏轼:《策略三》,收入《苏轼文集》卷八,第 232 页。

⑥ 苏轼:《论给田募役状》,收入《苏轼文集》卷二十六,第 768—771 页。

而益之也,去事之所以害财者而已矣。夫使事之害财者未去,虽求财而益之,财愈不足。"①并把当时的害财者概括为"三冗",认为"使事之害财者尽去,虽不求丰财,然而求财之不丰亦不可得也"②。三冗既去,"天下之财得以日生而无害,百姓充足,府库盈溢"③。也即苏辙之丰财,并非增加新财富,而是节流省用,以去三冗而节省大量财政开支,使财政危机得以解困。

与此同时,他劝谏帝王不要与民争利,要藏富于民。他反对"放债取利,与民争锥刀之末以富国强兵",之所以退出制置三司条例司,就是因为强烈反对王安石主张"丰财而益之",即扩大财源,增加赋税,认为"青苗行而农无余财,保甲行而农无余力,免役行而公私并困,市易行而商贾皆病"。苏辙还认为富民是国家的统治根基,并据此提出"藏富于民"的保富论。说大姓是"州县赖之以为强,国家恃之以为固,非所当扰,亦非所当去也",明确指出富人是国家存在、富强的保障,应得到保护,不应受到侵扰,更不能消灭。

王安石、司马光和苏轼都强调变法势在必行,只是在改革策略、途径上有严重分歧。王安石"理财"的一个重要原则是"因天下之力以生天下之财,取天下之财以供天下之费。"也即利用天下人的劳动力去生产天下的财富,用天下人创造出来的财富以供天下的费用。这种通过发展生产以求增加财富,使赋税来源畅旺的思想,是比较积极的"理财"思想。后来的许多变法措施,都是从这个基本点出发的。在君民关系上,王安石认为君主为天下之主,可以采民之利,以奉君主。所以在行政体制上,采取了许多加强中央集权的措施,如把地方以注中央,收地方财权集于中央;利用经济杠杆劫富济国,调控物质流通(均输法)输富于国;甚至不放过微末之利(办国营百货公司,

①　苏辙:《上神宗皇帝书》,收入曾枣庄、舒大刚主编《三苏全书》第17册,第216页。

②　同上书,第216页。

③　同上书,第226页。

如市易法,批发零售等),尽利与国。与王安石相对的是,在理财途径上,司马光看不到物质财富可以通过发展生产增加总量,固守"天地所生财货百物,止有此数,不在民则在官……不加赋而国用足,不过设法阴夺民利,其害甚于加赋"的零和理念,认为财富是个常量,此益则彼损,有些昧于事理。在君民关系上,以司马光为主的反对派认为,民为邦本,不可与民争利,要藏富于民。受其地主官僚的出身和经历所囿,他"民为邦本"的"民"主要指"富民",指农村的形势户地主,商业上的豪商富贾,他代表的是官僚地主阶级的利益。务实派的苏轼,出身于清寒耕读家庭,游宦于各地,比较了解民生实际,所以提出国家要与民生息,捐利于民,其民本思想是以基层百姓为本的。

变法在场者中,三大派别的主要策略和道路分别,见表2-3。

表2-3 变法在场者的主要策略和道路分别

派别	代表人物	与民关系	策略(主要)	途径
变法派	王安石	可以与民争利	开源为主	发展生产、劫富济国
反对派	司马光	不能与民争利	节流为主	养源徐取、藏富于民
务实派	苏轼	捐利济民	因"实"制宜	缓不扰民、任民自为自利

第三章

变法过程中的义利思想

　　社会变革是由社会基本矛盾的发展状况决定的,生产关系与生产力之间的矛盾必然导致社会危机,解决矛盾化解危机需要调整生产关系,重新厘定利益分配方式。而利益分配方式的调整必然则会激起社会变革或革命。所以,改革和变法是在社会矛盾引发的危机中受迫而行的。

　　宋初创制的祖制家法有效地避免了其重蹈唐末五代的覆辙,使政权达到高度集中。但其负面效应,也给北宋带来严重的"三冗""三患"问题,致使北宋积贫积弱、内外交困。真宗时衰弱之势初现端倪,仁宗受局势所迫,发起庆历新政"欲更天下弊事",但因新政触及贵族、官僚利益,遭到强烈攻击,仅维持一年即告终结,致使士大夫"皆惧馋畏祸,不敢挺然当国家之事"[①],庆历新政夭折后,社会矛盾愈演愈烈,"积贫积弱"之势益加危重。每年的财政赤字有 300 万贯,治平二年(1065),即神宗即位前两年,朝廷赤字 570 万贯。神宗即位第三天,三司使(财政部长)韩绛报告:自宋夏战争以来,"百年之积,惟存空簿"[②],全年支出是收入的两倍,赤字如此,几近覆国。所以,神宗初即位,就要着手化解严重的财政危机,这也决定了变法的目标以富国为主。为摆脱财政困局,中兴弱宋,重振祖宗休烈,神宗于熙宁二年(1069)任命王安石为参知政事,开启王安石变法。变法之初,宋神宗和王安石还比较冷静,也考虑了失败的可能性,他们希望依靠制度而不是个人来实现富国强兵和长治久安。为此,设立"制置三司条例司"(简称条例司),群策群力,经画邦计,议变旧法以通天下之利。随后,各项变法事宜相继展开,变法在场者在义利关系认知上的差异也随着变法进程而逐渐呈现。

---

① 包拯:《七事》,收入《包拯集》卷一,北京:中华书局,1963 年,第 6 页。
② 李焘:《续资治通鉴长编》卷二百九,第 5074 页。

第一节 富国之法中的义利关系

变法的目的是富国,是解决财政危机,所以新法以富国为重点,以富国强兵为目标。新法中,理财有七项,按颁布顺序为均输法、青苗法、农田水利法、免役法、市易法、方田均税法、免行法。强兵有四项,为保甲法、保马法、军器监法、将兵法。王安石的义利思想主要体现在这些法令的条文上,随着新法的相继推出,变法在场者的义利理思想也各自展现,其中的分歧也导致了各派义利观的相互冲突和激荡。

一、均输法:抑地方以注中央,分割"富民"既得之利

熙宁二年(1069)七月,均输法行于东南六路。

北宋建立以后,曾在东南六路(淮南路,江南东、西路、两浙路及荆湖南、北路)设发运使,负责采办货物,运回开封。但"天下财用窘急无余,典领之官拘于弊法,内外不以相知,盈虚不以相补,诸路上供岁有定额,丰年便道要以多致而不敢以(取)赢,年俭物贵难于供(亿)而不敢不足;远方有倍蓰之输,中都有半价之鬻,三司、发运使促期会而已,无所可否增损于其间,至遇军国郊祀之大费,则遣使划刷,殆无余藏;诸路(之财平时往往巧为伏匿),不敢实言,以备缓急,又忧年计之不足,则多为'支移''折变'以取之;民纳租数至或倍其本数,而朝廷所用之物,多求于不产,责于非时,富商大贾因(得)乘公私之

急,以擅轻重敛散之权"①。为解决这些问题,均输法规定:"发运使(实)总六路之赋入,而其职以制置茶、盐、矾、(酒)税为事,军储国用多所仰给,宜假以钱货,继其用之不给,使周知六路财赋之有无而移用之。凡籴买税敛上供之物,皆得徙贵就贱、用近易远。令(预知)在京库藏年支见在之定数所当供办者,得以从便变(易蓄)卖,以待上令。稍收轻重敛散之权归之公上,而制其有无以便转输。"②

均输法将宫廷和衙门需要的用品,由地方供奉改为官方采买。可以"徙贵就贱,用近易远",节约购货价款和运费,③遏止"富商大贾乘公私之急,以擅轻重敛散之权"④。各地还可以根据具体情况,调整物资运往京城的种类、时间。通过实施法令,一来把东南六路日益富饶的物资生产优势,尽量加以利用发挥,使其与物资生产不富饶的地区相互调剂,解决了以往的供需脱节问题,也让国家在买卖之间赚到了钱;二来可以从豪商富贾手里"稍收轻重敛散之权归之公上,而制其有无",降低了他们的经济收入,减少了他们以高利贷乘机进行兼并的可能,有助于国家摧抑兼并;三则可以"便转输,省劳费";四则可以"去重敛,宽农民",不违背"不加赋而国用足"的原则,减少了小农破产被兼并的风险,又保证了国家征缴赋税的税基充足,达到"庶几国用可足,民财不匮"的目的。这样既不触及官员们、老百姓的利益,又让国家得到了实惠;既照顾到了百姓的切身利益,又兼顾了国家大义,是公私双赢的措施。

反对者认为此法与商贾争利,不利于国民经济的发展。御史刘琦、钱顗等上疏说:"薛向小人,假以货钱,任其变易,纵有所入,不免

---

① 程念祺:《国家力量与中国经济的历史变迁》,北京:新星出版社,2006年,第292—293页。

② 同上书,第292页。

③ 徐洪兴、姚荣涛:《文盛武衰》,第140页。

④ 刘文波:《王安石伦理思想及其实践研究》摘要,博士学位论文,湖南师范大学,2004年。

夺商贾之利。"范存仁指责法令"将笼诸路杂货,买贱卖贵,渔夺商人毫末之利"[1],是国之不义;苏轼认为法令"徒言徙贵就贱,用近易远。然而广置官署,多出缗钱,豪商大贾,皆疑而不敢动,以为虽不明言贩卖,然既已许之变易,变易既行,而不与商贾争利者,未之闻也。夫商贾之事……多方相济,委屈相通,倍称之息,由此而得。今官卖是物,必先设官置吏,簿书廪禄,为费已厚,非良不售,非贿不行,是以官卖之价,比民必贵,及其卖也,弊复如前……"[2]苏辙与苏轼观点雷同,认为朝廷破坏规矩,唯利是嗜,法术不正,实施后众口纷然,"谤议腾沸,商旅不行"[3],于国于民皆不利。如斯,均输法不仅与商贾争利,不利于商品经济的正常发展,还对国家有害,多置官吏增加财政负担,且为滋生贿赂提供了土壤,还增加了商品的价格,加重人民的生活成本,故均输法不利于国民经济的发展,且不义于与商人争利,所以法非良法,不应推行。

综之,变法派实施法令,由国家对各地商品进行宏观调控,收回以往被富商巨贾操纵的轻重敛散权益,减少了商品囤积或运输费用,降低了商品成本,有利于节省国家财政开支。但没虑及国家直接参与商品流通,不仅中断了皇宫和官衙的供应商们(这些商人大部分有官场或皇室背景)的经济收入渠道,激起他们的抵死反抗,也引起与他们有经济关系的臣僚、宦官、皇室的不满,招致他们的一致反对。最关键的是,国家直接控制商品流通,抑制了市场活跃因素,不利于市场的自由竞争,影响了社会经济的正常发展和繁荣,于国家经济的长远发展是不利的。反对者认为国家争商贾之利,是与民争利,是国

---

① 范纯仁:《上神宗乞罢均输》,收入赵汝愚编《宋朝诸臣奏议》卷一百九,上海:上海古籍出版社,1999年,第1185页。

② 苏轼著,孔凡礼点校:《上神宗皇帝书》,收入《苏轼文集》卷二十五,第736页。

③ 苏辙:《制置三司条例司论事状》,收入曾枣庄、舒大刚主编《三苏全书》第17册,第230页。

家不义;却不知道商贾为追逐利润而擅轻重敛散之权,侵吞国家财政,腐化政府官员,扰乱市场秩序的种种不当之为,也不利于国民经济的正常发展。他们各有侧重,观点相异,在其争执中,新法艰难前行。

二、青苗法:青苗有法孰为殃,价值选择决定效果

熙宁二年(1069)九月,青苗法开始实行。

国家以常平仓和广惠仓赈济灾困。常平仓"谷贱时增其贾而籴,以利农,谷贵时减贾而粜""如遇凶荒,即按数给散灾民贫户",以储存粮食,平抑物价,防止富户奸商囤积居奇,投机倒把,兼具救济的功能。宋仁宗嘉祐二年(1057),由枢密使韩琦建议,首创官设济贫机构广惠仓,由官府"募人承佃户绝田,以夏秋所输之课,给在城老幼贫乏不能自存者"[1]。但常平仓和广惠仓都是应急救赈灾荒的,平常年度不能动用;而且仓里的粮食累年不能出陈换新,损耗很大。所以平常年度,尤其是凶年,百姓或不被上之德泽[2],而"人之困乏,常在于新陈不接之际。兼并之家乘其急,以邀倍息,而贷者常苦于不得"[3],此时,农民只能向豪强兼并之家借高利贷,年息高达七十二分,导致许多农民为此破产,土地被并入豪强之家,进一步加剧贫富分化,积聚社会动荡隐患。

为使农民免受高利贷盘剥,摧抑兼并,变法派推出青苗法(全称"常平给敛法",属于国家借贷法),在青黄不接时,把国家仓库(常平仓、广惠仓)的钱谷放贷给农民,到收获季节再加息(取息二分)收回。法令规定:"今欲以现在斛斗,遇贵量减市价粜,遇贱量增市价籴,可通融转运司苗税及钱斛就便转易者,亦许兑换。仍以现钱,依

---

① 李焘:《续资治通鉴长编》卷一百八十六,第4488页。

② 杨仲良撰,李之亮校点:《皇宋通鉴长编纪事本末》卷六十六《三司条例司废置》,哈尔滨:黑龙江人民出版社,2006年,第1160页。

③ 同上。

陕西青苗钱例,愿预借者给之,随税输纳斛斗,半为夏料,半为秋料,内有请本色或纳时价贵愿纳钱者,皆从其便。如遇灾伤,许展至次料丰熟日纳。非惟足以待凶荒之患,民既受贷,则兼并之家不得乘新陈不接以邀倍息。"①

由法令可知,变法初衷是力图以国家低息借贷阻击高利贷者对农民的巧夺豪取,使"昔之贫者举息之于豪民,今之贫者举息之于官,官薄其息而民救其乏"②,达到"理财以农事为急,农以去其疾苦,抑兼并,便趣农为急"③的目的。而且散发青苗钱谷,"非惟足以待凶荒之患,又民既受贷,则于田作之时不患阙食,因可选官劝诱,令兴水土之利,则四方田事加修"④。贷款本金源于盘活常平仓和广惠仓的存粮所得,即在青黄不接、粮价飞涨时卖出两仓陈谷,既可平抑物价,又可将收入的钱作为抵押贷款的本金。

此法本是王安石的得意之笔,立法初衷是利国惠民,本应一法多益:一是以安全的方式,低息助农渡过难关;二减轻高利贷对农民的盘剥,减缓贫富分化,摧抑兼并;三青黄不接时,平抑粮价,稳定市场;四是收回时取息虽低,但也增加了财政收入;五是挽回国家财产损失(两仓存粮可以每年出陈补新,避免了积久霉变)。王安石对此法也信心十足,因为此法是在实践基础上发展而来的。李参曾在陕西任职时试行过;王安石主政鄞县时也推行过,结果都是好评如潮。⑤ 王安石总结鄞县经验,参照李参做法,制定此法。⑥ 制定法令时,他强调百姓"合而言之则圣",服从"庶民之欲",遵循"因民之所利而利之",

① 脱脱等:《宋史》卷一百七十六《食货》上四,第4279页。
② 王安石:《上五事札子》,收入《临川先生文集》卷四一,第440页。
③ 李焘:《续资治通鉴长编》卷二二〇,第5351页。
④ 杨仲良撰,李之亮校点:《皇宋通鉴长编纪事本末》卷六十六《三司条例司废置》,第1160页。
⑤ 脱脱等:《宋史》卷三百二十七《王安石传》,第10541页;《宋史》卷三百三十《李参传》,第10619页。
⑥ 邓广铭:《北宋政治改革家——王安石》,第147—148页。

以解农民燃眉之急。[①]

如斯，设想不错、有实践基础、考虑相当周全的青苗法，却因义利排序和博弈的差异，导致法令条文上出现漏洞，执行中出现价值选择偏离。法令在现实中的异化，招致了众多反对，吕诲、司马光、韩琦、富弼、欧阳修、范纯仁、吕公著、范镇、苏轼、苏辙、赵抃等，这些宿望名臣纷纷反对新法，使青苗法成为受到保守派人物攻击次数最多、攻击人数最多、攻击程度最猛烈的法令。

熙宁二年（1069）十一月（壬午）经筵，司马光与吕惠卿关于青苗法首开辩论，司马光认为"朝廷散青苗钱，兹事非便"。吕惠卿认为"司马光不知此事，彼富室为之则害民。今县官为之，乃所以利民也"。司马光担心，青苗法会如太祖平河东时留下的和籴政策，最终害民。吕惠卿认为，法无过，只是吏不得人，故为民害。争论由法令延展到人事。[②]

熙宁三年（1070），关于青苗法争辩激烈。正月癸丑，因在推行过程中，有扰民害民之举，言者交攻之，特降诏："诸路常平广惠仓给散青苗钱，本为惠恤贫乏，并取民情愿。今虑官吏不体此意，追呼均配抑勒，翻成骚扰。其令诸路提点刑狱官体量觉察，违者禁止，立以名闻。敢沮遏愿请者，案罚亦如之。"范镇认为青苗法是劳民之法，要求罢去："而青苗者，唐衰乱之世所为。苗青在田，贱估其直；收敛未毕，而必其偿，是盗跖之法也……皆民劳之象也。"李常、孙觉亦言："王广廉近至京师，唱言取三分之息，又开制置司，欲行其法于天下。乞明诏有司，勿以强民，仍且试之河北、陕西数路。"时神宗欲司马光为枢密副使，王安石认为司马光："……所言者尽害政之事，所与者尽害政之人。"复得高位，会搆合交党，以济忿欲之私，阻止变法事宜。但司马光有是命，辩言："臣蒙圣恩除枢密副使，所以屡违诏命不敢祇受

①　王振芳、王轶英：《中国古代经济制度史》，第153页。

②　杨仲良撰，李之亮校点：《皇宋通鉴长编纪事本末》卷五十三《经筵》，第933—943页。

者,臣先曾上疏言:不当设制置三司条例司,又尝因经筵侍坐,言散青苗钱不便。自后朝廷更遣使者三十余人,专使之散青苗钱,又疑因臣之言激怒建画之臣,使行之更力,由是闭口不敢复言。今行之才数日,中外鼎沸,皆以为不便,然后臣乃敢发言。彼言青苗法不便者,止论今日之害耳;臣所忧者,乃在十年之后,非今日也……臣以谓散青苗钱之害犹小,而坏常平之法,害尤大也。……十年之后,富室既尽,常平已坏,帑藏又空……"庚申,提点开封府界县事吕景言:"府界人户见倚阁贷粮二十余万石,今又散青苗钱十五万贯,恐民力不能堪。"侯叔献屡督景散青苗钱,景以畿甸诸县各有屯兵,每岁课利钱仅能借诸军请给,无有赢余。条例司又别以买陕西盐钞钱五十万为青苗钱,而景复有是奏。上初欲令中书戒谕提举官,王安石曰:"若召提举官至中书,诸路闻此,必顾望不敢推行新法,只令条例司指挥可也。"①

熙宁三年(1070)二月起,韩琦反复申辩②,反对青苗法,建议召回提举官,改青苗法为原来的常平法,朝臣附和,形成群起而攻之局面。癸亥,神宗赞韩琦忠国:"琦真忠臣……朕始谓(法)可以利民,不意乃害民如此,出令不可不审。且坊郭安得青苗,而使者亦强与之乎?"王安石勃然进曰:"苟从其所欲,虽坊郭何害?"因难琦奏曰:"陛下修常平法,所以助民。至于收息,亦周公遗法也。"曾公亮、陈升之皆言坊郭不当俵钱。安石曰:"坊郊所以俵钱者,以常平本钱多。农田所须已定而有余,则因以振市人乏绝,又以广常平储蓄。"陈升之曰:"但恐州县避难索之,故抑配上户耳。"安石曰:"抑配诚恐有之,然俟其行此,严行黜责一二人,则此弊自绝。"御史程颢言:"成都不可置常平,民多米少故也。"安石曰:"民多米少,则尤不可以无常平。米少则易为踊贵,以常平之兼并,乃不能使米踊贵。"上曰:"颢以为蜀人

① 群臣争辩内容,参见杨仲良撰,李之亮校点《皇宋通鉴长编纪事本末》卷五十三《经筵》,第933—943页;卷六十八《青苗法上》,第1195—1211页。
② 韩琦奏章具体内容,参见杨仲良撰,李之亮校点《皇宋通鉴长编纪事本末》卷六十八《青苗法上》,第1195—1211页。

丰年乃得米食,平时但食豆芋等。今丰年乃夺而籴之,是贫人终身不得米食也。"安石曰:"今常平不夺而籴之,则兼并亦夺而籴之。至于急时,取息必倍。"上曰:"俟青苗钱而纳米方贵,如何令纳?"安石曰:"贵则民自纳钱。"上曰:"纳钱则仓但有钱,凶年何以振贷?"安石曰:"常平米既出尽,则常平但有钱。非但今法如此,虽旧法亦不免如此。"上终以韩琦所说为疑。安石曰:"臣以为此事至小,利害亦易明。直使州郡抑配上户俟十五贯钱,又必令出二分息,则一户所陪止三贯钱。因以广常平储蓄,以待百姓凶荒,则比之前代科百姓出米为义仓,亦未为不善。况又不令抑配,有何所害,而上烦圣心过虑?臣论此事已及十数万言,然陛下尚不能无疑。如此事尚为异论所惑,则天下何事可为?"上曰:"须要尽人言。料文彦博、吕公弼亦以此为不可,但腹诽耳。韩琦独肯来说,真忠臣也!"上又曰:"常平取自奸雄,或可指以为说动百姓。"安石曰:"……常平新法,乃赈贫乏、抑兼并、广储蓄,以备百姓凶荒,不知于民有何所苦? 民别而言之则愚,合而言之则圣,不至如此易动。大抵民害加其身自当知,且又无情,其言必应事实。惟士大夫或有情,则其言必不应事实也。"兵部员外郎傅尧俞除丧至京,王安石素善尧俞,既见,语及新法,尧俞谢曰:"新法世不以为便,诚然当力论之。平生未尝欺,敢以实告。"

三月壬戌朔,王安石认为适当收息,以维护两仓持续发展,"公家无所利其入",是合义的。神宗犹豫,王安石称病求去,变法遭遇第一次危机。司马光代帝批章时,指责王安石辜负圣望:"……今士大夫沸腾,黎民骚动,乃欲委还事任,退取便安。卿之私谋,固为无憾;朕之所望,将以委谁?"安石得之大怒,即抗章自辨。上封还其章,固留安石,奖慰良久。安石累奏辞位,上谕令韩绛遣子趣安石视事。壬午,安石始出视事。曾公亮、陈升之欲即奉诏,赵抃独欲俟安石出,令自罢之。连日不决,上更以为疑。安石入谢,上劳问曰:"青苗法,朕诚为众论所惑。寒食假中静思,此事一无所害,极不过失陷少钱物尔,何足恤?"安石曰:"但力行之,勿令小人故意坏法,必无失陷钱物之理。豫置绸绢,行之已久,亦何尝失陷钱物?"安石复视事,持之益坚,志气愈悍,人言不能入矣。司马光曾三次写信给王安石,请罢条例司及常平使者。乙未,制置三司条例司言:"群臣数言常平新法不便,令画一申明,使知法意。今或以钱斛抑配与人,或利在易为催纳,专贷与物力高强户,或留滞百姓,不为及时给纳,故纵公吏乞取,致百姓枉有糜费;或不量民物力,给与钱斛太多,致难催纳;或不能关防辨察,令浮浪之人为一保,冒请官物,致难催纳;或拖延不为及时催纳,却非理科校公人、百姓之类。自是州县官吏弛慢,因缘为奸,不可归咎于法。乞令逐路安抚、转运、提点刑狱、提举官觉察,依条施行。命官具案取旨,重行黜罚。安抚、转运、提刑、提举官失于觉察,致朝廷察访得实,亦当量罪,第行朝典。"程颐言:"明者见于未形,智者防于未乱……持之愈坚,必贻后悔。悔而后改,为害已多。近日条例司疏驳大臣之举,奏劾不奉行之官尽沮公议,先失众心……"认为青苗法遗患很多,应尽早废除。吕公著累奏乞罢提举官。司马光曰:"今朝廷所行,皆与臣言相反……"上曰:"相反者何事?"光曰:"臣言条例司不当置,又言不宜多遣使者外挠监司,又言放青苗钱害民,岂非相反?"上曰:"今士大夫汹汹,皆为此言……"光曰:"不然。向者初议,臣在经筵,与吕惠卿争议论,以为果行之,必致天下汹汹。当时士大夫往往未知……"上曰:"言者皆云:法非不善,但所遣非其人耳。"光曰:"以臣观之,法亦不善,所遣亦非其人也。"程颢言:"臣闻天下之理,本诸简易,而行之以顺道,则事无不成……兴利之臣日进,尚德之风寝衰,尤非朝廷之福……"张戬屡言青苗不便,上疏曰:"近乞罢制置司及诸路使者。"并言散钱取利为害,及王安石处事乖谬,专为聚敛,好胜遂非,狠愎日甚;吕惠卿险薄奸凶,尚留君侧;而曾公亮、陈升之、赵抃等心知其非,依违不断,观望畏避,颠危莫扶。陈襄累奏乞罢青苗法。安石曰:"陛下于邪说纷纷之时,张戬之徒皆未黜,即奖用襄知制诰,颢提点刑狱,又称其平实。此辈小人,若附吕公著,得行其志,则天下之利皆归之。既不得志,又不失陛下奖用,何为肯退,听而不为奸,故纷纷不止也。"欧阳修以病辞宣徽使至五六,因论青苗法,又移书责王安石,安石不答,而奏从其请。赵瞻曰:"青苗法,唐行之于季世扰攘中,掊民财诚便。今陛下欲为长久计,爱百姓,诚不便。"司马光之言不见用,遂乞判西京留守司御史台,不报。又上章曰:"臣之不才,最出群臣之下。先见不如吕海,公直不如范纯仁、程颢,敢言不如苏轼、孔文仲,勇决不如范镇。伏望陛下圣恩裁处其罪。若臣罪与范镇同,即乞依范镇例致仕。若罪重于镇,或窜或诛,所不敢逃。"诏光移知许州。光辞,固请留台,久之,乃从其请。富弼言,原以为朝廷力行支散青苗钱斛,必谓有利于天下。然以所闻四方群议,此事利少害多……认为青苗一事:天下之人,不以贤不肖,皆知为害,愈久愈深,只是朝廷不知,此亦无可奈何。……而内外大小臣僚及被逐者,谏官论列不一,曲尽弊病。[1]

据《皇宋通鉴长编纪事本末》[2]《续资治通鉴长编》等书记载,这一时期士大夫人言汹汹,几乎都持反对态度,朝臣为此法职务变换频繁,人事纷扰;还有朝臣屡次以书信形式劝阻或请求废青苗法,如苏辙三论青苗外,最后又上书列出青苗法的四害,请罢青苗法[3];苏轼认为此法"贫者未蒙其利,富者先被其灾"[4];司马光三次写信劝阻王安石无果,在对诏或庭辩中一再申明要求废青苗法,言不见用后,拒绝人事安排,请求外任,自是绝口不复议新法。

综合变法在场者的观点,说明青苗法确有不妥之处,加上所用非人,才导致人言汹汹,阻者层出。如苏辙所言"以钱贷民,使出息二

---

①　群臣及神宗议论,参见杨仲良撰,李之亮校点《皇宋通鉴长编纪事本末》卷六十八《青苗法下》,第 1212—1234 页。

②　杨仲良撰,李之亮校点:《皇宋通鉴长编纪事本末》卷五十三《经筵》,第933—943 页;卷六十八《青苗法上》,第 1195—1211 页;卷六十八《青苗法下》,第1212—1232 页。

③　苏辙:《苏辙集》,第 681、692、698、699 页。

④　苏轼著,孔凡礼点校:《论河北京东盗贼状》,收入《苏轼文集》卷二十六,第 754 页。

分,本以援救民之困,非为利也。然出纳之际,吏缘为奸,虽重法不可禁;钱入民手,虽良民不免非理之费,及其纳钱,虽富家不免违限。如此,则鞭笞必用,自此恐州县不胜繁也"①。

从立法维度讲,青苗法的具体条文虽有去疾苦、抑兼并之效,但确有国家依靠权力,以贷款为借口,增收赋敛,充盈国库之嫌,这是与民争利,为国之不义。其一,时间不妥,确有收利于民之意,是为立法不义。青苗法本应在青黄不接时向农民发放低息贷款,以阻击兼并之家乘机盘剥,但立法却规定每年夏秋两次贷款。欧阳修曾指明:"夏料钱于春中俵散,犹是青黄不接之时,尚有可说,若秋料于五月俵散,正是蚕麦成熟,人户不乏之时,何名济阙,直是放债取利耳!"②若如此,则如司马光所担忧的那样,百姓们春债刚毕,秋债复来,历年寝深,负债益重。或值凶年,则流转死亡;幸而丰稔,则州县之吏并催积年所负之债;是使百姓无有丰凶,长无苏息之期也。其二,对象不妥,无须借贷者被强收利息,亦是立法不义。立法是为了解民之困急,本应贷给"阙食""困乏"之家,执行中却强迫无须贷款的富户支借高利贷,向官府缴纳利息,与当初"抑兼并、济困乏"之意绝相违戾,欲民信服,不可得也。法令规定按户等放贷,那些真正需要贷款的客户、第五等户却只能贷1贯500文,而第三等以上人户本来就不需要贷款,却被摊配年利四分的大量青苗钱,如第一等户可贷到15贯,是客户、第五等户的10倍。正如司马光所指出的:"今之散青苗钱者,无问民之贫富,愿与不愿,强抑与之,岁收其什四之息。"③其三,纳还收息,牟利于民,是为不义。因为青苗法的本金来自常平仓和广惠仓,两仓是国家贴钱平抑物价和救济灾民的,是非营利的,现在公然用来放贷

① 苏辙:《与王介甫论青苗盐法铸钱利害》,收入曾枣庄、曾涛选注《三苏选集》,成都:巴蜀书社,2018年,第639页。
② 马端临:《文献通考》卷二一《市籴》二,北京:中华书局,1986年,第210页。
③ 司马光:《与王介甫第三书》,收入《司马温公集编年笺注》第4册,第569页。

收息,利息就成为最大的抨击点。虽然国家贷款的利率比较低,但再低也是放贷,国家放贷取息,牟利于百姓是不义。

在执行环节中,法令执行者出于不同义利观和价值排序,做出不同行为选择,使事态发展超出当局控制,使利国惠民之法远离立法本意,最终由利民变成害民,是官吏之不义。其一,条例司口是心非,给各地分配贷款指标。派到地方上督导的"提举官",急进邀功,为多放钱多收息,拼命督促地方官;地方个别"酷吏"为谄媚迎合,捞取政治资本,不顾实际情况,不管百姓是否需要借贷,置强行摊派的禁令于不顾而大肆放贷。而且,青苗法本是针对农民的,但执行中波及城市居民,最终都按户等强行摊派,强制纳息,而且等第越高,摊派份额越多,还把利息预先扣除了,结怨于民,尤其是中等以上的社会阶层,愤怨难息。① 其二,在俵散和收纳青苗钱时,有的官员出于抵触心态,故意歪解法令,从中作弊勒索贫下之户,甚至把陈旧的霉粮放给农户,收回的必须是新粮,放的时候斤两不足,收的时候故意压秤,最后算下来,实际利息比借高利贷还高。② 如此,为官员提供了渔利百姓的新途径,虽然增加了国家税收,但加重了剥削,最终激起民怨。其三,诱惑消费借贷所得,空余债务加重困窘,违背立法本意。有的地方政府把领取青苗钱的地点设在城中,发放青苗钱时,"置酒肆于谯门,民持钱而出者,诱之使饮,十费其二三矣。又恐其不顾也,则命娼女坐肆作乐以蛊惑之"③。引诱借贷者花钱消费,借的钱转眼花出去,空留债务。苏轼有诗讽刺:"杖藜裹饭去匆匆,过眼青钱转手空。赢得儿童语音好,一年强半在城中。"④其四,借贷容易还贷难,遭遇灾年,延缓还贷的规定并没有得到执行,而是催逼无力偿还的农民纳本还

---

① 徐洪兴、姚荣涛:《文盛武衰》,第147页。
② 吴晓波:《历代经济变革得失》,第107页。
③ 王栐:《燕翼诒谋录》卷三,北京:中华书局,1981年,第23页。
④ 苏轼著,张志烈等校注:《山村五绝》其四,收入《苏轼全集校注(全二十册)》卷九,石家庄:河北人民出版社,2010年,第870页。

息,追索凶急,逼民重新陷入贫困甚至更困,进一步推动土地兼并,悖反立法初衷。立法本是为缓解农民在青黄不接时的暂时困窘,或救济突发事件的短时急需,但结果并非如此。若遇上丰年,农民收入正常或有盈余,则还本付息,民惠国利,不负良法美意;一旦遇到天灾人祸无力还债,农民只好卖儿鬻女、卖地还贷,激发社会矛盾。苏轼认为"农民之家,量入为出,虽贫亦足,若令分外得钱……每散青苗,即酒课暴增……"只好"复举贷于兼并之家,出倍称之息以偿官通",以致加重举债人的困厄,加速土地买卖和兼并。还有些游手好闲的无赖之辈,看借贷容易就不考虑还本付息的后果,贷而不还。如此,国家要么收不回贷款,造成财政亏欠;要么动用刑狱责罚借贷者;要么强迫担保者赔偿,但无论如何,都会造成国与民的对立,辜负良法美意。①

反对派反对新法的理由除上述之外,更重要的是,他们认为新法危害了"富民利益",动摇了统治基础:一是富户为国家积财,为天子养小民,是国家的统治基础,青苗法却规定兼并之家也要依其户等从官府借贷无须的贷款,并于偿还时向官府交纳二分息钱。这是强行让无须贷款的富户借贷青苗钱,强索利息,盘剥富户。② 二是为确保收回本息,规定贫下户必须由兼并之家或富民担保或领衔才能借贷,使富民由过去放高利贷以获利息,到现在要替人背债,遭受无妄之灾。如此,最需要救助的贷不足,无须借贷的被强摊,且强行加诸富民阶层债务和担保负担,致使民怨日高。三是因"贫富相恃以为长久",出身于豪门世族的士大夫,接触到的基本都是豪门地主、富商大贾,他们观察和考虑问题时会无意识地囿于阶级局限性,站在大地主阶级的立场审视新法,他们认为豪强地主和富商大贾对高额利息和利润的榨取及掠夺是天经地义的。当法令劫富济国,阻断了兼并之

---

① 徐洪兴、姚荣涛:《文盛武衰》,第147—148 页。
② 司马光:《乞罢条例司常平使疏》,收入《司马光集》,第920 页。

家的收入途径及进一步兼并取利的可能,分割了他们的既得利益时,他们的所见所闻都是推行新法所带来的负面效应。所以即使没有私心,而是出于为国为民的公心,他们也会愤慨而起,反对新法。

综之,青苗法是封建国家同豪强兼并之家进行利益分割的一种表现,即把豪强兼并之家用高利贷占有的农民的剩余劳动(乃至必要劳动)转归于封建国家,达到了富国安民的目的。一是增加了国家财政收入,熙宁六年(1073)发放的青苗钱,利息达292万贯[1],而且并没有增加新税,这是个无可辩驳的事实。[2]二是减轻了农民所受的高利盘剥之苦,需要借贷的民户有低息的青苗钱可借,免受豪强兼并之家的高利贷盘剥,减缓了贫富两极分化的恶化,堵塞了兼并之路,起到了王安石所说的"以其所谓害者制法而加诸兼并之人"的作用,也即"抑制兼并"的作用。但新法救济了个别窘迫农民,却强化了对整体农民的剥削,由于利益既得者从中作梗,青苗法实行几年后,谷价不降反升,最终苦的是农户和城市贫民。[3],法令制定和推广时,变法派以"为国理财,兼顾安民"为目的,始终把国家利益放在首位,以"为天下理财"为义;反对者们则不遗余力地捍卫富民阶层的利益,把富民地主阶级的国家之义放在首位,他们之间的义利冲突导致了变法的步履艰难。

三、农田水利法:富国济民促生产,义利睦谐国民共进

熙宁二年(1069)十一月,农田水利法颁布。

农耕文明的封建社会,农业是国家经济的根本。王安石改革的整体战略方针是"兴国家必先兴经济,兴经济必先兴农业",兴农业就要发展生产,提高农业的劳动生产力,提高农民的收入,进而增加国

---

[1] 杨仲良编《续资治通鉴长编纪事本末》卷六九《青苗法》下,北京:北京图书馆出版社,2003年,第2237—2276页。

[2] 漆侠:《宋代经济史》(下),第416页。

[3] 吴晓波:《历代经济变革得失》,第107页。

家的财政收入。所以,他在农业方面倾注了很多精力,不仅推行"青苗法"以助农民渡过青黄不接的难关,还推行"农田水利法"兴建或修复农业上的水利工程,为农业的生产发展奠定了良好基础。这一"功在当代、利在千秋"的措施,受到官民的普遍拥护,是变法过程中推行最快、最顺利和最彻底的法令。

法令公布之后,全国各地的官吏和士民,都积极地建言献策,对当地应修复或应创建的水利灌溉工程,提出具体的计划和方案。其中的大多数在当地政府进行审核勘察之后,大都得到采用,收到了实际效益。如:在当时的濮州(今山东鄄城北旧城镇),仅"马陵泊工程"的完工,就使四千多顷荒地变为良田,在当时的京东路内,在熙宁三年(1070)的冬季之前,就修复了济州(今山东巨野)的南李堰和濮州的马陵泊,排除了长期以来的积水,得到了约四千二百多顷良田,仅熙宁四年(1071)的夏秋两季,便从这一大片土地上收取到二百多万石小麦和豆子,为当地农民和国家税收做出极大贡献。与此同时,还在京东路修治了曹、单等九州十三处沟洫河道,把首都开封附近的逐年夏秋积潦分别导入清河及其他河流,使其全能东入于海。[①] 史料记载,由于自然灾害频发,加上地方官员不作为。宋朝的京西路州府多荒凉,如唐州(今河南唐河)、邓州、襄州(今湖北襄阳)、汝州(今河南汝州)等,常年歉收,靠朝廷救济勉强度日。变法开始,派到各地主持赈灾治水工作的官员到任后,引导灾民修筑水利开垦土地;带领百姓引淤流灌溉荒田;给农民分土地,贷种子,尽快恢复生产。短短三五年时间,京西路绵延千里的荒地山林变成丰沃农田。

在兴修水利的过程中,发明了很多科学的治水方法,程师孟的"淤田法"是比较具有代表性的创举,让很多大河流域的农民受益匪浅。为确保决堤和灌溉事宜顺利进行,在京城设立"淤田司",统一规划和指导全国疏淤工作。据《宋史·食货志》记载,从熙宁二年

① 邓广铭:《北宋政治改革家——王安石》,第132页。

(1069)到熙宁九年(1076),全国兴修成功的水利田有10 793处,受益民田面积共为261 100多顷。沿河流受淤溉,变硗瘠而为良田的,仅程昉主持水利事项的河北,所收功效即自秦以来历代之所不能及,而且由于没有确切记载可考,全不包括在此数之内。

在人才任用方面也不拘一格,程昉为宦官,颇具治水才能,在以与宦官共事为耻的当时,王安石力排众议,器重其才,委以重任。程昉最终不负期望,在整个变法过程中,累计灌溉良田达数万顷,是整个水利系统改革中表现最抢眼的得力干将。①

但此法仍然遭到反对派的批判。司马光在《与王介甫第一书》中,对派人到各地"欲搜求农田水利而行之"的做法表示反对;刘挚在《论助役法分析第二疏》中讽讥:"其间又求水利也,则民劳而无功,又淤田也,则费大而无效。"就连苏轼也写出"东海若知明主意,应教斥卤变桑田"的诗句加以嘲讽。苏辙认为派遣八位使者到各地视察农田水利赋役,这些使者必然会生事以迎合朝廷,反而变为扰民。理由是"以为方今职司守令无可信用,欲有兴作当别遣使"。即撇开州县现任官吏,别遣他人来推行新法,会造成"使者一出,人人不安"的局面,"客主相忌"难以成事。若"朝廷必欲兴事以利民",只需"守令各举其事"即可。至于兴修水利,则须视"生民之劳佚与国用之贫富"而定,有财有力才能兴修水利。

事实胜于雄辩,实践给出了检验结果。推行此法七个年头,全国兴修水利工程达一万多处,灌溉民田三十六万顷以上、官田近两千顷。② 这也是王安石"欲富天下则资之土地""因天下之力以生天下之财"的理财思想所收到的功效。因此,此法被评价为最能体现"为天下理财"的主张③,也被认为是利国利民的法令。

---

① 姜峰:《帝国的智囊团. 大宋名相》,北京:中国华侨出版社,2016 年,第266 页。

② 王振芳、王轶英:《中国古代经济制度史》,第153 页。

③ 邓广铭:《北宋政治改革家——王安石》,第130 页。

四、免役法:区域经济不平衡,义利消长南北不同

熙宁二年(1069)十二月,制置三司条例司公布免役法"条目"以便"博尽众议",次年冬天在开封府界州县试行,熙宁四年(1071)十月在全国推行。

中国赋税制度向有劳役与租税,宋仍唐制,但因开支庞大,百姓的赋税徭役负担比较繁重,其中以官租税、官役及私债三项最重,其中的官役即是差役,也叫力役、徭役、公役,就是代官府押送、搬运物资的义务劳动。根据差役法规定,极贫下户固免,免官户或形势户受豁的也很多,负担遂集中于有产之农民,一般由乡中富户充任,这些人平时忙于生产劳动,服役过多影响正常的生产活动,若有缺损还需赔偿,民众不堪重负,不出三五年便倾家荡产,农村陷于破产边缘。①对此,朝中大臣多有建言,要求罢去。韩琦上奏,百姓为避税"土地不敢多耕,而避户等(怕评为大户人家);骨肉不敢义聚,而惮人丁(怕评为人多之户)","或媚母改嫁,亲族分居;或弃田与人,以免上等;或非命求死,以就单丁(单丁免役)";甚至铤而走险,"不得已而为盗贼",对农业生产和社会安定都十分不利。② 欧阳修《原弊》云:"民有幸而不役于人(不为田主所役),能有田自耕者,下自二顷至一顷,皆以等书于籍。而公役之多者为大役(衙前里正之类),少者为小役。至不胜,则贱卖其田,或逃而去。"③《宋史·吕公绰传》载,公绰知郑州,"尝问民疾苦,父老曰:'官籍民产,第赋役重轻,至不敢多畜牛,田畴久芜秽。'"神宗时,司马光《论衙前劄子》亦云:"臣尝行于村落,见农民生具之微,而问其故,皆言不敢为也。今欲多种一桑,多置一牛,蓄二年之粮,藏十匹之帛,邻里已目为富室,指抉以为衙前矣,况敢益

① 钱穆:《中国经济史》,第252页。
② 全汉昇:《中国经济史研究》,第74页。
③ 欧阳修:《原弊》,收入《欧阳修全集》卷六十,第871页。

田畴茸庐舍乎。""富者反不如贫,贫者不敢求富",如此于国于民都很不利,故要求改革惩弊,认为"若因循不改,日益久则患益深矣。"改革则可使"百姓敢营生计,则家给人足,庶几可望矣"。① 负责经济事务的韩绛言:"害农之弊,无甚差役之法。重者衙前,多致破产;次则州役,亦须重费……京东有父子二丁,将为衙前役者。其父告其子云:'吾当求死,使汝曹免冻馁也。'遂自经死。又闻江南有嫁其祖母及与母析居以避役者……其余戕贼,农民未易遽数。"要求朝廷广泛听取人们对差役法的真实反映,集思广益改正此法,役法之议始乎此。②

熙宁初,王安石行免役法(又称募役法)废差役法。把原来按照户等轮充差役的办法,改由政府出钱募人应役,所需款项向百姓征收,按照户等高下分担。原先有差役负担的户等所出的钱称"免役钱"。原来免役的人户也要承担一部分募役钱,称为"助役钱",数目较"免役钱"减半。为防备荒年,另外加收二成"免役宽剩钱"。③ 从现代经济伦理视角分析,此法实质是"差役货币化",利处颇多:一是所有人一律出钱,比较公平;二是出钱不出力,出力不出钱,各得其所,百姓得以休养生息,有利于发展生产力;三是募役给社会闲散人员辟出生计,防患滋事于未萌,保障了社会安定;四是雇役实现了差役专业化,有利于提高行政效率。此法甚至得到反对派的支持与拥护,从而得以贯彻并延续下去。

这个王安石最得意,司马光最痛恨,苏轼认为修正后可以保留,并获得一些反对派认同的法令,依然遭到朝中诸臣的激烈反对,原因有三:一是原先享有特权,不服役的人户,现在也要出"助役钱"。虽规定根据家产丰厚情况,缴纳同级别家庭税量的一半,但此等人户多属官品豪门形势户,即使所输之数减半,亦较普通农户所输之数为

---

① 司马光:《衙前札子》,收入《司马温公集编年笺注》第3册,第510页。
② 杨仲良编《续资治通鉴长编纪事本末》卷七十《役法》,第2277—2279页。
③ 王振芳、王轶英:《中国古代经济制度史》,第154页。

多,故普通农户皆喜,而士大夫之持异议者嚣然。文彦博与神宗关于此法的奏对最能说明问题,文彦博曰:"祖宗法制具在,不须更张,以失人心。"上曰:"更张法制,于士大夫诚多不悦,然于百姓,何所不便?"彦博曰:"为与士大夫治天下,非与百姓治天下也。"①文彦博所言应是当时多数士大夫反对免役法的潜在原因②,也是主要原因。可见,虽然士大夫都知道差役法弊端很多,但在新法触及切身利益时,就难以接受了。二是最受非难的,除扩大应役人范围,还多收百分之二十的钱用来防备水旱灾害及突发性的战争等,是为"免役宽剩钱"。三是差役货币化的定量问题。货币化数额由县里按照财产的多少定出等级,可官吏却借机盘剥百姓,尤其是身为变法派的司农寺负责人邓绾和曾布,居然以司农寺的名义另设标准,使民众该交的钱变多,以致出现东明县民闹事的事件。③ 四是钱的问题。此法名为免役,实际并未免除劳役,只是改为交钱。但农民手里并无钱(地主也没有多少钱),官府催款急迫,农民只能卖粮,卖粮者过多,粮价下跌,农民损失更大,最后则卖房、卖地、卖耕牛。④ 而各级官吏在农民筹钱时,层层索刮,加重困难,使本意利民的法令远离初衷。马端临尝言:"差役古方也;其弊也差役不公,渔取无艺,故转而为雇。雇役,熙宁之法也;其弊也,庸钱百输,苦役如故。"⑤当时司马光曾建言不搞一刀切,在全国推行一样的役法,因为"一州一县,利害各殊,今一概立法,未能尽善"⑥。而是兼顾南北地区的不同,让百姓自由选择,愿意出钱的出钱(南方商业繁荣比较富裕地区),愿意出力的出力(北方传统

① 杨仲良编《续资治通鉴长编纪事本末》卷七十《役法》,第 2281 页。
② 李剑农:《中国古代经济史稿》,第 1009—1010 页。
③ 杨仲良编《续资治通鉴长编纪事本末》卷七十《役法》,第 2283 页。
④ 李焘:《续资治通鉴长编》卷三百六十五,第 8757—8758 页。
⑤ 李剑农:《中国古代经济史稿》,第 1004 页。
⑥ 司马光:《衙前札子》,收入《司马温公集编年笺注》第 3 册,第 509 页。

农业地区),差役法和免役法并存,改革也许会取得更好的效果。①

比较差役法和免役法利弊,免役法按户等出钱募役或助役的办法,迫使品官形势户、坊郭兼并之家从其占有的地租(农民的剩余劳动)份额中,拿出相当的部分交给国家。在不加重农民负担的前提下,国家同品官形势户、坊郭兼并势力(商人、高利贷者)对地租、商业利润等进行再分配。② 得益者是国家,受损的是世族豪门。而差役的得益者是"贪吏滑胥",受损的是庶族地主和富农,两者相较,虽各有弊端,但差役更不利民。所以,元祐时司马光废免役复差役,苏轼痛感司马光"专欲变熙宁之法,不复较量利害,参用所长"③。且政策要有延续性,不应骤然而行。范纯仁也认为,免役改差役,要三思而后行,谋定而后动,如果改,也最好先试点,循序渐进。

钱穆认为,王安石推行新政,是代表了南方学者的革新与急进精神;司马光则代表了北方人的传统保守态度。④ 此说虽有道理,但如上所述,两派分歧的实质是囿于各自的价值排序,是地域经济发展差异和推行法令时既得利益者与国家利益的义利博弈所致。以司马光为首的反对派大都出身北方世族,或居官多在北方。差役法规定"官户"和"客户"都不必服役,"官户"和"客户"多在北方而南方较少,劳役大多转移到庶族地主和富农身上,但世族豪门受影响较少。北方农村的大户是大地主,基本是一村一家,其余则为佃户;且北宋时经济中心逐渐南移,北方经济不如南方,加上富户较少,轮到差役的频率更高,大户往往因办差而破产,农村经济更加凋敝,北方人已无法忍受此役,所以司马光力主改革差役法。南方农村客户不多富户多,

---

① 据毕沅《续资治通鉴》,免役法行于熙宁三年(1070)十二月戊寅,差役法罢于熙宁四年(1071)十月壬子,可见两法曾经并存。

② 漆侠:《宋代经济史》(下),第416页。

③ 苏轼著,孔凡礼点校:《辩试馆职策问札子》,收入《苏轼文集》卷二十七,第792页。

④ 钱穆:《中国经济史》,第253页。

一村内可同时有十多户小地主,他们轮流服役,相隔年数较长,易于休养休息。① 对北方情况知之甚少的王安石生长于南方,居官也多在商品经济较发达、经济状况较富庶的淮浙、江东地区。以王安石为首的变法派制定的法令较切合南方的实际,免役法要求在向政府缴付夏、秋两税时,附带交付"免役钱"和"助役钱",由政府雇人服役。此法得到世族背景较少的南方人支持和赞成;但遭到以司马光为首的北方士大夫的激烈反对,因为他们认为所交田租中已有"役"在内。而且,北方的农业生产和商业经济都相对落后,民众生活困难,很难有现钱缴纳赋税,即使借贷也难以偿还,以钱代役更是加重他们实物变现的困难。最主要的是,免役法加征的助役钱大多是由北方的官品形势户承担,所以遭到北方世族豪门出身的士大夫的强烈攻击,很难在北方地区实施。这是地域经济差异及法令背后的义利较量和价值排序对义利博弈的影响。

五、市易法:违背经济规律,公义扰乱市场秩序

熙宁五年(1072)三月,市易法推行。

中国的经济形态,由先秦到汉初的贵族经济,发展到东汉至魏晋南北朝成了世族经济,隋唐之后渐有"士商合流"趋势,演进到宋代,定型为士绅经济。这三种经济形态,本质上都是官商经济。由于宋太祖公开放纵乃至鼓励官员经商,宋代官员利用国有专营制度,以公为名,行私之实,高官中的巨商不胜枚举。对民间商人的"授权经营"是官商经济的另一种体现,因为定向授权必须有官府权贵为靠山,才能获得"买扑"和"钞引",所以实质上依然是官员经营。故而,宋代经济繁华于世,却没有著名的巨商大贾,究其原因,就是因为官商经济的垄断,社会财富聚集在政府和官商集团手中。神宗时,随着豪商富贾势力的发展,他们在本行业实行垄断经营,囤积居奇,操纵物价,

① 钱穆:《中国经济史》,第 252 页。

欺凌压榨外来商人,盘剥勒索本地行铺稗贩。正是因为富商大贾在物流畅通之时压价买进囤积居奇,待物质匮乏时再高价卖出,外地商贩无利可图不愿送货,城市居民不聊其生叫苦连天。魏继宗建议朝廷像设立常平仓一样设立常平市易司,将市民需要的生活用品平价买进、平价卖出,以平抑物价稳定市场。[①] 加上王韶经略西北,在秦凤路设置市易务,取得了很好成效,变法派便决定设立市易司。

法令规定在汴京设立市易务(后更名为市易司,地方上的叫市易务)。政府出资一百万贯,建立国家贸易机构(批零兼营的百货公司还兼有商业银行的业务),直接以市场主体的角色参与市场竞争。具体条例中的主要规定是:一,市易务设监官二人、提举官一人。二,招募在京诸行铺户的牙人充当市易务的牙人,遇有商旅到市易务投卖货物,即由这些牙人与商旅共同议定其价,由市易务用钱收买,或用务中已经购得的货物交换。三,在京各行商贩,可以把自己所有的,或向别人借得的产业金银作抵押,并由五人以上结为一保,向市易务赊购货物,酌加一定利润,拿到市场去出卖。半年或一年之后,按原定价格加纳利息一分或二分,把货款交还市易务。四,若非在京各行商贩所要购销,而实际上又是"可以收蓄转变"的,也可由市易务作价收买,到市场需求时"随时价出卖,不得过取利息"。五,"其三司诸司库务年计物,皆比在外科买省官私烦费,即亦一就收买"[②]。

设立市易司的初衷是保障人民生活,是"直以细民久困于宫中需索,又为兼并所苦,故为立法耳"[③]。业务包括批发兼零售百货,实际就是国家经营的批零兼营的百货总公司。推行市易法是为了使"出入不失其平,因得取余息以给公上……开阖敛散之权不移于富民。

---

①　李焘:《续资治通鉴长编》卷二三一,熙宁五年三月丙午记事,第5622页。

②　这五条据《续资治通鉴长编》卷二三一熙宁五年三月丙午记事编写,第5623页。

③　李焘:《续资治通鉴长编》卷二四二,熙宁六年正月辛亥记事,第5892—5893页。

商旅以通,黎民以遂,国用以足矣"①,也即制定和推行此法,一则平物价稳市场,保障人民生活;二则抑兼并,使小商贩免于豪商富贾的欺凌压榨;三则通过盈利增加国家财政收入。所以,此项改革是既要平抑物价,控制京城的商业交易,又要增加政府的财政收入;为此就要提高剥削率和扩大剥削范围,与民间资本争夺利,不过是政府的利薄,商人利厚,本质上是国家在商业上实行专买专卖,与商人争利。

但在官商经济垄断的市场上,与商人逐利实质是和官员争利,必然会遭到既得利益者的疯狂阻止和反抗。② 他们攻击国家经商与民争利为"挟官府而为兼并之事"。他们攻击推行市易法是"分取牙利""徒损大国之体,只敛小民之怨""密迩都亭,虏使所馆""将为外人(指西夏)所轻"③。熙宁四年(1071),苏轼批评市易法设置大量官吏,政府必须为此付出数额巨大的管理与监督费用,加上官吏的贪污受贿、营私舞弊,使官营商业高成本运作,亏本是必然的。苏轼说:"今官买是物,必先设官置吏,簿书廪禄,为费已厚,非良不售,非贿不行,是以官买之价,比民必贵,及其卖也,弊复如前,商贾之利,何缘而得。"④甚至与商业有错综复杂联系的皇室贵胄,也从不同途径要求罢除新法,神宗曾与岐王颢、嘉王頵击毬,戏赌玉带。頵曰:"臣若胜,不用玉带,只乞罢青苗、市易。"⑤

市易法的目的是方便市民生活,增加国家财政收入;中心问题是加强专制主义中央集权的北宋王朝在商业方面的统治权力,限制和抑制城市的豪商富贾垄断兼并,把以前豪商富贾的权利收归政府,由

① 李焘:《续资治通鉴长编》卷二三一,第5622页。

② 吴晓波:《浩荡两千年——中国企业公元前7世纪—1869年》,第153—166页。

③ 文彦博:《文潞公集》卷二〇《言市易》,太原:山西人民出版社,2008年,第203页。

④ 苏轼著,孔凡礼点校:《上神宗皇帝书》,收入《苏轼文集》卷二十五,第736页。

⑤ 杨仲良:《续资治通鉴长编纪事本末》卷七十二《市易法》,第2363页。

政府管理市场,使"货贿通流而国用饶"。市易法施行后,开封的一般小商贩得以免于豪商富贾的欺凌压榨,市场得以繁荣昌盛,朝廷在通过赊销获得大量利息外,所得商税也较前倍增。熙宁十年(1077),实行市易法一年所得息钱及市例钱,相当于当年两税所得现钱的十分之三左右。从理财的维度评判,市易法的实施是卓有成效的,在一定程度上实现了设立市易务的目的。此法推广到杭州、成都、广州、扬州等城市,随着市易务在各地的大量设置,限制了各大城市中的豪商富贾在商业方面的垄断活动,平抑了物价,促进了商品经济的发展。[①]从这个维度评价,此法是新法中最成功的。

变法的初衷很好,可惜在用人环节上出现了失误,错用吕嘉问为负责人,把意在平抑物价的民政机构变成操控物价的赚钱机器,国家直接控制市场,置细民利益于不顾,与小商小贩争锥刀之利,引发民怨沸腾。而且为了争权邀功,吕嘉问诬告三司使薛向阻碍市易法的实施,致使这位最早支持变法且善理财的得力干将被罢免,给变法造成莫大损失。又因为业务范围过广过细(相当于均输法的加深加细),"市易买卖极苛细,市人藉藉怨谤,以为官司浸淫,尽收天下之货,自作经营""市易卖果实审有之,即大烦细"[②],不仅打击了之前操纵市场、哄抬物价的大商人,同时把小商小贩也赶尽杀绝了,对民间工商业也给予沉重打击和抑制,使北宋繁荣活跃的商品经济渐失生机,蠹国害民。从这个维度评价,此法是失败的。

从大历史的角度审视,市易务类似于以国家百货公司形式参与市场竞争,与其他市场主体逐利,由政府出面掌控商品的定价和交

---

① 王振芳、王轶英:《中国古代经济制度史》,第154页。
② 杨仲良:《续资治通鉴长编纪事本末》卷七十二《市易法》,第2242—2244页。

易,用"看得见的脚"①剥夺了"看不见的手"②对市场的调适,是越俎代庖,违背了市场运行规律,扰乱了市场秩序,阻碍甚至倒退了商品经济的正常发展。从这个维度评价,此法应是新法中最失败的。

六、方田均税法:触及贵族利益,公义最终难敌私利

熙宁五年(1072)八月,方田均税法颁布。

为取得军人和官吏集团的拥护,太祖释兵权时鼓励将领"广置田宅","为子孙立永久之业"③。仁宗时,奉行"田畴邸第,莫为限量"的土地政策。北宋经济政策中,农业不立田制,不抑兼并,听任特权势力广占田产,荫庇依附农民。工商业默许和放纵官商,使他们在商品经济的发展中赚取巨额利润,为土地兼并提供充足的经济基础,致使土地兼并激烈,"富者日长,贫者日削"④。势官富姓占田无限,形成"贫民无立锥之地,而富者田连阡陌"⑤局面。加之"巨产宿财"的形势户拥有免税免役的特权,以致出现有田者未必有税,有税者未必有田,富者日益兼并,贫者日益困弱的境况。"承平寖久,势官富姓,占田无限,兼并冒伪,习以成俗,重禁莫能止焉。"⑥土地高度集中,贫富分化严重,"巨产宿财之家,谷陈而帛腐。佣饥之男,婢寒之女,所售弗过升斗尺寸"⑦,不仅严重影响了政府的财政收入,还加速了阶级矛盾的激化,致使农民起义此起彼伏,更严重的是阻碍了生产力的发

---

① "脚"指"看得见的脚",指政府对经济的宏观调控,吴敬琏在"2005年12月《财经》年会"上发表《把握三个关键环节 实现可持续发展》演讲时提出这一说法,被沿用下来。文章发表在《财经》2006年第一期,收录在《吴敬琏文集》上卷,北京:中央编译出版社,2013年,第498页。

② "手"指亚当·斯密对市场机制比喻的"看不见的手",又称"无形之手",出自亚当·斯密1759年出版的《道德情操论》。

③ 李焘:《续资治通鉴长编》卷二,建隆二年七月记事,第50页。

④ 李觏:《平土书》,收入《李觏集》卷第十八,第183页。

⑤ 李觏:《富国策第二》,收入《李觏集》卷第十六,第135页。

⑥ 脱脱等:《宋史》卷一百七十三《食货上》一,第4164页。

⑦ 李觏:《潜书》,收入《李觏集》卷第二十,第214页。

展,对社会秩序和生产力都造成了极大的破坏。①

　　朝野内外对"豪横富民"逃避赋役导致的田赋不均现象也有所觉察,对由此引起的严重后果也产生了共识,部分官员提议要清丈田土,实行方田。对此,宋廷也曾以方田均税的方式,阻止地主把赋税转嫁给农民,以减轻农民负担,但每次很审慎,先是郭谘、孙琳首创了千步方田法,在洺州肥乡县进行试点,"四处量括,遂得其数,除无地之租者四百家,正无租之地者百家,收逋赋八十万"。随后郭谘均蔡州,田京均无棣,蔡挺均聊城、高唐,掀起了一次清量田土的小高潮。但可惜的是,方田行动最终因"重劳人"而草率了事。嘉祐(1056—1063)时,包拯为三司使,也曾派人到各地清丈田土,随后也以"天下不能尽行"为由而草草收场。欧阳修对千步方田法予以了高度评价,认为"括定民田,并无欺隐,亦不行刑罚,民又绝无词讼",建议扩大试点。他先在滑县(在今河南省)推行方田制,但因地方上有势力者舞弊,弊端百出,丈量土地更不公平,最终无奈放弃。王安石在浙江鄞县(在今浙江省)推行方田制,结果亦不理想。② 农民负担过重的问题不能彻底解决,商业对农民经济的侵害就必然加剧。这就必然导致农业逐渐萎缩,进而破坏商业发展,最终导致减少国家财政收入。③ 因此,如何减轻农民负担,促进生产,增加国家财政收入,调整经济关系使之适应社会变化,是变法者难以规避的根本问题。王安石从为国家"理财"的角度出发,也接触到此问题。④ 为检查隐田,核实土地状况,革除"诡名挟佃""隐产漏税"以及"产去税存"等弊病,均平赋税,打击豪强地主,并增加政府税收。⑤ 在蔡天申的建议下,借鉴郭谘、孙琳的千步方田法,变法派推行方田均税法,重新清丈土地。

---

①　刘炳良:《北宋易学与变法思想研究》,第 8 页。
②　钱穆:《中国经济史》,第 251 页。
③　林文勋、张锦鹏:《中国古代农商·富民社会研究》,第 249—250 页。
④　程念祺:《国家力量与中国经济的历史变迁》,第 299 页。
⑤　王振芳、王轶英:《中国古代经济制度史》,第 154 页。

　　主要内容分两个部分:一是方田法,每年九月农忙之后,县令、县佐亲自主持清丈土地,而后根据土质而定其肥瘠,区分为五等,由此均定税额数量,至明年三月完成后,"揭以示民",并以一季即三个月为期,使方田诸户提出对清丈和税额的意见,如无异词,即将户帖庄账付给方田诸户,作为"地符"。二是均税法。即在清丈基础上,重新均田定赋。各县以旧的租税(即方田以前的原额)作为定额,把定税条目事先告诉百姓,以免百姓们惑于谣言,危害生产。此后,分家别居、买卖田地,官府给以契,县内置簿登记,均以方田为根据。① 方田均税法自京东开始,在实际推行中又补充了一些条目,如土地的划分不必拘于五等,还可划分更多的等级;赋税的征收,也可以简化。清丈之后,由本方大甲头率领本方人户认清自己的田亩多少、等级类别,登为草账,经官府复核,然后将庄账(土地册子)②和户帖(本户清册所承担之赋税)交付给本户,作为"地符"而保存起来。此法在执行中,吸收了前人的许多经验,特别规避了孙琳等此前在河中府耀州因清丈过速而出现弊病的教训③,所以在进行清丈中极为仔细、认真,只要清丈不实,即重新"方量"。④ 到元丰八年(1085)被废止时,方田均税法仅在京东、河北、河东、陕西和开封府界等五路实行,共清丈土地2 484 394顷,这五路土地占全国总面积不过20%,而清丈的田亩占全国税田的54%(元丰五年登录在国家版籍上的土地为4 616 556顷),说明当时隐田漏税十分严重。对此,李新曾有所评论说:"神考熙宁中尝诏有司讲明其法,分利害若辨白黑,以土之肥瘠为地之美恶,以地之美恶定赋之多寡;其步亩所至,则方为之账;其升斗尺寸,则户给之以帖;举数千载轩轾跛倚之病,衡而齐之无逸漏者。"⑤清丈

---

①　漆侠:《宋代经济史》(下),第417页。

②　同上书,第417页。

③　刘敞:《彭城集》卷三五《刘敞行状》,四库本。

④　徐松:《宋会要辑稿·食货》四之七,上海:上海古籍出版社,2014年。

⑤　李新:《跨鳌集》卷二一《上杨提举书》,四库本。

出如此多的土地,即使五路豪强隐田漏税的行为得以显形,均平赋税更是直接从豪强割还农民应交给国家的剩余价值,纠正了以往产去税存的弊病,从而少抒农民重税之苦,有利于农业生产的发展,又增加了国家的赋税收入。①

　　方田均税法按每户的产业情况,负担国家赋税,正是历代封建统治者所追求的均平赋税。北宋当时的情况是,土地被兼并后的农民租种地主的土地并向地主交租,地主再向国家交税,农民、地主和国家之间,形成"农夫输于巨室,巨室输于州县,州县输于朝廷"的关系。一方面,农民对土地和国家的依附关系逐步减轻;另一方面,地主为赋税与国家发生的利益较量愈演愈烈,地主拼命缩小自己的赋税承担份额,把负担转嫁到下户身上。此时推出此法,实际上是要品官形势户、坊郭兼并之家在其占有的地租份额中(农民的剩余劳动)拿出相当部分交给国家,是地主和国家之间对农民剩余劳动受益权的争夺,②是他们为赋税而进行的义利博弈,是在不加重农民负担的情况下,国家同品官形势户、坊郭兼并势力(商人、高利贷者)对地租、商业利润等的再分配。③ 所以,遭到利益既得者的殊死抵抗,方田均税法前后推行十几年,却仅限于上述五路,未能得以在全国推广,而且在方田均税过程中,国家清丈土地敷衍了事,这固然有技术性的困难,与清丈田土耗费成本较大有关,豪强兼并之家、"富民"阶层隐蔽于文献背后的种种抵制与反对,显然起着重要作用。这也表明,在围绕赋税分割的利益博弈中,"富民"群体正在日益破坏与国家双赢的互惠局面。④ 方田均税法之所以在变法开始时没有实行,在推行之后又限于以上五路,变法派显然在这个问题上踟蹰不前,也有所顾忌。⑤ 说

①　漆侠:《宋代经济史》(下),第418页。
②　葛金芳:《宋代经济史讲演录》,第93页。
③　漆侠:《宋代经济史》(下),第416页。
④　林文勋、张锦鹏:《中国古代农商·富民社会研究》,第249—250页。
⑤　漆侠:《宋代经济史》(下),第418页。

明法令推行背后各方利益相关者的价值排序错综复杂,他们之间的义利博弈也相当诡谲。

变法的常规失误,方田均税法在实施中也未能避免,用人失当致使官私勾结,借方田均税徇私舞弊,使方田均税法失去了清量土地、均平田赋的意义,从而事与愿违,无法开展下去。① 初心虽好,法令虽善,奈何价值排序不一,义利博弈相异,良法美意也难如意。

值得一提的是,作为反对派代表的司马光,因嘉祐四年(1059)和嘉祐六年(1061),两次奉诏详定和实践均税事宜,在认真落实政策,严格对均税官吏奖惩的过程中,司马光了解了其中的利益交织,理解了庶民的困苦,所以,他从不反对"方田均税法"。

七、免行法:阻断权贵财路,私利合力阻击公义

熙宁六年(1073)七月,免行法颁行。

京师各行业除缴纳普通赋税外,还不定期地向皇族、外戚提供与本行业有关的实物和劳务,称为"行役"。行役的品种、数量没有定规,只要来要,工商户就要照办。而且,官府所需的物品、人工也向各行勒派,缺货时要花数倍的钱采购来再上交,成为工商行户的沉重负担。② 开封肉行的徐中正等人提出"乞出免行役钱,更不以肉供诸处"③,政府命成立"详定行户利害条贯所"商研此事。七月颁行此法。实行免行法后,原先无定规的行役被固定的免役钱替代,各行可根据"利入厚薄,纳免行钱",即根据获利多少,按月或按季交纳免役钱。此后,行户不再应役,不再承担官府摊派,皇族、外戚也不能再恣意勒索。其性质与募役法相同,都是为了逐步消除徭役所采取的一种措施,对工商业的发展十分有利,也有利于促进社会生产力的发展。④

---

① 方宝璋:《宋代管理思想:基于政策工具视角的研究》,第137页。
② 王振芳、王轶英:《中国古代经济制度史》,第154页。
③ 李焘:《续资治通鉴长编》卷二百四十五,熙宁六年五月记事,第5962页。
④ 王振芳、王轶英:《中国古代经济制度史》,第154页。

但此法阻断了负责宫中用度的宦官、外戚和相关权贵的财路,遭到皇族、外戚及宦官的强烈反对,连太皇太后、皇太后也流泪指责王安石"变法乱天下"。加之恰逢旱灾,郑侠献图反法,王安石第一次罢相辞归,给变法造成难以弥补的损失,以致复相后变法派内部分崩离析,王安石无力回天,最终辞相退居宅寓。① 免行法的实施及受阻,暴露了既得利益者在义利选择上的倾向,在个人私利与百姓利益、国家利益的价值位阶里,私利总占据优势,公义最终归于失败。

综观北宋时期的社会经济概况,整个国家的经济分布呈现枣核形状,兼并之家的"富民"阶层处于中间,他们人数并不多却占有社会绝大多数财富,处于最高层的国家和处于最底层的庶族地主和农民,经济状况都相对窘迫。在王安石的价值排序里,国家利益居于第一位,北宋时的赋税已是历朝最重,百姓早已力竭,不堪重负,不能再加赋于"邦本"的百姓,王安石变法要解决国家的财政危机,只能劫富济国,与"富民"阶层进行义利博弈。所以变法派制定法令,要遵循王安石"民不加赋而国用饶"的原则,只能在不加重下层贫困百姓赋税负担的前提下,调整社会生产关系,与兼并之家重定利益分配方式,分割中间豪门地主、富商大贾的势力和财力,以缓解国家经济危机,积聚财富以图神宗的中兴大业。

但法令损害了富民的利益,为士大夫所不容。他们中的大部分人持"保富论",认为贫富不均是正常的,连宋太祖都说:"富室连我阡陌,为国守财耳。"富室被视为国家的根基。王安石以"抑兼并"的名义"劫富济贫"、抑制富农,肯定会遭到许多人反对。苏辙说:"介甫小丈夫也。不忍贫民而深疾富民,志欲破富民以惠贫民,不知其不可也。"因为富民是"州县赖之以为强,国家恃之以为固。非所当忧,

---

① 徐洪兴、姚荣涛:《文盛武衰》,第 141—145 页。

亦非所当去也"①。叶适认为"富人者,州县之本,上下之所赖也。富
人为天子养小民,又供上用,虽厚取赢以自封殖,计其勤劳亦略相当
矣"②。司马光也坚决反对压制富民,称:"富者常借贷贫民以自饶,
而贫者常假贷富民以自存,虽苦乐不均,然彼此相资,以保其生
也。"③他对王安石打着"抑兼并"旗号的变法深切忧虑:"臣之所忧,
乃在十年之外,非今日也……春算秋计,展转日滋,贫者既尽,富者亦
贫。"④韩琦认为新法皆不利,"散青苗钱,使民出利;为免役之法,次
第取钱;迨置市易务,而小商细民,无所措手。新制日下,更改无常,
官吏茫然,不能详记,监司督责,以刻为明。今农怨于田亩,商叹于道
路,长史不安其职……"⑤刘挚说:"自青苗之议起,而天下始有聚敛
之疑。青苗之议未允,而均输之法行;均输之法又方扰,而边鄙之谋
动;边鄙之祸未艾,而漳河之役作;漳河之害未平,而助役之事兴。其
间又求水利也,则劳民而无功;又求淤田也,则费大而无效;又省并州
县也,则诸路莫不强民以应令。又起东西府地,则大困财力,禁门之
侧,斧斤不绝者,将一年而未已。"⑥总之,他们认为新法祸国殃民,不
利于国民经济发展和统治秩序的稳定。

所以,虽然变法初衷是不加重中小地主、自耕农(北宋五等户
中的中户和下户)负担,将"富民"(兼并土地的大地主及官户)的
部分财富收归国有,以解决财政问题。出发点是减轻中小地主和
自耕农的负担,富国与富民并行不悖,既达到为国理财之"义",又
实现了不加赋而国用足之"利";但结果却是豪强大地主将他们的
负担转嫁给了中小地主和自耕农,使下层农民生活更痛苦,造成害

① 苏辙:《诗病五事》,收入曾枣庄、舒大刚主编《三苏全书》第18册,第
233页。
② 叶适著,刘公纯、李哲夫点校:《叶适集》卷三《民事下》,第657页。
③ 司马光:《司马温公文集》卷七《乞罢条例司常平使疏》,第163页。
④ 脱脱等:《宋史》卷三百三十六《司马光传》,第10766页。
⑤ 脱脱等:《宋史》卷三百一十二《韩琦传》,第10228页。
⑥ 毕沅:《续资治通鉴·宋纪六十八》熙宁四年七月丁酉。

民富国、国进民退的客观局面①，使国家承受聚敛之意，失却仁政为民之"义"。

第二节　强兵之术中的义利关系

北宋的武器设备和防卫技术堪称一流，已经进入冷热兵器并用时代。火药大量用于战争，燃烧性火器，如火箭、火枪、火球、喷筒、炸弹都被发明出来。抛石机不仅抛石弹，还抛各种燃烧弹和爆炸性火器。尤其是北宋的神臂弩杀伤力很大。但在对外战争中，北宋却军威萎弱，被视为羸弱之邦，究其原因，除了石敬瑭把燕云十六州送给契丹，使中原门户洞开，无险可守，痛失战马和骑兵生产基地，在战争中失却机动，被迫陷入被动防守，更深层次的原因应该是军事制度囿于祖制困局，难以发挥宋兵的主观能动性。为提振军威、强兵兴国、实现统一大业，王安石变法中也出台了一系列的强兵之法。

一、保甲法：兵农合一，执行者的义利排序决定效果

熙宁三年(1070)十二月，政府在开封府界推行保甲法，逐渐推广全国。

为加强对百姓造反的防范，稳定封建社会秩序，巩固地主阶级统治，使"富者逸居而不虞寇劫"②，朝廷采纳赵子几建议，制定并推行保甲法，建立起严密控制的治安网。除加强对内镇压，保甲法也想通

---

① 刘燕飞：《苏轼哲学思想研究》，第206页。
② 李焘：《续资治通鉴长编》卷二百一十八，熙宁三年十二月乙丑记事，第5299页。

过训练壮丁,使其"渐习其为兵"①,"与募兵相参"使用,成为宋朝军事力量的一部分,逐步从雇佣兵制过渡到征兵制,改变北宋的募兵制。法令规定:每十家结为一保,五十家为一大保,五百家为一都保,各自选出物力高强的负责人②(保、大、都保长),以大保为单位,巡行乡里,捕捉盗贼,用民间力量维持当地治安,若发生聚众、盗抢、杀人、放火之类的事不报告,按"伍保法"论罪,同保之人互相监督、检举。保丁们自备弓箭,定期培训,为将来裁军(军队是国家财政收入的最大耗费群体)后的国防、国内治安做准备。

在王安石变法中,王安石注重"开源",重视发展生产。但也没有舍弃"节流",新法中兼顾开源(发展农业生产)和节流(节约财政开支)的立法,是对兵制的改革。王安石曾从正反两面论证了兵制改革的必要性,"天下困敝,惟兵为患"③"倘不能理兵稍复古制,则中国无富强之理"④。"若措置得兵,即中国可以富强"⑤,即若不改革兵制,不但不能改变"外则不能无惧于夷狄"的局势,也不能改变财政"困敝"的问题,如改革则有富国强兵的希望。保甲法推行后,壮丁受到军事训练,逐渐代替军纪废弛的雇佣兵,既提高了军队的战斗力,解决北宋"有兵而不足兵"的军威萎弱问题,改变了北宋"外则不能无惧于夷狄"的积弱局势,又节省了大笔军费开支,解决政府因豢养百万冗兵而招致的财政困窘问题。实现了改革募兵制,提振军威国势,减缩财政开支的强国富国目的。⑥ 这个"寓兵于农",不费钱、不误农的全民皆兵政策,消除了募兵制"有兵而未尝足兵"的尴尬状态,使军队呈现出"足兵未尝有兵"的理想境界。因为募兵制则有诸如"垒壁以

---

① 脱脱等:《宋史》卷一九二《兵》六,第4776页。
② 李焘:《续资治通鉴长编》卷二百十八,第5297页。
③ 毕沅:《续通鉴长编》卷二三一,熙宁五年(1072)三月甲申记事。
④ 马端临:《文献通考》卷一五三《兵》五,第1334页。
⑤ 毕沅:《续通鉴长编》卷二三一,熙宁五年(1072)三月甲申记事。
⑥ 邓广铭:《邓广铭自选集》,北京:首都师范大学出版社,2008年,第260页。

聚之,仓库以生之,群眠类坐而不使补死填亡之不暇"之类的弊端。而
兵农一体的兵制则"无招收之烦而数不阙,无廪给之费而食自饱"。[①]

如此兼得强兵富国效果的法令却遭到反对派的强烈抨击。保甲
法试行时,开封知府韩维报告,农民不惜自残以逃避做保丁。司马光
在《乞罢保甲法》中,说保甲法实施之后,农村丁壮"戎服执兵",接受
军事训练,使"畎亩之人忽皆戎服执兵,奔驱满野,见者孰不惊骇!"
"以为不详";保甲法还"驱民为盗""教民为盗"和"纵民为盗"。[②] 百
姓"既忧无钱买弓箭,加之传惑,恐徒戍边,是以有父子聚首号泣者,
非虚也"[③]。究其原因,是价值排序的差异,导致义利博弈中的选择
不同。因为无论是韩维还是司马光等世族豪门出身的士大夫,维护
阶级利益是他们的首要选择,他们希望社会安定,岁月静好;主张搁
置兵戈,和平共处;为此对内反对整顿军备,厉兵秣马,对外不惜金钱
外交,屈辱侍敌。所以,他们以己度人,不相信民众的爱国热忱,在边
事上奉行失败主义,故而反对保甲法的推行。

北宋养兵效率很低,叶适说:"养兵以自困,多兵以自祸,不用兵
以自败,未有甚于本朝者也。"[④]钱穆评价说:"宋代变成养兵而不能
打仗,明知不能打仗而又不得不养兵。"[⑤]所以,北宋兵多但战斗力却
特别低下,对外,被敌国鄙为"两脚羊",连对战弱小的西夏都败多胜
少,根本发挥不了保家卫国的作用;国内,几乎每年都会有或大或小
的兵变、民变。保甲法推行后,刚开始议论不已,还有抵触情绪;训练
后,保甲素质超过正规军,且在地方发挥了维护治安功能,以致盗贼
平息,强盗匿迹,终神宗一朝,再无任何叛乱发生。至于训练经费及
其他开支,都从封桩库和禁军缺额所节省的经费支出,并没有增加财

---

① 李觏:《军卫第一》,收入《李觏集》,第 91—92 页。
② 邓广铭:《邓广铭自选集》,第 262 页。
③ 杨仲良:《续资治通鉴长编纪事本末》卷七十一《保甲法》,第 2315 页。
④ 叶适:《兵总论二》,收入《叶适集》,第 782 页。
⑤ 钱穆:《中国历代政治得失》,第 96 页。

政负担。推行到熙宁末年,保甲兵达五十六万多人。① 不仅填补了州县之间因为禁军太远、厢军太烂造成的管制空白,还筑牢了基层统治基础;对外,变法期间王韶西北开边,西南、东北逐渐被降服,四邻靖安。

如此改善军队素质,节省"养兵"耗费,革除募兵积弊,扩大战士基数,有望制服西夏、辽,实现统一事业的法令,却一再引起神宗的疑虑。为减少财政开支,神宗同意并支持推行保甲法,但他希图最大幅度地保留祖宗定下的募兵制,这成为新法的阻碍。追根溯源,依然是价值排序差异导致的选择殊异。作为胸怀宏图的帝王,神宗希望国富兵强,面对颓萎的国势,他毅然起用王安石革弊鼎新,但保甲法与太祖视为永固帝王基业的募兵制相抵触,他担心民强而乱国,于是选择阻止新法而确保赵氏利益。最终,神宗的犹疑彷徨成为变法最大的阻力,保甲法并未代替募兵制。

二、设都作院(军器监):科技卫国,义利相谐,强兵振国威

熙宁六年(1073)八月,朝廷设置都作院。

兵器的优良与否直接关系到作战士兵的生命安全,兵器锋利有助于士兵战胜敌人,铠甲坚固则利于保护士兵。李觏强调:"兵矢者,军之神灵也。甲胄者,人之司命也。"认为"兵不利不若无兵之愈……甲不坚不若无甲之愈",建议通过利益刺激方式打造精良的兵器。② 宋代军器制造归三司胄案,但三司负责财政,很少顾及胄案,且胄案人员经常变动,仅能谨簿账,很难顾及武器质量。熙宁五年(1072),神宗接受王雱建议,次年八月废三司胄案,设军器监,统一管理全国的武器制造,招募能工巧匠,严格兵器制作,鼓励改良兵器,尤其是用煤锻铁,火药制炮,炼制新式武器,取得很好效果。改良后的精炼利器,在战场上护佑士兵,提升了士气,有利于提高战斗力,提振军威,实现强兵目标。这一利国强军的变革推行得十分顺利。

① 叶坦:《大变法:宋神宗与十一世纪的改革运动》,第80页。
② 李觏:《强兵策第五》,收入《李觏集》卷十七,第158页。

三、保马法：挽骑兵颓势,国、民义利博弈,效果各异

熙宁五年(1072)五月,保马法在开封府界试行,次年八月实行。

冷兵器时代,没有精良的骑兵,在战场上就无法机动灵活地应对瞬息万变的战机,在战争中失却先机。北宋骑兵不优良是因为没有足够的战马,而作为良马基地的西北和东北牧场在安史之乱后不再属于中原王朝,华北牧场又被石敬瑭出卖,河套地区当时归属西夏。战马资源匮乏,也是北宋军事萎弱的主要原因。

北宋的军马原由政府牧监饲养,代价高,且不能满足需要。为改变这种状况,熙宁五年(1072)五月,在开封试行"保甲养马法",并推行于河东等五路,次年八月正式颁布保马法。规定凡五路义勇保甲愿养马的,每户一匹,富户可养二匹,官府拨以监马或给钱自行购马。[①] 养马户可以减免赋役并获得少量报酬,但要保护马匹,马死要赔偿。养马户相互结保,互相监督。养马法遭到批评的原因是,反对派认为民间养马不专业,很易因防疫不当而致马死,不利于良马的养成;饲养投入和赔偿会拖贫民户,损害百姓利益;民间有战马,一旦用于危害社会,也会扰乱社会秩序,增加农民起事造反的可能。从这个维度分析,保马法是王安石变法里最不合理的法令,养马是个技术性事务,但百姓并非专业人士,又无防疫能力,要百姓养马且赔偿损失,于公于私都不利。

但由百姓出力饲养军马的办法,使政府节省了大量开支,也保障了军马的来源,同时还提高了乡兵的缉盗能力。[②] 加强了大地主控制的保甲武装力量。[③] 也是兼得强兵和节流的法令,从这个维度分析,此法于国于民都有利。

---

① 杨仲良:《续资治通鉴长编纪事本末》卷七十五《马政》,第 2440 页。
② 徐洪兴、姚荣涛:《文盛武衰》,第 142 页。
③ 王振芳、王轶英:《中国古代经济制度史》,第 154—155 页。

四、将兵法：变祖宗定制，国、家义利统一，筑牢国防

熙宁七年（1074）九月，朝廷颁布将兵法。

鉴于唐末五代藩镇拥兵割据之害，宋太祖对武将严加防范，采取崇文抑武策略，推行"强干弱枝"政策，实行高度集权统治，严防赵氏权柄旁落。"杯酒释兵权"以经济赎买的方式解除禁军将领军权，为之后武将贪图富贵、临阵不力埋下隐患；在中央，设枢密使以牵制带兵将领：枢密使有制令之权而无握兵之重，将领有握兵之重而无制令之权。后又把制令之权收归皇帝，且对统兵出征的将领，采取"将从中御"的策略，限制其在前线上的行为，甚至要统兵将领打仗时遵循皇帝事先做好的"阵图"或"锦囊妙计"。在地方，则收其精兵（军权），制其钱谷（财政），不仅罗致精兵于中央，且广收地方之钱粮，使节度使成为名誉头衔，避免了地方拥兵叛乱之祸。在北宋的军队系统中，最强大的禁军是由皇帝直接掌握的"中央军"，一半兵力驻扎京师，另一半分驻各军事要地，京师禁军足以对付分驻各地的禁军，调集各地禁军也足以抗衡京师禁军，此乃所谓的"内外相制"。地方上的军队有厢军、乡兵和番兵等，待遇没有禁军好，其中的"精壮"被抽调到禁军，在数量和战斗力上远非禁军对手。这样的军事体制，使禁军将领和地方藩镇无力发动兵变，奠定了赵宋帝业稳定的基础。[①]

常规军事管理，为防止出现五代时期兵将"亲党胶固"的局面，禁军将领常被调换，遇有战事，统兵将领多是临时委派。用"更戍法"三年一换防，名义是让士兵"习勤苦，均劳逸"，实际是为了使"兵无常帅，帅无常师"，达到"将不识兵，兵不识将"的效果，以"不使上下人情习熟"，杜绝将领与士兵建立起牢固的感情以及兵将联手兵变的危险。这样"兵无常帅，帅无常师，内外相维，上下相制"[②]的军事制度

---

① 徐洪兴、姚荣涛：《文盛武衰》，第74页。

② 马端临：《文献通考》卷一五二《兵》四，第1327页。

确实消除了威胁赵氏统治的隐患,但也造成部队缺乏训练、削弱了军队战斗力,使北宋军队数量庞大却战斗力薄弱,军事渐入萎弱之势,宋朝长期积弱不振,外侮频仍,此为重要原因之一。① 巨额的军费开支又加重了财政负担,使北宋陷入积贫积弱的局面。加上北宋雇佣兵骄惰腐朽,不堪征战,被敌国鄙为"两脚羊"。苏轼在《教战守策》中批评宋朝军队"骄豪而多怨,凌压百姓而邀其上"②,建议经常练兵以御外辱。神宗和王安石都想改善军队素质、加强军事实力,尤其是神宗,把"强兵"视作重要政务。熙宁二年(1069),开始精简军队,裁汰老弱,进行并营(到元丰末年裁汰了30多万军队,节约了大量军费)。熙宁七年(1074)推出"将兵法",替代"更戍法",以提高作战力。将兵法吸取蔡挺在陕西泾原路的经验,由政府选用具有作战经验和能力的将官,专门负责对某一地区驻军的军事训练。将兵法的推行,有利于精简军队、稳定禁军指挥官、固定禁军驻地、强化军事训练,实现"兵知其将,将知其兵"的目的,大大提高了战斗力。③

　　反对派担心裁军会刺激骄横的士兵,激起暴乱,被王安石驳斥,事实上终神宗朝并无民变、兵变。而且将兵法由皇帝任大元帅统率各军,将官由中央选派,杜绝了军权旁落的祸患。与更戍法相比,既能使兵将相识相知,又能进行切实的训练,还消除了更戍的弊病,是比较完善的法令。④ 如此一来,既提高了军队的作战能力,又节省了大笔军费开支,还确保了帝王军权在握,所以法令得以继续推进,增强了北宋抵御辽、夏的军事力量。⑤

---

① 吴叔桦:《苏辙史论散文研究》,第159页。
② 唐玲玲、周伟民:《苏轼思想研究》,台北:文史哲出版社,1996年,第438页。
③ 徐洪兴、姚荣涛:《文盛武衰》,第141页。
④ 梁启超:《王安石传》,北京:东方出版社,2009年,第136—137页。
⑤ 叶坦:《大变法:宋神宗与十一世纪的改革运动》,第81页。

第四章

王安石变法的后果、反思及评价

　　王安石变法,自熙宁二年(1069)开始,跨度八年,至熙宁十年(1077)王安石二次罢相,退寓南京结束。它由宋神宗发起并主导,由王安石主持,神宗虽有反复,但总体与王安石君臣相协相济,冲破重重阻挠,在经济军事等方面都取得诸多成就,也留下很多遗憾,反对派主政后法令被全盘推翻,其后的党争愈演愈烈,最终被亡国君臣用来苛捐聚敛,枉落个亡国之祸端的评价。总之,这场规模大、历时长的变法,其中兴目的未达却埋下诸多隐患,为后人留下许多反思和殷鉴。

第一节　变法后果

　　王安石变法以富国、强兵、安民为目标,虽没有很好地把握变法的时机、策略和用人等,①未能获得理想成效,但也在君臣共济下取得了一系列的成效,尤其是在经济和军事方面,都解决了当时面临的危机,并稍有盈余和储备。

一、积极效应:国富兵强民裕,义利相宜

　　王安石变法的初衷,在于扭转北宋积贫积弱的局势,富国强兵,以维护封建国家的利益,维护地主阶级的全局利益和长远利益,借以巩固和加强封建王朝的统治。改革前,王安石主张开源,司马光偏重节流。熙宁期间,王安石采取各种措施,开源取利,充盈国库。王安石去相后,神宗进行元丰改制,开源节流兼顾,富国强兵并行。新法

---

　　①　刘炳良:《北宋易学与变法思想研究》,序言第21页。

实施后,不同程度地收到了成效,直到司马光全废新法,宋朝的国力、军事、行政都在逐渐增强,立国之本空前旺盛。

（一）国富:积贫局面改观,财政赤字不再,国库丰饶

王安石变法的首要任务是解决财政危机,新法制定和实施的最终目的,是竭尽可能地把财富和人力集中于国家。新法实施后,因"青苗法""募役法""市易法"而获得的巨额青苗、市易息钱及雇役的役钱,使宋朝的财政收入成倍增长,熙宁六年(1073)的青苗钱利息达292万贯,熙宁九年(1076)的免役宽剩钱达392万贯,两者相加约700万贯,年入达5 060万贯,[①]"中外府库,无不充衍,小邑所积钱米,亦不减二十万"[②],尤其是元丰时期,神宗于元丰元年(1078)将摘山煮海等利"悉归朝廷",在景福殿里分置三十二间库房,每库皆满;元丰五年(1082),"又取苗役羡财为元丰库",计二十库,称为内藏库,据毕仲游估计,"可以支二十年之用"[③]。民间财富通过各项新法,包括调整后的新法,源源不断地流入国库,宋朝的财政状况明显好转,[④]不仅抹去了积欠多年的财政赤字,还在财政上有了极大盈余,积聚起来的储备物资也为神宗在元丰时主动出击,五路伐夏,提供了充足的物质保障。所以,从国民经济维度分析,变法达成了"富国目标"。这些成就可以从农业和军队的变化中一窥全貌。

农业。由于采取了减轻赋税和均平负担的政策和措施,对农业生产促进很大。熙宁年间诸路垦田计460多万顷,合6 900多万亩。元丰年间登录在国家版籍上的土地比宋英宗时增加了40多万顷。如:由于变法派执行薄赋政策,唐汝数千里空旷地区得到垦辟,如在唐州先后任知州的赵尚宽和高赋一直执行薄赋政策,高赋在唐州时

---

① 脱脱等:《宋史》卷三五五《虞策传》,第11194页。

② 脱脱等:《宋史》卷三二八《安焘传》,第10568页。

③ 毕仲游:《上门下侍郎司马温公书》,收入曾枣庄、刘琳主编《全宋文》第110册,上海:上海辞书出版社,2006年,第288页。

④ 吴泰:《中国历史大讲堂 宋朝史话》,第105页。

增田 31 328 顷，"岁益二税二万二千二百五十七"[1]。"天下荒田未垦者多，京、襄、唐、邓尤甚。至治平熙宁间，相继开垦，然百亩之内，起税止四亩，欲增至二十亩，则言者以为民苦赋重，再致转徙，遂不增"[2]，可见没有登录在版籍上的已垦辟荒地还要更多些。田赋征收虽为二十五分之一，但"水涨船高"，生产发展了，田赋自然增高了。鼓励兴修农田水利的法令，也收到实效，单是水利田一项，在熙宁年间就兴修了上万处，使千万亩土地获得灌溉之利，亩产量从三斛增至四五斛，有的水利设施对后代还产生了良好效益。例如，福建莆田的木兰陂在熙宁八年(1075)兴修后，使万顷土地"变洿卤为上腴，更旱暵为膏泽"，直到南宋后期还在发挥效益。变法的六七年间，水利田有 10 793 处，灌田达 3 630 多万亩。各种矿税也都有所增长，有的是成倍数的大幅度增长，达到北宋的顶峰。可见，新法的实施，推动了农业的稳定增长，促进了社会生产力的发展，解决了北宋当时的国家财政问题，提高了国家的综合国力。[3]

为解决财政困难，变入不敷出为有所盈余，变法派在开源为主的同时，在节流方面也下了很多功夫。比如合并和裁减州县：有的州郡土地户口不及个大县，有的县份不如一个镇市，可是这些州郡县份也都按照编制张官置史、征调赋役，严重增加当地农民负担。熙宁初年以来合并、裁撤了这类州郡县，有的州郡降为县，有的县降为镇或寨。截至熙宁八年(1075)共废州、军、监 31，县 127。[4] 这就又节省了一笔"浮费"，有助于国家财政的好转。

军队。"冗兵"是造成民困国穷的重要原因，连神宗都曾慨叹

---

①　范祖禹：《范太史集》卷四三《高赋墓志铭》，四库本。

②　《通考·田赋考》四，转引自漆侠《漆侠全集》(第三卷)，保定：河北大学出版社，第 405 页。

③　漆侠：《再论王安石变法——王安石逝世九百周年》，《河北大学学报》1986 年第 3 期，第 99—112 页。

④　沈括著，胡道静、金良年、胡小静译注：《梦溪笔谈全译》卷一二《官政》二，贵阳：贵州人民出版社，1998 年，第 433 页。

"穷吾国者兵也"。于是,整顿军队,变革赋役,合并名额不足的军营,裁汰老弱不堪的兵士,全国厢禁军总额降为 796 315 人,比英宗治平年间减少了 36 万多名,比仁宗庆历年间减少了 45 万多名。① 并营时,神宗看到减少一批军校就能够节省大批开支,曾高兴地说:"乃者销并军营,计减军校十将以下三千余,除二节赐予及傔从廪给外,计一岁所省为钱四十五万缗、米四十万石、绸绢二十万匹、布三万端、马藁二百万束。庶事若此,邦财岂可胜用哉!"②如果将裁减的兵额,按蔡襄估计的厢军每年开支 30 缗计算,熙宁年间军费支出比治平年间至少减省 810 万缗,比庆历年间减少 1 350 万缗,或者说,至少减少了三分之一的军费开支。③

所以,从国民经济的维度分析,以增加财富为目标的改革,已经取得应有成效,解决了财政亏空和物资匮乏,也意味着危机缓解和改革成功。④

(二)军强:熙丰期间复熙河、平荆蛮、征交趾,无往不胜

王安石变法前后历时十六年,北宋社会焕发出前所未有的新气象。自太祖立国,雄兵漫卷统一南方,到太宗兵败燕云,北宋军事日渐萎弱,武运渐积难振,国策逐渐转为沉潜内向,由收复燕云统一北方转为虚外安内,以"经济外交"换苟安。熙宁时期逐渐调整转向,从王韶经略开边断西夏之臂,到元丰时期神宗主动出击五路伐夏(虽败但也致敌不振),再到绍圣时期的最强西线,变法使北宋的军队有了质的变化。

应当说,北宋建国百年来,从皇帝到辅政大臣,真正有胆有识、能理性分析局势,敢于从战略上藐视敌人(即契丹和西夏)的,只有王安

① 漆侠:《王安石变法》,第 114 页。
② 李焘:《续资治通鉴长编》卷二四七,熙宁六年十月庚寅原注。
③ 漆侠:《宋代经济史》(下),第 414 页。
④ 叶坦:《大变法:宋神宗与十一世纪的改革运动》,第 179 页。

石一人,这从王安石多次对宋神宗或在其他场合的谈话中,可以得到证实。① 变法的强兵目标里,对契丹的战略决策,从不把恢复燕云十六州作为目标,而是旨在制服和吞灭辽;对西夏,也从未考虑慢慢蚕食,而是要鲸吞统一。他所预定的征战计划和步骤,在南宋李丙其《丁未录》中有所概括:"王安石秉政,首用王韶取熙河,以断西夏右臂;又欲取灵武以断大辽(即契丹)右臂。"断西夏之臂后,继之向西夏进军;断大辽之臂后,也继之向大辽进军(决非只为收复燕云十六州),以图统一北方,重现汉唐盛世。

熙丰期间,王安石全力支持王韶经略西北,而王韶也不负所望,采取招抚、征讨、屯田、兴商、办学相结合的战略方针,取得了"凿空开边"的重大胜利。其中河湟之役拓边两千余里,收复熙、河、洮、岷、叠、宕六州,恢复了安史之乱前由中原王朝控制这一地区的局面;熙河开边的成功,是在结束了十国割据局面之后,80 年来所取得的最大军事胜利,对饱受外患威胁的北宋是极大的鼓舞;同时也形成了对西夏的包围之势,达到了使西夏"有腹背受敌之忧"的战略目标。而且,熙河开边的成功,打通了被西夏的掠夺战争阻断的丝绸之路,恢复了北宋与国外的陆上贸易,也推动了国内经济的繁荣发展。

元丰年间,神宗主动出兵,五路伐夏,虽然功亏一篑,但战争过后,西夏境内"匹帛至五十余千,其余老弱转徙,牛羊堕坏,所失盖不可胜数",且宋朝西征军的"三最",即最强野战的熙河军、最狡诈多变的鄜延军和正面冲击最强的泾原军,也威慑西夏许多年。元丰西征,也成为西夏军事、国力走向衰弱的转折点。由此可见,改革给北宋军队的战斗力带来了质的变化,北宋的国力至此空前壮大。可惜的是,元祐更化期间,以司马光为首的反对派为"让西夏不再扰边",把熙丰年间历次战争所得拱手送出,如归还米脂、浮图等四座城池,恢复与西夏的榷场,每年的赏赐不少于仁宗、英宗时期,断送了熙丰

---

① 邓广铭:《北宋政治改革家——王安石》,第 122—123 页。

期间的军事胜利成果。

熙丰期间,在宋军陈师西疆、攻夏拓地的同时,神宗又发两路大军平定南方和西南"蛮夷"。熙宁五年(1072),章惇率兵至湖北招讨峒蛮,经略三年,平服峒蛮,边陲安宁。熙宁七年(1074),熊本奉诏赴泸州(今四川泸州),不伤财不害民,一旦除去百年之患。① 熙宁八年(1075),收复溱州(今四川重庆),平定蛮夷。知州沈起、刘彝为邀功而逼反交趾,熙宁八年(1075)交趾王李乾德三路攻宋,最终被震惧请和,终宋不叛。②

所以,王安石变法对军事制度的改革,极大地提高了北宋军队的整体素质,熙河开边稳定了西北局势,打通了路上商路;五路伐夏中,宋军也打出过气吞万里如虎的气势;其后的最强西路也守护住了北宋的西北疆域;对荆南和交趾的征服,靖安了周边。这一切都为北宋经济社会发展营造了和平的外部环境。

(三)民安:人民生活安定,变法期间无民变

庆历新政失败后的 20 年,严重的社会危机并未减缓,"三冗"和"两积"进一步恶化,消耗不断激增,对百姓的盘剥更加严酷。不断加重的搜刮,使疲弊之民被迫铤而走险,农民起而反抗的事件此起彼伏,仅嘉祐四年(1059)四月,刑部奏报全国发生"劫盗"事件就达 900多起!③

王安石变法重新划定利益分配方式,调整国家、富豪和农民的义利关系,从青苗、均输、市易、水利等领域,压制豪门权贾,摧抑兼并打击豪强,保护国家利益,造福百姓黎民,其间的确做到了民不加赋而富国。其中,青苗法、方田均税法和农田水利法,促进了农业的发展,农民的生活日益富足,降低了农民的失地概率,稳定了农村正常的生

---

① 《宋史·蛮夷传》,《宋史纪事本末》卷四十二等。
② 叶坦:《大变法:宋神宗与十一世纪的改革运动》,第133—135页。
③ 同上书,第36页。

活生产秩序。均输法、市易法、免行法相当于国家对商品经济进行宏观调控,甚至直接参与市场竞争,减少了流通环节的消耗,节省了国库开支,也降低了商品流经中间环节时对百姓的盘剥;免役法的推广,解决了需要服役的富民被打乱正常工作秩序的困扰,使他们避免了不得不中断工作的无奈,稳定了百姓的生产生活。

保甲法推行之前,每隔几年就会发生一次民变或兵变。保甲法和保马法实施之后,王安石力主废黥面,以礼义奖养士兵,日常训练和管理中,用道义启发军人的爱国意识和保家卫国思想,明确士兵的职责,极大地提高了军队的整体素质。整个王安石变法期间,没有发生一起民变、兵变等造反事件,民事犯罪率也随之下降,经济发展的社会氛围平和安定。

二、消极效应:激化党锢之祸,义利混淆

王安石变法在调整社会关系的过程中,重新划分利益分配,必然会触及既得利益者的利益,激起他们的强烈反对。在变法派排除障碍、贯彻新法的过程中,变法在场者在义利观不断冲突之后,分成不同阵营,各派的矛盾由之前的变法道路分歧转变成意气之争,演化为不同党派的对立和彼此倾轧。宋初诸帝深讳并竭力避免的党锢之祸最终没有绕过,利益纷争导致义利观念混乱,埋下紊乱国家的隐患,远致元祐的朝政翻覆,及崇、观时的殃民祸国。

(一)党争加剧,埋下亡国隐患

北宋的党朋之争滥觞于仁宗朝,由“范(范仲淹)吕(吕夷简)之争”[①]肇始,变法反对派以“朋党”罪名排斥打击范仲淹等,开其恶例,终沦为“庆历党议”,是庆历新政失败的主要原因。此后,党争此起彼

---

① 范吕之争的实质是力图改革的新生力量与把持朝政、因循偷安的守旧势力之间的斗争。见徐洪兴、姚荣涛:《文盛武衰》,第173—174页。

伏,政局变换动荡,"始以党败人,终以党败国"①。"庆历新政"时,欧阳修的《朋党论》本意为新政助力,却激发了仁宗的警惕之心,最终反成革新的阻力。英宗"濮议之争"时进一步发展、泛滥。神宗朝因变法引发新党(变法派,王安石为首)和旧党(反对派,司马光为主)之争。其实,熙丰期间司马光和王安石的不可调和,源于法令背后的利益纠葛和各派相异的义利观及他们迥乎不同的价值排序。此时,各派在义利博弈后选择了不同的变法途径和策略,但仅限于观点不同,彼此都还尊重对方,不曾失却君子风范,也未形成党派。哲宗朝元祐更化时蜀党与朔党、蜀党与洛党的矛盾逐渐凸显,内容已偏离变法事宜和朝政,演变为党派之间的主义之辩和意气纷争,党派之间相互攻讦,蜀党与洛党交争较烈,朔党依委其间,党锢之争愈演愈烈,致使朝堂纷乱,朝政失序。及至绍圣绍述,章惇为相及其后,是新旧党派之间的权力斗争和你死我活的党派清算,朝政失控。逶迤到后来徽宗朝蔡京发动"元祐党案",树立元祐党人碑,清洗元祐党人及其后代,使北宋深陷党争之患而乱政祸国,将仁宗以来的政治文明彻底摧毁,终于导致北宋之亡。一如王夫之在《宋论》中所感慨的:"朋党之兴,始于君子,而终不胜于小人,害乃及于宗社生民,不亡而不息。"②

毋庸讳言,变法以后政治空气迅速恶化,是非善恶观念日渐沦丧,人心风气有一个明显的转向。其实,从王安石变法到崇宁乱法(蔡京专权)之间,之所以导致国家管理层的彻底分裂,就在于不同派别的义利观及价值排序相异,导致各派在选择执政策略时发生分歧,进而转化为党同伐异的行为模式与政治斗争。如果说,王安石变法还是立足社会现实,旨在解决国家问题(虽然没完全解决好),此时国家利益在价值排序里还是高居首位的;那么,元祐更化时以司马光为首的旧党,对新法的全面废除及其政策则使这些问题治丝而棼,此时主政者的目标只是尽快废除新法,恢复之前的旧秩序,此时国家利益

---

① 脱脱等:《宋史》卷三五六《列传第一百一十五》,第 11213 页。
② 王夫之著,刘韶军译注:《宋论》卷四,第 333 页。

和富民利益在价值排序里分量均重;哲宗亲政后,新党已经不再考虑政策是否对国家和百姓有利,而只是党同伐异,对旧党以牙还牙而变本加厉,使党争更快滑入深渊,此时党派的小集团利益在价值排序里越众而出,成为首重;徽宗即位后蔡京弄权,在他们君臣的价值排序里,个人和他们的小集团利益高于一切,为此他们清算旧党,树立元祐党碑,致使党争彻底失去平息可能,宋初诸帝一再防范的党锢之祸,终究未能避免,终致亡国之痛。

（二）法坏:政局翻覆,法令终被奸党利用,蠹国害民

把财政向好作为肯定变法的充足理由,显然有失斟酌,实际上,王安石变法对"祖宗之法"确有强烈冲击,在政策设施及具体法度上都有变革,但并未从根本上改变祖制家法的性质。变法的目的是富国强兵,兼有利民便民的考虑,王安石"其本心欲救民"也是共知的,连对新法颇有异议的苏辙也承认:"介甫不忍贫民而深疾富民,志欲破富以惠贫。"但由于法令执行者的义利选择出现偏离,结果却加重了最底层贫农的困苦,变法只是减轻了中小地主和富农的负担,减少了豪门地主、富商巨贾"与国争利"的可能,使本意抑制兼并、劫富济国的新法转变为"名为抑兼并,乃所以助兼并也"①,而且法令把富国与富民对立了起来,走入了国富而民困的怪圈。②

哲宗即位后的元祐年间,司马光主政尽废新法,是为元祐更化,但抱守传统儒家"贵义贱利"道德原则的反对派,对管理财政却无能为力,提不出任何创新的制度建议。国家财政的现实需求及反对派的束手无策,使王安石变法潜流待涌,直至哲宗亲政改号绍圣,开始绍述其父皇遗志,起用章惇,重续王安石变法,但其时朝中已经难有撑起变法重任的良臣,朝政也坏于党派之间的意气之争。徽宗以后的北宋晚期政治风向再变,徽宗即位后年号"建中靖国",是想在新旧

① 王岩叟:《乞诏有司罢青苗法奏》,收入《全宋文》第102册,第5页。
② 虞云国:《从陈桥到厓山》,第73页。

之间不偏不倚，做到大公至正，从而能使国家安定团结。若真如此，也是社稷之幸，百姓之富，可惜次年即改元"崇宁"，表明崇尚熙宁之政，若他真心承续熙丰之法，也会使北宋继续强大。但其行却未如其言，他与蔡京操控祖宗法度，背离"防弊兴治"的基本原则；借新法之名行聚敛之实，推行的新法与熙丰年间所实施的新法已形同实异，变法彻底变质，使法令变成"始求羡财，以供侈费"的工具，以满足宋徽宗及其宠臣极度荒淫的生活所需。当时"天下常赋多为禁中私财"，"诸路近岁所增税钱，悉归应奉司"。这些钱物除供徽宗挥霍，又被蔡京等人大量侵吞。蔡京等人还设"西城括田所"，大肆搜刮民田；为弥补财政亏空，尽改盐法和茶法，致使民怨沸腾，币制混乱不堪，给百姓带来极大的灾难。

所以，北宋灭亡固然有外敌因素，但就内政而言，熙宁新法在一定程度上打破了旧有的平衡，而新的平衡关系由于元祐更化的翻覆、绍圣至崇观的波折动荡，而未能充分、有效地发展建立起来。[①] 元祐是折腾，绍圣则是翻覆，崇宁更是颠覆，朝政混乱，越发不可收拾。从熙丰（1068—1085）到崇观（1102—1110）之间，哲宗在位的十五年发生了关键性的转折，从"新法"到"更化"，再到"绍述"，历史走过了一段重大的曲折。不幸的是，并没有像时臣所期待的那样，重现他们心目中往日的辉煌。其后的徽宗和蔡京更是借新法之名大肆聚敛，把王安石的国家主义推向极致并转为权贵经济，尽取天下财利为少数利益集团的独享之物。同时全面放逐异见派官僚，独掌中央控制权。[②] 蔡京四起四落，掌国十七年，致使民不聊生，社会经济颓坏，终至亡国。诚如王夫之指出，王安石精心擘画的新法"名存而实亡者十之八九"，亦如朱熹所说"蔡氏以'绍述'二字箝天下士大夫之口，其

① 包弼德：《政府、社会和国家——关于司马光和王安石的政治观点》，载田浩编《宋代思想史论》，北京：社会科学文献出版社，2003 年，第 111—183 页。

② 虞云国：《从陈桥到厓山》，第 232 页。

实神宗良法美意,变更殆尽"。而且蔡京辈利用新法,摧残人才,弄得朝中义理荡然,①令朝野生出"多少坏事借变法之名以行之"的愤慨。正是在这种情势下,靖康之变前一年,杨时上书,把王安石与蔡京并列为蠹国害民的奸臣;靖康之变前夕,孙傅指出"祖宗法惠民,熙丰法惠国,崇观法惠奸",祖宗法惠民虽然未必,熙丰法惠国还是较客观的评价,至于崇观法之不同于熙丰法,就在于征敛所得多入蔡京奸党私囊。至此,王安石变法的理念和内容已经被徽宗君臣玩掌操纵,良法美意转为祸国殃民的利器。

(三)遗患:后世慎言变革,延缓社会发展②

王安石变法的最终结局,尤其是后世对王安石误国的评价,给后来的治国者造成了巨大的心理阴影,其后,封建社会再无如此自内部而自觉衍发的变法,更不再有如此规模和高度的变法。

王安石变法时,呼吁变革之声潮起,变革已成朝野共识,可谓是人心所向,大势所趋,社会氛围对变法非常有利;前有庆历新政的激励,间有各地改革的尝试,实践积累和借鉴颇丰;神宗与王安石君臣相知相济,在君相关系紧张的封建国家很是难得;神宗是宋代君主里最有锐气、最具坚韧、最敢有为者。③ 他胸怀匡复雄志,一心富国强兵超越前人,完成统一伟业,实现中兴愿望,为革弊鼎新而主动求贤,变法态度始终坚定,为变法稳定推行提供坚固支撑;主持变法的王安石,人品高洁,才华卓著,反对派虽然反对具体的法令,但对他的人格才学从未否定过,从法令的制定和推行情况看,王安石的经济管理才能也确实出众;变法时政治氛围宽松清明,列朝臣僚是从仁宗朝一路将养而成的名臣贤相,很少奸佞伪劣之辈,这也给变法扫除了许多麻烦;变法时的社会经济已经相当发达,宏观经济基础比较深厚。可以

① 龚弘:《两宋人物》,第 154 页。
② 吴晓波:《历代经济变革得失》,第 112 页。
③ 叶坦:《大变法:宋神宗与十一世纪的改革运动》,第 75 页。

说，王安石变法汇聚了"天时、地利、人和"等有利条件，在"知""行"方面也都有丰厚的基础，在各种条件如此有利的情况下，进行一场如此全方位的配套改革，却造成如此惨烈的失败结局，这令所有的后来者对激进变革都望而却步。王安石变法最终的失败可以说是历史性的，表明基于法家战略和儒家伦理的治国手段在经济改革领域已经无路可走，进不可得，退亦不可得。所以，自北宋之后，南宋、明、清历代统治者基本放弃了体制内的制度创新，开始用更加严酷的管制方式来维持统治，其经济策略越来越谨小慎微、趋向保守，最终走进了闭关锁国的死胡同。①

第二节　变法反思

　　顺应人心，呼应形势的王安石变法为什么会失败，向来为学界所关注和深思。

　　从大历史的角度看，中国历次变法涉及的范围都很广，几乎涵盖政治、经济、法律、文化乃至于风俗等各方面，牵涉到社会各层面，遍及所有阶级和阶层；都是从国家向好的大义出发，推出一系列利国惠民的法令，调节生产关系与生产力的适应关系，推动社会向前发展，但利益分配的调整，不可避免地会伤及既得利益者和保守势力，甚至会因为失误或历史条件限制，局部地、暂时地影响正常的社会生活，伤害本来要维护的利益集团；又由于传统的惰性作用，当观念成为传统，就已滞后于现实，会成为变革的羁累。所以，无论变革能给统治

---

　　①　吴晓波：《历代经济变革得失》，第112页。

集团和整个社会带来多大的利益,在得到一部分人赞扬和支持的同时,总会遭到另一部分人的反对和打击。而且,在封建专制社会里,国家的皇帝如何抉择,是决定变革的最终力量,但主持改革的关键人物,却常成为众矢之的,要面对多重困境,兼顾多线纷争,很难集中精力专注变革事项,最终还要遭受不公待遇。所以,历来变革事维艰,公义私利难两全。良相济世功盖世,青史留名后世叹。

纵览北宋局势,"积贫积弱"中的"积贫"是由冗官、冗兵及冗费等问题积聚而成,"积贫"局面日趋沉积的同时,军力萎弱,"积弱"也渐成沉疴,终致内外交困,国势隳危。其实,太祖时文治武功均有成效;太宗、真宗时基本顺延前朝的统治政策,但守成之君,前期尚能稍事振作,中后期则渐离治道,耽于逸豫。太宗即位后急于收复燕云,刚灭北汉,旋即攻辽,骄兵失措,惨败于高粱河。继而臆断,辽主幼国疑,萧后无机,开启雍熙北伐,却在歧沟关惨遭失利,徒留"歧沟一蹶,终宋不振"之慨。从此,太宗崇奉释老,军队畏辽,北宋的"积弱"之势自此开启,"两积"雏形初现端倪。真宗前期的几位宰相为政宽简务实,缓解了太宗后期的危机,但到真宗后期却变为文治加强,武功更衰,尤其是澶渊之盟后的祥瑞和封禅闹剧及对道教的推崇,狂增冗费,真宗末年"两积"困局蓄势待出。仁宗朝政风宽和,优容官员,但一味固守"祖制家法",不知变通,朝廷上下形成因循驰慢,萎靡苟且,推诿邀功,赏罚不清的氛围,"士大夫务以冲晦自养焉"[1],"人人因循,不复奋励"[2]。繁华表象下遮掩着严重的危机,"三冗"问题日趋严重,财政状况持续恶化,军力继续削弱,与西夏交战均告失败。庆历新政后,党争恶化,整个社会陷入更加严重的危机中,终成"积贫积弱"之势。《宋史·食货志》记载:"承平既久,户口岁增,兵籍益广,吏员益众。佛老、外国耗蠹中土,县官之费数倍于昔,百姓亦稍纵侈,

---

① 王辟之:《渑水燕谈录》卷三,北京:中华书局,1985 年,第 21 页。

② 范仲淹:《答手诏条陈十事》,收入《全宋文》第 9 册,第 484 页。

而上下始困于财矣。"①如此大量的耗费最终被转嫁到人民身上,社会矛盾日益激化;边境之外,虎狼之邻眈眈觊觎。在这样内外交困的局势下,以天下为己任的士大夫们呼吁改革,欲奋祖烈的君主急于改革,期待以身许国达成经邦济世愿望的臣僚勇担重任,此时的改革顺天时应民意。但尽得天时地利人和优势的王安石变法依然困难重重,举步维艰,更是在神宗离场后被全面废除。

综观变法过程,变法派在宏观把握全局,协调行政手段和市场调节关系,调节各阶层利益等方面,都经过了通盘考虑并加以周详布局,但各种条件的局限,各种利益纷争的羁绊,使新法在推行时很难切合本意。② 其实,王安石变法是为了维护宋朝统治集团的根本利益,王安石本想通过推行新法,收夺豪强兼并之家的部分既得利益,缓和阶级矛盾,稳定北宋政权,并使地主经济得到正常发展,如此,变法是为整个地主阶级的全局利益和长远利益着想的。而且为避免重蹈"庆历新政"的失败覆辙,他绕过直接触及官僚切身利益的"任人""择吏"等官制改革,选择"理财为先"以解决国家的燃眉之急,尽力减小贫富差距,缓和矛盾冲突。但变法仍然难以避免地冲击了享有特权的官僚地主、富商巨贾的既得利益,遭到维护豪强兼并之家特权和利益的保守势力的强烈反对。虽然变法之前,王安石对新法要遭受的阻力有充分的思想准备,提前做足了准备,造足了势(屡诏不起),也做好了铺垫(数次给神宗做心理建设,为统一思想营造舆论等),但仍免不了帝王的猜忌、同僚的攻讦及群氓的抨击。所以,他在布局变法,思虑法令是否合宜的同时,要兼顾皇帝诉求,化解其猜疑反复,坚定其信念,以促使君相合力,坚固统一战线,共襄变法伟业;又要与精力充沛、名望甚高且才华横溢的同僚(尤其是台谏官员)论证,以证明每条变革法令的合理性(如司马光、苏轼);还要面对既得利益者的各种疯狂阻击,与之艰辛缠斗,以防被诽谤、陷害,乃至暗

---

① 脱脱等:《宋史》卷一七九《食货》下一,第 4350 页。
② 刘炳良:《北宋易学与变法思想研究》,第 163 页。

杀;还要安抚基层百姓,处理变法过程中因各种原因引发的冲突(如冲击宰相府)。强大顽固的反对势力,陷局势入角力泥淖;帝王对祖宗家法的固守,对危及"家天下"因素的顾虑;法令本身的漏洞和执行人员的良莠不齐,尤其是缺乏储备人才等推行新法的社会基础条件,用人不慎使良法美意变成扰民之举;加上变法主持者的性格因素等,最终导致得君行道的王安石在改革关键时无奈辞职,给变法造成不可挽回的损失,其复出后身心疲惫,回天无力,最终辞相而退,怅然离场。

深究这次变法中止的原因,外部原因中,最重要的是神宗的动摇且不幸早逝,使变法失去核心支持。帝制时代的任何改革,皇权都是最终的决定力量,改革者只有符合帝王的意愿,才能得君行道,所谓的君臣相宜,不过是改革者正好适合了皇权的需要而已。神宗在变法过程中,时常犹疑摇摆且坚守祖制家法,在人员任用上坚持异论相搅,给变法造成很大困扰。其次是法令所触及的反对势力,阻力过于强大(从后宫到前朝)。内部原因则是由于改革措施对生产关系的调整不符合生产力发展的要求,或超前或滞后都阻碍了社会的发展,而且有些法令本身还有漏洞,用人不当则加重了推行法令时对变法本意的偏离,这些都增加了变法失败的可能。主持者的性格缺陷则成为压垮变法事业的最后一根稻草,王安石化友为敌的性格特质,使变法派进退维谷,难以为继。

一、悖规律阻发展,义利不协注定失败

社会发展规律决定了生产关系滞后或超越于生产力发展时,必然会引起社会变革甚至激烈革命。而每次变革的最终走向,则是相关因素彼此消长,各方力量角逐的合力指向,也是在场者义利取舍的结果。

北宋经济繁荣的原因在于宋初垂拱而治的休养生息政策给了生产力很大的发展空间。国家藏富于民,所以农村不抑兼并,城市不设

185

宵禁,民间资本得以活跃,商品经济渐成规模,资本主义萌芽呼之欲出,中国社会开始转向近代,但变法中的一些法令却阻止了这个自然历史进程。首先,变法由政府垄断市场、操纵金融,与兼并之家争夺市场和利润,殃及贩夫走卒,压制甚至禁止民间资本参与竞争和获利,这样用"看得见的脚"代替"看不见的手",不仅在道义上背负"与民争利"的不义之称,更严重的是这种做法违背了经济发展的基本规律,扰乱了市场的正常运行,阻碍了商品经济的正常发展。① 其次,变法从农业到商业,均强制性地提高了剥削率,扩大了剥削范围,并在商业领域中实行垄断,从根本上限制了流通和生产的进一步发展。② 变法中最重要的三大经济政策——均输法、市易法和青苗法,囊括了国民经济最重要的两大领域:商品生产和商品流通。这些政策要么落后于商品经济发展,要么理念过于先进,但都成为经济发展的阻碍。均输法的国家调控类似计划经济,市易法的国家垄断统购包销式经济,青苗法缺乏信用基础的小额贷款,都与经济规律相悖,背离变法初衷,形成国进民退、国富民困的局面,使变法既得不到百姓拥护,又遭到社会各阶层的反对和阻挠。对推出的法令具体缕析如下。

首先,均输法缘于桑弘羊,本为"徙贵就贱,用近易远",以促进商品的均衡流通。王安石明确指出,推出均输法的目的是让政府掌握重要商品的"轻重敛散之权",阻止富商大贾的投机活动。这种由国家宏观调控配置资源的方式,既解决了以往供需脱节问题,也让国家在聚散之际赚了钱,并兑现了"不加赋而国用足"的承诺。但在以自然经济为主的封建制度下,国家掌控物流和定价权,垄断官府和皇家的供销市场,以计划经济的方式操纵经济运行,所体现的生产关系过于先进,严重超越了当时的生产力发展水平,破坏了商业自由竞争的市场经济运转模式,使本来活跃繁荣的商品经济陷入僵化,给经济发

---

① 方宝璋:《两宋经济管理思想研究》,第45页。
② 程念祺:《国家力量与中国经济的历史变迁》,第312—313页。

展带来严重不适。均输法推行之后,发运使衙门成为权力空前膨胀的"政府型公司",国家作为一个市场主体进入市场,参与博利。在交易中,官方采购价背驰市场波动,要么远低于市场价格几近抢劫,要么极高于市场价格收受回扣,严重打乱了市场的正常运行,阻碍了社会经济的持续发展,是为不利不义。[①]

其次,市易法是设立国营贸易公司,由政府全面垄断商品的批发零售,控制商品流通。市易务身兼数职,既是国家的百货总公司,又是政府的工商行政管理机构,还是向商人发放抵押贷款、收取利息的银行;各地的市易司,负责平价购买"滞销商品","尽收天下之货","从便变易蓄买,以待上令",在市场缺货时出售,价格由市易务划定,通过"贱买贵卖"控制市场,干预物价,发放贷款。城市商人要到市易司核准身份资格,不得擅自经商。市易法推出后,均输业务并入其中,在流通领域形成一个集采购、运输、定价和销售为一体的国营垄断体系,由国家控制商品流通,与民间贸易博弈。政府既是经济管理者,又作为市场主体参与市场活动,成为最大的商店、银行和物流中心,经营范围广泛,连水果、芝麻等都被垄断起来,严重遏止了北宋自由商业的正常运转。法令违反管理原则,违背价值规律,妨碍市场规范运行,紊乱了城市的商业秩序,彻底破坏了经济的正常发展。[②] 叶适认为,市易法由政府掌控商品的定价权和交易权,剥夺了"看不见的手"对市场的调适,是越俎代庖,阻碍了经济的正常运行。是为不利不义。

最后,青苗法原意是国家出钱放债,以免穷人受高利贷盘剥。国家成立农村小额扶贫银行,向农民放贷收息。但执行阶段偏移了变法本意,反而加重了农民负担。官员放给农户陈旧的霉粮,收回新粮,放时斤两不足,收时故意压秤,最后算下来,实际利息还高于借高

---

① 吴晓波:《历代经济变革得失》,第106—107页。
② 同上书,第107页。

利贷。而且贷款有指标,地方搞摊派,百姓苦不堪言,若遇天灾,政府为按期收回本息,追索骤急,农民无奈只好杀牛伐桑,甚至卖儿鬻女以付官贷。青苗法实行几年后,谷价不降反升,贫困农户和城市贫民的状况雪上加霜。① 司马光认为,在不具备条件的前提下推行青苗法,加之贪官污吏的乘机揩扣,反而加重了农民负担,使法令成为国家取利于民的工具,是国之不义。苏轼批评青苗法:"今陛下使农民举息,与商贾争利,岂理也哉?"② 追究青苗法的失败原因,是因为政府不该涉足银行业务,而应该运用金融杠杆进行宏观调控,国家监管市场主体的自由竞争,放手给金融机构即可,可惜当时的客观条件不允许。③

王安石的经济管理思想,理论进步但过于超前。如变法中的纳钱免役、雇佣计钱,理论上削弱了农民对封建国家的人身依附关系,促进了雇佣关系和商品货币经济的发展,但他没考虑到自然经济条件下,自耕农所拥有的不过庄田、谷、帛、牛具、桑柘而已,无钱交纳各种费用;更遑论那些上无片瓦、下无寸地的佃农,"蓝褛不蔽形,糟糠不充腹……亦有未尝识钱者矣"④。如苏辙在《自齐州论时事书》中所云:"今青苗、免役,皆责民出钱,是以百货皆贱,而惟钱最贵,欲民之无贫,不可得也。"不少贫民不得不"杀牛卖肉,伐桑鬻薪"⑤,甚至镇州、定州农民出现"伐木拆屋,以充役钱"的惨况。

变法派强化国家财政的汲取能力,主张政府介入和干预市场,实现"振乏绝,抑兼并"的变法目标。运用国家的强制力与财政资源,救

---

① 吴晓波:《历代经济变革得失》,第 107 页。

② 苏轼:《拟进士对御试策(并引状问)》,收入《苏东坡全集》,北京:燕山出版社,2009 年,第 1476 页。

③ 吴钩:《宋:现代的拂晓时辰》,第 311 页。

④ 司马光:《应诏言朝政阙失事》,收入《司马温公集编年笺注》第 4 册,第 110 页。

⑤ 脱脱等:《宋史》卷一百七七《食货》上五,第 4311 页。

贫济困抑制兼并、阻止贫富悬殊。① 而反对派则主张保护富民阶层的财产权,赞同自由经济强调道德秩序,也更愿意服从道德约束。② 北宋工商业兴盛,商品经济高度发达,有识之士认识到自由竞争的优越性,主张废除国家垄断,让商人自由竞争;在官府监管下,把生产、运输、销售等环节交由商人经营或商人买扑、承包经营,从而减少官办低效造成的财力、物力浪费,减少政府管制成本,节省财政支出,还能合理配置社会资源,提高经济效益,进而使经济效益最大化。③ 作为改革的主持者,王安石看到了土地兼并和私有化潮流的不可逆性,看到了商品经济发展对国家财政收入的意义,却不能从中体味到社会变化,领悟不到经济规律的威力,不能制定出顺应社会经济潮流的改革政策。④ 所以,新法实施后,宽松的经济环境不复存在,自由发展的商品经济秩序被打乱,自由工商业者遭到毁灭性打击,"商业早入于衰颓之境矣"。⑤ 最终,打击富豪以缩小贫富差距的目标难以实现;财政收入短期猛增,却留下长期隐患。在国家财政困窘难支的形逼势迫下,囿于祖制家法的变法很难兼顾国家的长远利益与国民的短期利益;在制定和推行法令中,也很难协调义利一致,变法也就难以避免义利冲突而顺利进行。

二、价值排序各异,牵绊变法难以顺利

王安石变法中,在场者义利观不同,价值排序相异,势必引起各类冲突,牵扯变法力量,滞沉变法进程。

（一）家国为重,祖制强君弱臣,变法受掣难行

王朝的开创者居安思危,谋划深远,把维护赵氏统治的长治久安

---

① 吴钩:《宋:现代的拂晓时辰》,第439页。
② 同上书,第440页。
③ 方宝璋:《宋代管理思想:基于政策工具视角的研究》,第41页。
④ 程念祺:《国家力量与中国经济的历史变迁》,第313页。
⑤ 吴晓波:《历代经济变革得失》,第107页。

作为其价值排序的第一次序。为避免重蹈前辙,以防弊之政,为立国之法,从制度层面分权制衡,加强集权。

在君相这对传统矛盾上,采取增设机构、分权削弱的方式,把财政、军政和人事权从相权中收入君权,使相权在君权的侵揽下,逐渐萎缩衰落,无法如"事无不统"的前代宰相那样高效地调度各部门协同办公。王安石在变法开始时设立制置三司条例司,就是想从制度上重新厘定三司职权,把中书治民、枢密主兵、三司理财的军、民、财政三分职权重新绾合统一,掌握到宰相手中,为变法扫除壁垒障碍。①此外,中央层面还有一个"二权分立",即政府与台谏的分立。"天下之事,一切委之执政",但"一旦谏官列其罪,御史数其失,虽元老名儒上所眷礼者,亦称病而赐罢",于是谏垣渐成政府掣肘,君主则居于超然地位,"常使两者(执政与台谏)之势适平,足以相制,而不足以相胜",如是"人主可以弁冕端委而无所事"②。王安石变法时神宗虽信任王安石,然谏官反对新法,帝相不听就求去,去后名气更大,结果只有宰相被迫求去。王安石为此在变法前做足了准备,但仍然没有避免中途罢相的命运,虽然后来复相,但变法事业已受重挫。后来谏官闹得太意气,招致社会和政府的厌恶而失势,却使权相奸臣出头,误国殃民,遗患无穷。③

委任部门内部臣僚时,同时安排意见不同、作风不同的人共谋朝政,使他们"异论相搅",互相制约。王安石变法时,神宗本想用反对派领袖司马光为枢密副使,司马光不肯就职,就任用保守派的文彦博为枢密副使,反对新法的冯京为枢密副使和参知政事。神宗虽未明示,但其防备、牵制王安石的用意显而易见。所以,为厉行改革,王安石建议神宗驱逐异见者,但当把政敌和战友都清除出中央时,他也难

---

① 钱穆:《中国历代政治得失》,第75—76页。

② 秦观撰,徐培均笺注:《主术》,收入《淮海集笺注》,上海:上海古籍出版社,1994年,第507页。

③ 钱穆:《中国历代政治得失》,第84页。

以独善自身,因为,他逾越了帝王底线,成为一人独大而威胁皇权的权相。赵宋帝王的理想模式是,朝中大臣不结党不结仇,意见相异时,由皇帝终审和仲裁。利用臣僚相互牵制的家法,北宋诸帝奉行不替。法国学者谢和耐说:"在中国,任何看上去会威胁到国家至上权威的变化,都是不可想象的。"

在以防弊为着眼点的"祖宗之法"指导下,北宋各项制度的主要目标在于保证政治格局与社会秩序的稳定,确保庶政平和而警惕变更,允许一定限度内的调整与"革弊",但戒惕抵斥强烈冲击。这样警戒维系的政体、分权制衡的制度,是宋代特有的制度弱症,这套制度充分维护了帝王的权威,但困缚了宰相的施为,使其戴着镣铐起舞,难以践行经邦济国之志,难以施展治国才干,创下超群功绩。①

(二)触及王朝根本利益,君相无法同心戮力②

封建社会里的最终裁决者是皇帝,君主的态度至关重要,臣子只有得君行道,得到君主的全力支持,才能有所作为。北宋诸帝谨遵制家法,神宗也从未放弃对"祖制家法"的尊崇和奉行,尽管元代史臣批评他"卒致祖宗之良法美意,变坏几尽"③,但在他的价值排序里,赵氏皇族的"家国"利益依然是第一位的,变法中义利博弈时,他会选择有利于加强巩固赵氏统治的策略和途径。既然目标是振兴祖宗基业、实现统一伟业、完成中兴大业,稳重谨慎、有胆有识的他厉行变法,渴望能够改写历史,但他并不打算标新立异,不顾祖制家法,而是始终承袭"祖制家法"奥义,秉持帝王术。在"大有为"的诉求上,他与王安石声气相通,但在涉及"祖制家法"及根本性的皇权问题上,他的态度都很慎重④。神宗虽曾表示不宜在朝中"异论相搅",但他在

①　邓小南:《祖宗之法——北宋前期政治述略》,第427页;宫崎市定:《宫崎市定中国史》,第184页。
②　邓广铭:《宋史十讲》,第69页。
③　脱脱等:《宋史》卷十六《神宗本纪》三,第314页。
④　邓广铭:《北宋政治改革家——王安石》,第252—254页。

最高权力机构的人事任免上,却多兼用对新法有异议之人,明显留有"异论"余地,这并非要温情照顾旧臣,而是要防备被蒙蔽,以便兼听不同意见,集思广益,使自己超然局外,掌控最终决定权。① 从这一角度来看,帝王与臣僚的着意之处大不相同。

在王安石的价值排序里,"国家"利益是第一位的,在义利博弈中,他从国家全局层面制定策略和法令。熙宁变法中,他想把财权、军政权都收归相权,设立制置三司条例司,以便统筹策划,顺畅新法推行;建言"天下困敝,惟兵为患,若措置得兵,即中国可以富强",直指"募兵之害"在于"分民与兵为两",而募兵制被太祖明确肯定为"可以为百代之利",其本意就是把兵、民分开。欧阳修、吕景初等人也曾上疏论证过募兵制的弊端,但都只提些补偏救弊的措施,不敢提议改变此制。王安石主张先以保甲作为过渡阶段,然后以民兵制度取代募兵制度,但神宗在保甲法实施中迟疑颇多,并不赞成实行民兵制度。王安石最初谈及以民兵代替募兵制时,神宗就反问:"募兵专于战守,故或可恃;至民兵,则兵农其业相半,可恃以战守乎?"②王安石建议减募兵之数,移其费用于训练保甲时,神宗答说:"畿内募兵之数已减于旧,强本之势未可悉减。"③神宗更重申募兵制原意:"禁军无赖乃投募,非农民比。尽收无赖而厚养之,又重禄尊爵养其渠帅,乃所以弭乱。"④可见在君相的义利博弈中,所虑所选并不一致,神宗关注的是帝王要能掌控全局,为此可以弱民弱兵,为确保赵氏一家的私利,可以牺牲国家公利。王安石向往的则是要固本强军,以实现统一大业的公义。

在处理军务上,君相并不一致。王安石力排众议,支持王韶开边,他授权王韶处理前线军务,决不遥加制御,使其逐步实现所筹所

① 王水照、崔铭:《欧阳修传》,天津:天津人民出版社,2013年,第333页。
② 马端临:《文献通考》卷一五三《兵》五,第1334页。
③ 李焘:《续资治通鉴长编》卷二三六,熙宁五年闰七月壬戌条。
④ 李焘:《续资治通鉴长编》卷二六二,熙宁八年四月甲子条。

画,以完成统一疆域的国之大义。遭到枢密使文彦博等反对后,神宗因"群疑方作"而屡次表示要"中止"其事,取得胜利之后,虽也极为嘉奖,但对王安石继而提出的进军西夏本土建议,一直不予采纳。元丰四年(1081),即王安石罢相后第五年,神宗五路伐夏,每路分设一个统帅,总统五路的大帅实际由远在开封的神宗承担。可见在事关国家权力的军事上,神宗与王安石不无龃龉。

故而,王安石虽"得君之专"恩宠隆盛,但变法不能触及皇室威权,一旦牵涉如财政、军政等国之重器,神宗常常疑虑不定,不愿把军政、财政和民政诸权集中于相权。① 制置三司条例司设置不久被废;元丰改制时,不撤枢密院,都说明他在回归祖制家法旧辙。所以,宋神宗"亲定元丰官制寓有削减相权之意","这是王安石扩展非常相权的一种自然反响"。② 王安石为变法而集权,但作为君主,神宗希望能"乾纲独断",为集权而变法,虽然两者都主张变法,都要集权,但手段和目的却恰好交替,君相之间的这些歧异,使得变法阻力加大。

身受儒家思想和帝王术双重浸润的神宗,不仅要关注百姓疾苦,平衡各方利益,为帝王和皇族谋划长远利益,与宰执协力革陈鼎新,振兴国势;还要恪守祖制家法,以"异论相搅"等权术制衡各方势力,调整各种关系。在如此进退维谷的形势下,宰执处处受掣,难以放手施展康国济民之智,达致富国强兵目标。从王安石致吕惠卿私人信函中的"勿令上知",犯下人臣大忌可知,在变法过程中,王安石也明白他与神宗的分歧,深知君相之间的相知相得,在遇到事关"家国""国家"的义利博弈时也是难以持续始终的,所以才想在某些事情上绕过神宗。吕惠卿此举有效离间了这对君臣的关系,"勿令上知""勿令齐年知"等说法,无疑使神宗愤懑而震惊,触动了赵宋祖宗以来对防范壅蔽的深切警觉。王安石之所以辞相,特别是第二次辞相的

①　徐洪兴、姚荣涛:《文盛武衰》,第146页。
②　虞云国:《从陈桥到厓山》,第200页。

真正原因,这应当是最为主要的。① 所以,君相的价值排序差异,导致了二人在义利博弈时选择做出不同抉择,难以同心戮力,实现最终目的。

(三)同僚义利有异,消耗变法动力

义利观及价值排序不同,变法在场者对新法的态度和作用亦不同。在反对派的阵营中,不仅有富弼、文彦博、韩琦、欧阳修等硕望宿德的元老大臣,有司马光、苏轼、苏辙、范纯仁等时望颇盛的青年才俊,有所涉利益不同的各级官吏,有太皇太后曹氏(宋仁宗的皇后)、皇太后高氏(宋神宗之母)和宋神宗之弟赵颢等皇室显贵,有与之利益相连的宦官,还有直接利益冲突的豪强富贾等。这些人物繁杂的义利博弈合力织成重重阻力之网,牵扯消耗变法的动力,令变法步履艰难。

其中,富弼等顽固守旧的保守派人物,坚持"祖制家法"不能变的立场,反对任何微小的改革,对任何变法措施都加以反对。他们攻击均输法是"与民争锥刀之利而失王政之体";认为青苗法"特开设称贷之法",以低息与富民争利,"甚非圣人之意",富弼在自己辖区拒不推行。他们认为市易法"分取牙利","徒损大国之体,只敛小民之怨","密迩都亭,译使所馆","将为外人(指西夏)所轻",等等。其他变法措施也遭到猛烈攻击,他们罗织许多"害民"罪状为民请命,要求神宗废罢新法。②

以司马光为首的朝堂中坚们,大多是科举官僚,精英意识比较强,不宽容异见。宋代政治陷入党争也有这个原因。③ 面对国内外的颓势,他们基本赞同变革,但在变革内容和途径上与变法派政见不同。如司马光在英宗时就提出要改衙前差役为募役,但他又认为"祖

① 邓广铭:《邓广铭自选集》,第158页。
② 吴泰:《中国历史大讲堂 宋朝史话》,第105页。
③ 宫崎市定:《宫崎市定中国史》,第198页。

制家法"使宋朝承平百年,不应尽变,而应"存其善而革其弊,不当无大无小,尽变旧法","治天下譬如居室,敝则修之,非大坏则不更造"。所以,当新法要尽变"祖制家法"时,他又反对新法,坚持"祖宗之法不可变"。苏辙也并不反对改革,在变法开始时还上疏神宗,倡议变革,但他不赞成当时的改革步骤和策略,批评变法是"所当先者失之于不为,而所当后者失之于太早",从而站在了变法的对立面。由此可见,庆历、嘉祐年间"常患法之不变"的"名士"们,在王安石变法时成为反对派,不是政治立场有变,而是改革主张不同,他们担心变法会产生不良影响。例如,他们认为富者是宋朝统治赖以依靠的支柱,"抑兼并"会使富者变穷,而富者变穷后,一旦突然遇到内忧或外患的祸变,宋朝所急需的军用物资就无所从出,就会措手不及。而变法派则力图分割"富者"(大地主、大商人、大高利贷者)榨取的高额地租利息和利润,以充盈国库,达到不加赋而国用足的目标。[1] 新法为理顺混乱的物资流通实行均输法,反对派认为如此则"渔夺商人毫末之利"[2],"豪强大贾皆疑而不敢动"[3];为提高禁军素质,变法派实行"将兵法",反对派认为法令与"以文驭武"的祖制相悖,且"武将专军政",会有武将难制隐患;新法推出"保甲法"以防"盗贼",反对派认为教民习武,会助长"盗贼"气势。两派围绕如何加强统治政见不同从而展开的激烈斗争,严重消磨变法能量,阻碍新法推行。[4] 所以,变法在场者冲突的主要原因,是因为他们的义利抉择有分歧。

皇族、宦官、部分官吏及豪商地主等反对变法,大多是因为自身利益直接受损从而激烈反对相关法令,是以国家利益为重和以个人

---

①　漆侠:《宋代经济史》(下),第 1185 页。

②　范纯仁:《上神宗乞罢均输》,收入赵汝愚编《宋朝诸臣奏议》卷一百九,第 1185 页。

③　苏轼:《东坡七集·奏议》卷一《上皇帝书》,转引自漆侠《漆侠全集》(第二卷),第 137 页。

④　吴泰:《中国历史大讲堂　宋朝史话》,第 107 页。

利益为重的不同价值排序发生冲突的后果。

封建制度下,商人的获利情况与经济政策、管理体制乃至官员素质密切相连,商人必须与官商合谋,走官商勾结之路,有的官员甚至直接经商以谋私利,官与商在形式上和实质上合二为一,成为利益共同体。[1] 如均输法收商人利润归国有,不但直接截断了豪商的业务,也触及了其背后的既得利益势力。正因为新法力图挽回并增加财政收入,阻断了利益相关者利用国家财政问题大发其财的道路,才遭到他们的疯狂反扑,连名义上与商业无关的臣僚、宦官,甚至是深宫后院的太皇太后、太后、皇后,也帮豪商说话而反对新法。青苗法的施行,不但限制和夺取了豪强之家放高利贷的部分权利,使得"昔之贫者举息于豪民,今之贫者举息于官",还要豪富之家借贷青苗钱十五贯,每半年向政府交纳三贯文的利息,这已经不仅是夺利于豪绅地主,而是强行摊派,已有巧立名目强夺豪取之嫌了。而豪强地主中的大部分是官宦之家的形势户(如韩琦在家乡买田置地,庄园无边无际,北宋末年时岳飞也是他家佃户),"济贫困,抑兼并"的青苗法不仅断送官宦之家高额的放贷收入,还直接向他们摊派借贷,强取利息,强占其财产,必然遭到他们不遗余力的反抗。施行农田水利法,在各地兴修水渠堤防等排灌工程时,豪强之家按户等出备工料和费用,不能再垄断沿渠水利。免役法则直接取消了官绅豪强形势户过去享有的免役特权,迫使他们交纳"助役钱"。方田均税法查清了豪绅地主的隐产漏税情况,他们不得不据实课税。采纳商行建议而实行的免行法,砍断了所有皇族贵戚、宦官京官的不当财路,势必遭到他们的疯狂反对。市易法使豪商富贾们再不能操纵物价,囤积居奇。[2] 总之,青苗法、方田均税法、农田水利法损害了地主阶层的利益;免役法损害了官僚阶层的利益;均输法、市易法损害了大商人的

---

① 林文勋、张锦鹏:《中国古代农商·富民社会研究》,第 192 页。
② 邓广铭:《北宋政治改革家——王安石》,第 81 页。

利益;免行法伤害了与商业有关的各阶层相关利益者的利益,即使皇族也未能幸免,如神宗时的太皇太后、太后、亲王。因此,新法遭到全方位阻挠,消耗变法派太多能量,羁累新法前行艰辛。

综之,这场以富国强兵为目的,以理财为重心的变法,取得了相当成效,把统治阶级自改革推向了高潮。但因触损官僚贵族、豪强巨贾的利益,招致激烈反对和攻击,使新法的推行举步维艰,加上变法派内部矛盾,掣肘王安石施展治国才干,最终辞相退寓。之后,神宗削减抑制兼并和发展生产的内容,转向调整职官制度,着重扩大税源,加强军事。①

三、法令尚存漏洞,义利分歧羁累变法

变法过程中,尽管神宗和王安石反复斟酌推敲,但经济发展具有地域差别和时效差异;作为制定和推行法令的主体,个体对事物的认识具有局限性,且个体的伦理观和价值排序会因经济现实的变法而发生改变,也会因分析问题时的立场或角度不同而相异,致使法令的制定和推出会出现主观武断,或滞后于现实,或与伦理相悖等情况,成为反对派攻击新法的焦点。如果变法派和反对派能放下成见通力合作,在集思广益的基础上参详兼取,健全完善法令,也许能增加变法动力,促进变法的顺利进行。可惜,历史没有假设。

从变法的指导思想上看,王安石的本来设想是因天地之力,发展生产而富国,从而达致"不加赋而国用足"的目标,却迫于国家经济现状,急于解决财政困窘,而逐渐转向"以浅末为急务"的"理财"目标,从而使王安石的"因天下之力,以生天下之财"在法令的实际推行中有了两层解读:一是生财,即改善农业生产条件,利用土地和人力资源,扩大生产规模,提高生产效率,发展生产增加社会财富;二是取

---

① 虞云国:《从陈桥到崖山》,第232页;王振芳、王轶英:《中国古代经济制度史》,第155页。

财,即通过巧立名目增加税收,扩大征赋,加重对民众的剥削以增加国库收入。变法的发展经济部分,除农田水利法是完全"生财",其余的青苗法、免役法、方田均税法、均输法、市易法都带有浓厚的"取财"意味。[①]"理财为方今先急",不仅缺乏发展经济的长远布局,而只着眼于"国用不足"的浅末问题,偏重于增加政府财政收入。而且其"取天下之财,以供天下之费"实则是供政府之费,并未真正地供给社会经济发展而惠及百姓,这些都背离了富国强兵安民的最初理念。因着顶层设计者的急功近利且本末倒置,变法的步骤也由最初时的慎重,随着新法推行渐变为急躁和草率。[②] 从新法的内容上看,法令大都加强了国家掌控社会经济的权力,但在实际运行中,增加国家财政收入就不免要与民争利,导致民心怨怼;国家作为主体参与经济运行,必然会触及既得利益者的已有得利,导致"辅臣不同心"。如此,则失去了群众基础和社会支持,为新法的推行带来重重困难。

如均输法是为了"稍收轻重敛散之权,归之公上",以缓解"财用窘急"。但因"将笼诸路杂货,渔夺商人毫末之利",且"法术不正,吏缘为奸,掊克日深,民受其病"[③]。青苗法的目的是"散惠兴利",抑制兼并,但在实施中"官放息钱,与初抑兼并、济困乏之意绝相违戾,欲民信服,不可得也"[④]。司马光则认为青苗法"平民举钱出息,尚能蚕食下户,况县官督责之威乎"[⑤]?青苗法还本付息时,虽然法令规定百姓可以任选纳粮或现钱,但为方便或渔利,官吏倾向于收缴现钱,如果百姓缴纳粮物则会各种克扣,增加了百姓负担。交免役钱时,直接要求缴纳现钱,当时北宋民间铸器风行,大量钱币被收集以熔铸礼器等物,加之外贸兴旺、银钱外流,造成北宋严重的钱荒,农民没有现

---

① 方宝璋:《两宋经济管理思想研究》,第 44 页。
② 刘炳良:《北宋易学与变法思想研究》,第 150 页。
③ 脱脱等:《宋史》卷一百八十六《食货》下八,第 4557 页。
④ 杨仲良:《续资治通鉴长编纪事本末》卷六八,第 2206 页。
⑤ 脱脱等:《宋史》卷三百三十六《司马光传》,第 10765 页。

钱而官府追索骤急,只好卖粮,扎堆卖粮进一步导致粮价下降,百姓生活更加困苦。市易法则垄断了批发和零售市场,"凡商旅所有,必卖于市易",结果"卖梳朴则梳朴贵,卖脂麻则脂麻贵",以致"人皆怨谤"。① 这些都是变法派没有考虑周详之处,法令自身的漏洞,导致了新法推行中的义利失衡,给变法增加了很多困扰。

在推行新法过程中,一贯且最严重的错误是无信。如青苗法,原定只在陕西试行,结果扩大到河北、京东、淮南三路;原本是用"度僧牒"的钱,结果动用了一千五百万石的常平仓、广惠仓的粮食;原本只针对农民,结果城镇居民也可以借贷;法令规定不许硬摊派,条例司作为变法的最高机构,却给各地贷款下达指标,结果,摊派风行;为了保证官府能够收回本息,贫下中农贷款必须由地主富农做担保或领衔,面对这无妄之灾,地主豪强千方百计地阻止、破坏变法。

综之,王安石变法与"古人立法,恶商贾之利而欲抑之不同",也不同于"后之人立法,妒商贾之利而欲分之",王安石企图以政府这个超级大公司垄断市场,变"分利"为"独利"。这与宋代那些反对"夺商之利,一归于公上而专之",倾向于支持自由市场的士大夫理念不同。欧阳修说:"大商之善为术者,不惜其利而诱贩夫;大国之善为术者,不惜其利而诱大商。此与商贾共利,取少而致多之术也……若乃县官自为鬻市之事,此大商之不为,臣谓行之难久者也。"②影响王安石甚深的李觏,具有当时最先进的"共利"主张,他在《富国策》中指出:"今日之宜,亦莫如一切通商,官勿买卖,听其自为,而籍茶山之租,科商人之税。""今日之宜,莫如通商。商通则公利不减而盐无滞也。"③也即李觏反对茶、盐等禁榷品实行国家专卖,认为应该把商品流通交给商人,交给自由市场,政府通过租税管理和获利即可。如此

---

① 吴钩:《宋:现代的拂晓时辰》,第 350 页。
② 欧阳修:《通进司上书》,收入《欧阳修全集》卷四十五,第 643 页。
③ 李觏:《富国策第十》《富国策第九》,收入《李觏集》卷一六,第 149、148 页。

先进的自由经济思想未被采纳,政府采用了欧阳修的"共利"模式,间接专卖,①给权力寻租留下很大空间,一旦变法触及官商共构的利益结合体,就遭到疯狂抵触,这些利益既得者步步推新法入泥淖,破坏新法推行,而新法自身的漏洞也给变法增致了困难。

四、任人不察德行,义利相异激化矛盾

封建制度体制下的中国古代社会,皇帝拥有最高裁决权,缺乏必要的独立监督机制,官僚机构拱卫皇权而设,若任用官吏不当,任何利国利民的政策和措施都可能产生相反效果,即使是要革旧鼎新的变法,贪官污吏也能借推行新法之机,盘剥百姓,中饱私囊。王安石变法中推出的许多利国益民法令,却在执行过程中演变为蠹国害民的举措,就是因为各级官吏在贯彻新法的过程中唯上是从、瞒上欺下、贪污腐败或故意作梗导致的。其实,作为变法的发起者和主导者,神宗对选官任人非常重视,他认为人与法互为表里,选贤任能对国家治理意义重大,但在变法实践中他却偏向法治而忽视了人治,给变法事业带来很大阻力。②王安石也明白变法"非大明法度,不足以维持,非众建贤才,不足以保守"③。熙宁以前就曾说:"方今之急,在于人才而已。"但神宗即位后面临的财政窘迫迫使神宗不得不暂搁雄心鸿志,设定"当今理财最为急务"的短期目标,王安石也只得逐渐俯从于这个旨意。因义利观和价值排序不同而导致的变法策略和途径相异,使变法事业受到诸多重臣贤士的排斥和反对,难以同济共襄变法事宜,在无人可用又必须组建变法机构的情况下,王安石不得不起用赞同和支持变法的官员而忽视了道德品质的检视,造成进人过急且择人过疏,为变法事业埋下隐患。

知人不明、用人不慎,主要表现在纵横两个维度,横向上是在最

---

①　吴钧:《宋:现代的拂晓时辰》,第 351 页。

②　叶坦:《大变法:宋神宗与十一世纪的改革运动》,第 151 页。

③　王安石:《上时政书》上,收入《王文公文集》,第 17 页。

高国家变法机构里,任人时注重经济管理才能或只以对新法的态度
为衡量标准,未能以德才兼备为标准加以甄别,从而为变法带来极大
困扰和损失。变法的主要成员如野心勃勃的吕惠卿、不端的吕嘉问、
无耻的邓绾、违心的李定等,多是出于政治投机参与变法,他们意欲
在变法中捞取利益,当局势变化不如意,就不惜为一己私利而损人误
国。用人不慎一方面使小人获用而招致批评和阻力,朝堂上深孚众
望、德行高洁的士君子因不屑与变法诸人为伍,而"诸公始退散"。①
如积极倡言变法的程颢在均输法、青苗法实施后,认为辅臣不同心,
"兴利之臣日进,尚德之风浸衰,尤非朝廷之福"②,从而态度发生方
向性转变。另一方面,也导致了变法派内部分裂,并在新法执行中产
生新弊。③ 尤其是王安石复相后,权益的纷争使变法阵营内部人心涣
散,几至分崩离析。一是王安石信任依仗吕惠卿。司马光曾强烈反
对任用吕惠卿,他认为吕惠卿文学辨慧,但心术不正,将来一定会害
王安石身败名裂。变法过程中,吕惠卿成为王安石的得力助手,几乎
参与了所有法令的制定详审,被视为护法善神,二人情同父子。但王
安石第一次辞相后,吕惠卿想宣麻拜相取代王安石却未能如愿,在王
安石复相后,他选择背叛反目,纠集小团体与王安石对立,甚至告发
王安石不忠,离间君臣关系,企图置王安石于死地,令变法阵营遭受
大创,给予王安石沉重打击。二是错用吕嘉问为市易务负责人。吕
嘉问把意在平抑物价的市易务变成操控物价的赚钱机器,使政府代
替豪商巨贾垄断市场,盘剥小商小贩和城市居民,还在交易过程中强
买强卖欺行霸市。他的不端行为,使市易法背离改革初衷,变成祸国
殃民的工具,也促使了王安石的第一次辞相。更过分的是,为邀功争
宠,独揽权柄,他诬告善于理财的三司使薛向,把薛向逐出政坛,使变

①　刘炳良:《北宋易学与变法思想研究》,第149页。
②　程颐、程颢:《再上疏》,收入《二程集》,第458页。
③　刘炳良:《北宋易学与变法思想研究》,第164页。

法阵营失去一名得力干将。因为市易务案,变法派的中坚人物曾布在"市易法"问题上倒戈,分裂变法阵营,给变法带来很大阻力。更令人不齿的是邓绾。为了获得信任得以升迁,他大力鼓吹、美化新法,毫不掩饰猎取高官的欲望,遭到同乡同僚们责骂后,还恬不知耻地说:"笑骂从汝,好官须我为之。"就是这个邓绾,在王安石与吕惠卿的矛盾中推波助澜,加速了变法派内部的分裂,使得变法派难以形成推动变法事业继续前行的合力。① 而且复相后的王安石和神宗的关系有了嫌隙;与韩绛的关系出现龃龉,这些负面因素,都成为推行变法的牵绊。

用人不慎在纵向上就体现在地方各级官吏(基层官吏)的任用上。变法的各个环节都有官吏参与其中,吏治的好坏直接影响到法令的执行情况,推行法令依赖于执法人的德行,基层执法者地位虽不高,作用却不小,所以一定要任用才德兼备的人充当。变法中的地方官吏组成比较复杂,有的是因为拥护支持新法而新任的变法派,有的是被贬出中央的新法反对派,有的则是为己谋利的利己派……新法的实施情况也因地方主政者的政见及价值排序相异而不同。新法实施几年后,确实收到一定效果,国家财政收入出现了好转,但民间的怨怼情绪却日渐高涨。原因就在于立法本意很好的法令,在推行过程中出现偏移,一些官员借机敲诈勒索百姓,一些官员因抵触法令而故意歪曲法令,擅改法令或误导百姓。如此种种,贯彻法令的官吏任意执法使变法的初衷和结果差异很大②。如受抨击最多的青苗法,其本意是政府低息贷款给百姓,帮农民度过青黄不接时期,扶持生产,抑制兼并。但被派到地方上执行青苗法的提举官,为显示工作能力,突出政绩,拼命督促地方官。基层官员则为迎合上级,捞取政治资本,根本不顾实际情况,不管百姓是否需要借贷,为收取利息强推新

---

① 吴泰:《中国历史大讲堂 宋朝史话》,第108页。
② 刘燕飞:《苏轼哲学思想研究》,第218页。

法,即使没有借贷需要,也根据户等强行摊派,等第越高,摊派份额越多,还预先扣除利息,使其遭受不必要的损失,而且越富的户等,损失越多,由此中等以上社会阶层的民怨日高。[①]　且在借贷时以次充好,还贷时克扣分量,使得该法精神完全走样。熙宁四年(1071)五月,开封境内东明县的上千农民冲进王安石私邸,原因就在于推行免役法时,把他们由第五等的穷苦农民变成第三等的富户,缴纳的免役钱变成天文数字,他们交不起。他们先去开封府,开封府尹不受理,他们被人暗示应直接找宰相问清楚,就冲进宰相府,但王安石并不知晓此事。追溯户籍变动根源,有两个版本,其一是邓绾和曾布未根据官府原有的户籍划分等级,而以司农寺的名义另设标准,直接分配到基层去执行,造成如此闹剧。其二是东明县官贾藩(文彦博前部属、变法反对派)擅自修改了县里的户籍等级,而且闹剧发生时,贾藩已经逃离职守,搜寻不见。如果此事是曾布和邓绾私下的做法,不仅激怒东明县民冲击宰相府,给王安石造成严重困扰,也因他们代表着新法的权威解读,给新法的推行带来了恶劣影响;如果此事是贾藩有意所为,则表明基层官员的任用不当,不仅直接损害了百姓利益,还给整个变法事业的推进造成自下而上的混乱,扰乱了变法进程,事后搜寻不到离职的官员,说明其背后反对变法的力量十分强大,变法面对的阻力连皇帝都无可奈何。

五、主持者性格缺陷,义利难一化友为敌

王安石被起用前,朝臣对其评价不一,欧阳修、文彦博、吕公著、曾公亮、韩绛等人,看重他的才华和能力,主张重用。司马光在给王安石的信中说"介甫独负天下盛名三十年,才高学富"。刘安世也说"当时天下之论,以金陵(王安石)不作执政为屈"[②]。二程对王安石

---

① 徐洪兴、姚荣涛:《文盛武衰》,第147页。
② 《丞相荆国王文公》,收入《三朝名臣言行录》卷六之二,四部丛刊本。

的评价也很高,程颐说:"后世谓之得君可也,然荆公之智识,亦自能知得。"①但吕诲、张方平、苏洵等人,坚决反对用王安石,认为他标新立异、哗众取宠且性格怪僻,必乱天下。当时的参知政事吴奎对神宗说:"安石刚愎自用,所为迂阔,如果重用,必定紊乱朝政。"②唐介觉得王安石"泥古不化,议论迂阔,若其执政,必定多有变更,想治反乱"。韩琦认为"安石为翰林学士便有余,处辅弼则器量不足"。侍读孙固的观点与韩琦同,也认为王安石"为文甚优",为台谏侍臣也能称职,而要任相则需大度,而安石"狷狭少容",不可为相。③ 富弼入相时对神宗说:"臣闻中外之事,渐有更张,此必由小人献说于陛下也。"矛头直指王安石。

变法中,王安石性格中的缺陷开始逐渐显露并随着变法的深入越发突出。

一是过于执拗,不能兼容异见(被称为"拗相公"),难以与同僚有效沟通,不能求同存异助力变法的推进。特别是司马光、范纯仁、二苏和二程兄弟等都曾积极呼吁变革,甚至程颢和苏辙在变法初期还投身其中,只是对变法的方略和步骤看法不同。若王安石策略得当,赤诚相待,与这些端方君子合作,也许变法过程会顺畅很多,政策和法令也能有延续性和稳定性,实现富国强兵裕民的初衷。但王安石过于性急,在没有充分调研,没有与当朝大臣充分协商、统一认识的情况下就急于出台新措施,以致法令本身有很多地方不够完善,招致很多人的反对,如:青苗法本身有利有弊,各地的实施情况也不相同,李定他们看到了好的,韩琦他们发现了问题。这时候最重要的就是客观冷静,以查漏补缺,完善法令,但王安石却暴跳如雷,甚至程颢

---

① 程颐、程颢:《刘元承手编》,收入《二程集》卷十八,第198页。
② 《宋史·吴奎传》、李焘《续资治通鉴长编》卷二百九、毕沅《续资治通鉴》卷六十五治平四年闰三月庚子日条。
③ 毕沅:《续资治通鉴》卷六十六熙宁二年二月庚子日条、黄以周等《拾补》卷熙宁二年四月丁未日条。

奉旨去见他,他却待之声色俱厉,程颢要他心平气和地讨论公事,他最后却把程颢打发到地方上做提刑官。司马光出于朋友的情分,三次写信予以劝谏,希望他能听听不同意见,还曾劝他留意甄别君子与小人,认为他重用的吕惠卿心术不正,必会害他身败名裂。王安石则是看见一条反驳一条,司马光只好和他分道扬镳,退居洛阳,埋首编撰《资治通鉴》。王安石与同僚相处时执拗,面对帝王时亦然固执。变法最初几年,若他认为应兴革某事而神宗不赞同,他必尽力说服神宗,甚或与之力争,以求自己的见解能被采纳和实行。马水卿在《元城语录》中曾记刘安世的一段话:"(金陵)得君之初,与人主若朋友,一言不合已,必面折之,反复诘难,使人主伏弱乃已。"如熙宁四年(1071),开封知府韩维报告说,民众为规避保甲法竟"截指断腕",神宗委婉劝说:"民言合而听之则胜,亦不可不畏也。"王安石却不以为然,认为新法刚推行,士大夫尚不能领会良法美意,百姓不理解而付出代价是任何改革都不能避免的。但到后来,特别是二次入相后,神宗对他的意见已不再如以往那么支持和听从了。吕本中在《杂记》中记载:"王安石再相,上意颇厌之,事多不从。安石对所厚叹曰:'只从得五分时也得也!'"如此,王安石只有黯然退居。熙宁九年(1076)十月,王安石再度罢相,其后八年多的时间里,神宗再也没召见过他。新法虽然还继续推行,但其实质已与王安石的立法原意不相契合了。① 所以,反对派评价王安石时,在赞赏其才学,肯定其大节的同时,皆贬抑其个性,如刘述等台谏官说他"专肆胸臆,轻易宪度",司马光认为他人品无恶,但"不晓事,又执拗",且"用心太过,自信太厚",都是有一定实践基础的。

二是他气量不够雍宏,难以容忍异见者,甚至会化友为敌,徒增推行变法的阻力。随着均输法、青苗法的推行,御史刘琦、钱凯,知谏院范纯仁、吕诲,翰林学士司马光、范镇,右正言李常、孙觉,曾经长期

① 邓广铭:《邓广铭自选集》,第 161 页。

担任宰相、现为枢密使的文彦博，还有王安石的好友御史中承吕公著，曾与他合作主持条例司、后来升任宰相的陈升之等，都先后反对起他来了。连他的恩师、早年大力揄扬过他的欧阳修，也从退居地颍州写信来责备他。当时富弼接任为相，王安石为副相，富弼想维持安定团结，希望群臣同心协力，和衷共济，可惜众臣反对王安石。力荐王安石的丞相曾公亮告老致仕，继任丞相富弼只好称疾不视事，参知政事赵抃叫苦不堪，参知政事唐介愤懑而死，时人称之为"生老病苦死"，执宰团体只剩王安石。这些大臣，有的原本是他的靠山，如韩维、吕公著；有的原本是他的荐主，如文彦博、欧阳修；有的原本是他的领导，如富弼、韩琦；有的原本是他的朋友，如范镇、司马光。但因为反对他的做法，后来皆遭到他不遗余力地排斥。如欧阳修作为文坛领袖，他的推荐和好评分量很重，因为很欣赏王安石，欧阳修对其提携良多，变法前期他一直静观，仅因青苗法与王安石起过冲突，王安石却因他不支持变法而百般阻挠神宗任用欧阳修为相[1]；欧阳修致仕时，副宰相冯京主张挽留，王安石却说欧阳修在一郡害一郡，在朝廷则害朝廷，为什么要留？类似的事情很多，富弼是王安石的老上级，被贬时王安石说，富弼兼有鲧和共工之罪，仅降职便宜他了。吕公著与王安石交情很深，他和韩绛、韩维兄弟极力推崇王安石，他们三人都出身名门望族，吕公著更是宰相之子，他们的宣传是很有分量的，熙宁之前的王安石名扬天下，他们三人的力捧居功甚伟。当初御史吕诲被贬，王安石曾推荐吕公著为接替人选，仅因吕公著反对变法，在熙宁三年（1070）四月被王安石和吕惠卿抓住把柄大做文章而受处分。如此作为，令人齿冷心寒，也使王安石众叛亲离。一些原本和王安石私交甚好的同僚渐渐走到他的对立面，除司马光、范纯仁、二苏和二程兄弟等，如范镇本是王安石好友，因难以容忍他钳制舆论，怒而多次上疏，终被退休。唐坰、蔡确原本是王安石的党羽，后来

---

① 刘炳良：《北宋易学与变法思想研究》，第 164 页。

二人都站在了王安石的对立面,在宣德门事件后反对王安石,但他们在王安石罢相后依然坚持新法,可见他们只是反对王安石本人而并不反对变法。尤其是唐坰,积极支持变法,曾对王安石说,推行新法没有什么难的,杀几个像韩琦那样的就行了,但他却在熙宁五年(1072)直斥王安石,不惜御前失礼和犯规,震惊紫宸殿。后宫宦官更是恨透王安石,制造宣德门事件,对其加以羞辱。这些反对王安石的同僚,尤其是韩琦、富弼、欧阳修、文彦博、司马光等都是仁宗以来的元老重臣,受天下人尊重,可左右朝野官绅的政治态度,王安石得不到他们的支持,逐渐陷入孤立境地,加之他一意孤行黜退异己,"数日之间,台谏一空"。而为推行新法又不得不大量提拔新人,于是一些投机分子,遂窥察颜色,夤缘求进。如吕惠卿、曾布、吕嘉问、李定、邓绾等人相继阿附,但他们大都不是真心实意变法以富国利民,只是利用新法来作为升官晋爵的手段,所以在推行新法过程中,他们往往过分"积极",又常常窥伺王安石的意见,无原则地打击异见者。在地方州郡执行新法的人更是良莠不齐,有的为了讨好上级,急于求成;有的使其变质,害民利己,枉费了良法美意。

　　分析王安石在变法中取舍的伦理根源,在于他认为自己的所作所为并非追求个人的荣华富贵,而是为了国家的昌盛繁荣,是以利国利民为终极目标的,所谋之"利"是"公利",是合乎"义"的。所以只要初心公正,法令公平,合乎正义就要坚持推行;如果行"王道"不能落实,就以"霸道"强硬贯彻,无论如何都要避免重蹈庆历新政因革新派退缩而中止的覆辙。他所求的并非同代人的理解而是彪炳史册的伟绩,是为国之大义,故而在贯彻新法时他态度强硬,面对变法中出现的问题及同僚诘难甚至是帝王规劝,都坚守"当世人不知我,后世人当谢我"的信念,秉持"三不主义"而无所畏惧。王安石这种为了公义而放弃一切私欲,包括生活情趣和个人享受,也包括私谊和朋友的行为,与马基雅维利主义领导者的主要特征十分类似①,也正是源于这种价值排序和道德优越感,让王安石在摒弃私欲的基础上,可以没有任何心理负担和道德包袱地排除异己扫除障碍,甚至为了"公义"而行"霸道"。

综合评价王安石,作为变法的领导和主持者,他在个人性格上的欠缺确实是变法艰辛的原因之一。在个人品德操守上他当得起品性高洁,但他的胸怀器局确实不够闳宏;其学术上的兼容并蓄和文学上的恢宏大气只停留在形而上的意识领域里,并未贯彻到形而下的现实实践。这种个性,导致王安石在"得君行道"时难以突出重点、兼顾全局,他固执狭隘的思想和失之灵活的工作方法给变法增加了许多不必要的阻力。主要表现为,难以对异己之见兼听沟通,以求同存异达成共识,形成统一战线,减少法令推行中的思想障碍;不能通过对比权衡,检讨调整改革方案,以弥补法令漏洞,增加法令条文的合宜,减少推行中的不适;不能睿智地化解矛盾团结人心,以聚众之智形成合力,使变法得以顺畅推行,而是以人画线,排斥异己,党同伐异,甚至化友为敌,以致德才兼具者避走远离而无人共举伟业,在陷己于孤立的情况下,只能任人不问德,遗留后患,徒增变法阻力。"自古立功立事,未有专欲违众而能有济者也"②,当王安石把政敌和战友都驱逐出朝堂时,他也断了自己的后路。因为,帝王不可能任由臣僚独大而威胁皇权,当"异论相搅"没有用武之地,帝王终裁的传统模式不再可能时,帝王都会在人事上重新洗牌,以便能够圣心独断,而此时也正是藏良弓的时候,王安石也逃脱不了这样的命运。

总之,熙宁变法时的北宋政局,是一位奋发有为的新君、一个锐

① 特征包括缺乏人际关系中的情感;缺乏对传统道德的关注,对他人持功利性而不是道德观点;对他人持工具性而不是理性观点;关注事件的完成而不是长期目标。参见 Christie R, Geis F. *Studies in Machiavellianism* (New York: Academic Press,1970).

② 司马光:《与王介甫书》,收入《司马温公集编年笺注》第4册,第561页。

意改革的大臣、一套看起来不错的新法和一群德高望重的反对派,这些因素相互作用,变法要顺利进行是不可能的。因为改革涉及国家的财、政、军各个方面,制定和推行法令,几乎要与所有人为敌,要与反对阵营争斗,要与变法阵营内的同行者角力,甚至还要与作为最高决策者的皇帝博弈,变法之路注定艰辛坎坷。作为秉钧中枢的大臣,要能"知微知彰,知柔知刚",达到"万夫所望",才能运筹帷幄掌控全局,肩负起主持变法的重任。但王安石聪慧睿智、体达敏感,内心洞明却不愿运用权谋,缺乏了政治家的博大气量,在复杂的政治生涯中,他的人格冲突加上情感脆弱,使他极易受伤,个人性格上的欠缺,加大了变法的难度,使本来就举步维艰的变法更加艰辛难行。①

第三节 变法的意义

王安石变法对北宋的政治格局、经济发展和国运民生都影响很大,对王安石变法的评价历来褒贬不一,争议很大。在诸多评价中,以什么立场从哪种角度进行评判,都与现实的政治需要有紧密的联系。② 驻足现代市场经济,凝眸回望王安石变法,发现其中贯穿的经济思想及其所蕴涵的伦理思想都具有极其重要的时代价值,变法时所面临的许多问题及变法中的很多措施与我们现在进行的经济改革有颇多相似之处,对我们解决现阶段经济发展中的一些问题有着很有意义的殷鉴作用。

---

① 叶坦:《大变法:宋神宗与十一世纪的改革运动》,第179页。
② 朱瑞熙、程郁:《宋史研究》,福州:福建人民出版社,2006年,第65—97页。

一、对王安石变法的历史评价

自司马光主政全废新法,历史上对王安石变法的评价莫衷一是,从纵向上看,大体可分为两个阶段,自新法全盘被废至近代梁启超对其高度赞誉,儒学界学者大多对王安石变法持否定态度,指摘颇多,认为王安石变法是挽一时困弊之"急政",是趋民困顿之"苛政",甚至认为新法用"申韩之术"害民蠹国。其中,以王夫之的观点最具代表性,王夫之认为"宋自神宗事已难为",而"神宗之误,在急以贫为虑,而不知患不在贫,故以召安石聚敛之谋,而敝天下"①,从而"苛政兴,足以病国虐民"②。与之相对立的是近代的梁启超,他给予王安石及王安石变法极高评价,认为王安石是"若乃于三代下求完人,惟公庶足以当之矣",而其"以不世出之杰,而蒙天下之诟,易世而未之湔者"。③ 列宁也很赞同王安石实行的土地国有政策,称王安石为"中国十一世纪的改革家"。美国副总统华莱士1944年访华时曾说,美国1929年前后扭转经济危机时,政府给农民提供的农业贷款,就参考了王安石推行的青苗法。④

综合历史上对王安石变法的评价,要么认为王安石变法病国虐民;要么惋惜新法理念先进,却未能实现中兴愿景;从现代经济伦理角度加以概括,王安石变法则是中国帝制时期最后一次由顶层发起的整体性配套体制改革,是中国历史和经济史的转折点⑤,也是中国经济伦理思想的一次飞跃。

---

① 王夫之:《宋论》卷六,第447页。

② 同上书,第482页。

③ 梁启超:《王安石传》,第2页。

④ 刘选国:《当改革遇见王安石》,《新华每日电讯》2019年11月15日第11版。

⑤ 吴晓波:《历代经济变革得失》,第105页。

二、帝制时期最后一次整体性配套体制改革

中国传统社会的演进都是围绕政治问题而进行的,而国家的政治趋向及其制度变动又必然与社会经济发展相互影响。大凡立国之初,都会根据社会经济的实际情况建制立法,此时的政清人和带来的是经济繁荣、民裕国富,随着社会生产力的发展,各种固化的制度法令渐渐成为社会前进的桎梏,引发一系列社会问题,如果此时政暴治虐、民乏国敝,会带来人心思变的隐患,甚而会激发政局动荡导致权柄更迭。从大历史的维度看,中国历代的经济变化随着政治制度的演变犹如一个闭环:开放—管制—半衰—崩溃,如此循环往复,轮回重现,而每当经济出现重大危机时,就会出现重量级的理财大师,调整重建各种制度,成为他所处朝代的转折点。北宋中叶,王安石担起了这一重任,他主持的熙宁变法和神宗主持的元丰改制为北宋王朝做了次顶层设计。①

从现代经济角度分析王安石变法,发现变法中制定和推行的法令已经涵盖了社会再生产四环节中的生产、分配、交换环节。如:为达到裕民富国的目的,王安石变法推行青苗法,向民间提供信用贷款,确保生产正常进行;改差役法为免役法,修整了国家的赋役制度;制定均输法,赋予国家宏观调控商品流通的职能,闸住富商大贾操纵市场的做法;实行市易法,使国家兼为市场经济的管理者和参与者,尤其是作为一个市场主体直接进入市场参与竞争,与商人逐利。这些法令的制定和推行都是从制度层面对国家经济加以调整,以发展生产,加速商品流通,刺激经济发展繁荣,由此在不提高税率的基础上,达到增加国家收入的效果,可以说是利国利民的经济政策。②

从变法波及的范围来看,王安石变法横向上涵盖了政治、文教、

---

① 吴晓波:《历代经济变革得失》,第103—110页。
② 吴钩:《宋:现代的拂晓时辰》,第350页。

军事和经济体制改革,是一次整体配套性体制改革;从变法在历史进程中的作用分析,王安石变法纵向上是中国封建制度的最后一次建设性探险,是整体配套性体制改革的"终结之作"。这次变法,几乎借鉴了此前历次变法的经验教训,可以说是博采众长、杂糅百家,制定的法令也相当完备;而且这次变法由久具贤名、奋发革新的帝王主导,由久孚众望、志在报国的能臣主持,在君臣相知相济的前提下,在人心思变的大好形势下,变法不但未能实现初衷,反而被后世诟为灭国祸端,其后的元明清再无人敢于进行这样大规模整体性的国家层面改革,使王安石变法成为中国封建制度变法史上的巅峰和绝唱。从这一角度讲,这次变法的重要性超越之前的任何一次变法。①

三、中国历史和经济史的转折点

宋代,在中国文明发展史中是一个前承汉唐光辉、后启明清端绪的转折时期。自日本学者内藤湖南提出唐宋社会变革论以来,中外学者普遍认同从唐末至宋代,中国古代社会发生了具有重大历史意义的转折:科举制度使庶族地主取代士族门阀强势崛起,地主阶级内部升降沉浮加速;土地兼并和土地买卖的现象日益严重,"贫富无定势,田宅无定主,有钱则买,无钱则卖",土地所有权转移频繁,租佃制的实行也使人身依附关系大大减弱;市镇经济的崛起,货币在经济流通领域的广泛使用,商品经济突破自然经济的局限,经济形式由原来的纯自然经济形式转变为自然经济和商品经济共存;知识更新换代,宋儒疑古惑经,各种思潮迭涌;价值重组,因宋朝不抑商业,人们渐渐看重商业利益,改变了以往"重本轻末"的行业观,形成了"贱农而贵末"的局面,传统的"贵义贱利"思想受到很大冲击,社会中重利轻义的情况越来越普遍,奢侈消费、享乐主义、拜金主义等不良习气充斥

---

① 吴晓波:《历代经济变革得失》,第111页。

社会,纲常伦理思想对人们的约束作用越来越小,社会风气越来越差。[1] 这一切的转变,致使宋代被看作是中国古代由前期向后期嬗变的转折期,甚至被看作中国近代史的开端。

神宗即位时,赵宋开国之君奠定的政治经济体制,在百余年间逐渐演变成沉重的负担,使国政军事举步维艰,事逼势迫之下,变法势在必行。神宗主导的王安石变法成为这一时期重要的转折点,对中国历史的演进和发展产生了很大的影响。刘子健在《中国转向内在:两宋之际的文化转向》中指出,王安石变法在政治体制上,使政府变得自信而武断的同时,更加强化了君权,使中央集权制度渐趋于专制,是后世明清的君权专制的肇端。在思想文化上,熙宁间在京城设置巡卒,巡查人们是否对新法散布不满言论;在思想言论上,首开党同伐异的政治解决做法,以至于把苏轼打入大牢(乌台诗案),为后来的文字狱与文化专制开了恶劣的先例。在经济政策上,主要表现为政府对经济活动的强制干预(青苗法、免役法、市易法、均输法),以强化官营禁榷搜刮民财为特征,打击与限制了民间商品经济的发展,"看得见的脚"踩住了"看不见的手",阻碍了客观经济规律的正常作用。从总体上说,王安石变法在政治、经济与思想文化上都强化了国家行为的集中管制,把宋初至仁宗朝相对开放与宽松的社会体制又逆转了回去。[2]

所以,无论是中国历史还是经济史,王安石变法都是一个转折点,变法之前的中国,承继祖宗威烈,沿袭祖制家法,政治清明、经济繁荣,是一个充满自信、开放外展的国家。变法后持续59年,北宋灭亡,变法被盖棺定论为亡国祸端,所以变法以后的中国,成了一个谨小慎微、沉潜内向,倾向于闭关锁国的国家。[3]

---

① 刘燕飞:《苏轼哲学思想研究》,第211页。

② 虞云国:《从陈桥到厓山》,第78—79页。

③ 吴晓波:《历代经济变革得失》,第109页。

四、中国经济伦理思想的大发展

对于中国经济伦理思想的发展来说,北宋是个重要的转变期,中国经济伦理思想从此转向近代形态。[①] 北宋社会经济、文化的高度繁荣,惑古疑经思潮的涌起,激发了思想界的剧烈震荡,儒、释、道三教合流使各种思想杂糅交融,给这个时代的社会经济发展带来很大冲击,也给经济伦理思想的主题和思考方法带来很多变化,使之与先秦乃至汉唐时期都有了显著的区别。[②] 传统经济伦理核心问题中的义利之辨、王霸之辨、本末之辨和理欲之辨,都在这一时期注入了新的内容,涌现了新的阐释,推动了经济伦理思想的发展。

(一)丰富拓展了义利之辨的内容和界域

鉴于宋初宽松的社会风气,宋儒上承汉唐,又不拘格于汉唐,他们面对社会现实,对传统观念和现实问题加以思辨,掀起疑古惑经浪潮。北宋商品经济的发展及商人地位的提高也影响了宋儒在义利关系上的认知,在认识到商业在社会经济中的重要地位后,他们逐渐与传统儒家"贵义贱利""重义轻利"的义利观有了分歧,转而务实地承认"利"的重要性,主张"义利并重""义利统一"或"义利和合",使义利关系有了多元化发展,也使义利之争成为贯彻变法始终的经济伦理思想主题。

受北宋的政治局势和经济情况影响,义利之辨在北宋时期得到更深入的探讨且明确指向个人生活选择层面。政治上,宋初诸帝崇尚仁政德治,采用文治靖国策略,建立以儒者为主的文官系统,推行其恩威并举的"防弊"国策。"恩"施与文臣,以科举等形式给平民公平的上升渠道及晋升机会,与士大夫共治天下,激化士林阶层的忧乐

[①] 陈来:《中国近世思想史研究》,北京:商务印书馆,2003 年,《序》第1—2 页。

[②] 刘可风等:《中国传统经济伦理思想史》(宋元卷)未刊稿,第8 页。承蒙刘可风先生允准参考,特此致谢。

情怀和家国之义,促使儒者形成"达则兼济天下,穷则独善其身""用则安邦济世,退则著书立说"等进退观和"为天地立心,为生民立命,为往圣继绝学,为万世开太平"的使命感;"威"在于加强中央集权,帝王操持国之重器,以文驭武,使武将深味家国之义,驯服于君臣之伦。经济上,商品经济的发展,使宋儒的"义利之辨"异于传统,他们不再盲从于"君子罕言利""正其谊不谋其利,明其道不计其功",而是都承认物质财富的重要性和义利相成的必要性。所以,秦汉时的义利观主张"国不以利为利,以义为利",而北宋自李觏开始强调"利可言可求",宋儒就务实地认为义利应该并重,并力主义利统一,追求义利和合,更把义利之辨引向个人生活层面,使之得以深入探讨和发展。

王安石变法时,义利问题一直都是争论的焦点,关于义利问题的争论交锋激烈得几近巅峰,众说纷纭中,王安石"以义理财"的主张,引发了儒家更为复杂的经济伦理争论。如司马光与王安石关于理财的争论、与吕惠卿关于新法的辩论,都凸显了司马光等反对派的义利观,他们认为国家"与民争利"是不义之举,成为反对变法的前提基础;受苏洵"义利和合"观点影响的苏轼和苏辙,都倾向于要求君主轻役薄赋,甚至"捐民于利";二程认为"天下之事,惟义利而已"[1],对传统儒家义利观做出了较为全面的论述,虽然他们的论题和基本观点并未超出孔孟范围,并未把"取义"和"求利"对立,把处理义利关系的焦点定位于求利方式是否符合"义",或在道德上正当与否。但他们联系"理"来理解"义",赋予"义"更丰富的含义,并将义利之辨的重心置于人格修养,不再只关注社会行为,且在义理或理论的层面对传统的义利之辨做了更细致的辨析,与儒学其他内容建立联系。[2] 如

---

[1] 程颢、程颐撰,潘富恩导读:《明道先生语一》,收入《二程遗书》卷十一,上海:上海古籍出版社,2000年,第171页。

[2] 刘可风等:《中国传统经济伦理思想史》(宋元卷)未刊稿,第32页。

他们认为"义利云者,公与私之异也。较计之心一萌,斯为利矣"①,把义利问题与公私问题相联系,并将义利观融入自身的道德修养。在义利关系的互动方面,宋儒还一反传统的"以义制利"理念,而主张"由利推义""义利相和",②使义利之辨的内容更加丰富和深刻。

总之,变法派和反对派在义利问题上的交锋,从不同的立场和角度展开,使义利问题的内涵在关注个人"自我"与社会"他者"之间不断交替,全范围地涵盖了判定个体义利取舍的私德到谋取社会福泽的公德,丰富和发展了义利关系的内容和界域。

(二)形成经济伦理思想体系("一体两翼")

北宋之前的社会经济是以农耕为主的自然经济,经济和伦理关系总体处于和谐状态,宋初的不立田制、不抑兼并、不抑商贾的"三不"政策,使工商业得以迅猛发展,商场上变化诡谲的商机,内含残酷激烈的竞争伦理,与追求岁月静好的田园生活中所秉持的求稳不争伦理形成尖锐对比,两种经济形式、两种伦理生活方式激烈碰撞,形成复杂多元的经济伦理矛盾,引发此起彼伏的思想交锋,推动伦理思想攀上思想史的高峰。

王安石变法中,王安石等变法派和司马光、二苏、二程等儒者关于经济政策和理财方略的伦理争论,推动着经济伦理思想不断拓展和深入,使经济伦理思想发生了根本性的转折。随着义利之辨的争论逐渐演化,有关义利的论说,由主要关注治国策略的"外王"层面转向关注个人生活的"内圣"层面,并由关注"内圣"层面的个人修养问题通向二程的"理欲之辨",甚而延及后世的程朱理学和陆王心学;而义利之辩的"外王"层面,关联着儒家的社会政治理想,聚焦于国家的经济政策和社会经济政治规范,势必引发治国策略选择的"王霸之辨"。王安石变法中,在社会再生产过程中推行的带有国家主义倾向

---

① 程颢、程颐:《论道篇》,收入《二程集·河南程氏粹言》卷一,第1172页。

② 刘可风等:《中国传统经济伦理思想史》(宋元卷)未刊稿,第166页。

的法令,引发了朝野关于兼并抑否(能否与民争利)的论辩,也波及王霸之辨;王安石为新法辩护时,杂糅各家观点对王霸之辨进行的新阐释,蕴含着鲜明的时代特征,也引致了思想界激烈的论争,这些都为经济伦理思想扩展了论题领域,留下更宽广的论争空间,极大地推动了经济伦理思想的丰富和发展。①

在本末问题领域,北宋政府一反传统的重农抑商政策,务实地不抑商贾,使宋朝的经济发展生机蓬勃,农业、手工业、商业等国民经济诸领域的发展都达到了历史顶峰,商业税收在国家财政收入中的比重也越来越大,与社会经济生活和经济关系密切联系的经济伦理思想也随之有了相应变化,尤其是商人的社会地位和政治地位较之前代别若云泥,使义利之辨有了更加丰富实在的思想内容,从而建立了义利与本末的联系。特别是对"利"的概念,除了二程决绝否定之外,变法各派都有自己的解析,促成了"利"的多元化发展,而且倾向于理解为与商业密切相关的"实利",慢慢接近现代经济伦理所界定的经济利益概念。而随着各行业的繁荣和社会经济的发展,渐炽的奢侈欲望和攀比之风,也给义利之辨衍生出理欲之辨提供了现实依据。在这一时期,部分儒者提出的面向经济、面向社会、面向行动的"义利和合"经济伦理策论和主张,对社会经济发展也起了伦理导向作用。

总之,历史进程中的经济伦理思想及其特征,都是对其所处的社会经济伦理关系变迁发展状况的集中反映,同时也是此前经济伦理思想演进成果的逻辑展开和深化。宋代是中国封建社会唯一不抑商贾的朝代,加之宽松的经济政策(不抑兼并的土地政策最为突出),造成宋代工商业乃至整个国民经济的高度发达,也使经济伦理思想随之发展,并具有不同以往的时代特征和思想特征。宋儒对前贤源于《易经》的义利之说,进行了全面分析和解读,许多认识都达到了新的高度。在各派的争论中,逐渐将义利与王霸、理欲、公私等概念贯通

---

① 刘可风等:《中国传统经济伦理思想史》(宋元卷)未刊稿,第6页。

起来,形成经济伦理思想体系。并且在宋儒的论述中,"义利""王霸""理欲"三组概念之间的逻辑性很强,其中义利之辨是价值核心,贯穿于整个经济伦理思想史,王霸之争和理欲之辨是由义利之辨衍生而出的两翼,即义利之辨向外王层面扩展,寻求儒家社会理想的实现,便外展为王霸之争;义利之辨向内圣层次内敛,追求个人道德品格的完善,虚静为理欲之辨。三者统一,构成儒家所追求的"内圣外王"理想境界,形成经济伦理思想的"一体两翼"体系。而王安石变法中,在制定和推行法令时所引发的义利之辨、王霸之争、理欲之辨及本末权衡,都在传统经济伦理思想的基础上增添了新的内容,提出了新观点,拓展了新的研究空间,尤其形成了经济伦理思想"一体两翼"体系,极大地促进了中国经济伦理思想的发展。

第五章

王安石变法的现代启示

王安石变法以发展生产,富国强兵,挽救北宋危机为目的,以"理财""整军"为中心,涉及政治、经济、军事等各方面,是中国古代史上继商鞅变法之后又一次规模巨大的经济变革。变法过程中,推出的法令中隐含的漏洞及法令推行中的诸多不当,使本应利国惠民的良法偏离了初衷,加之新法触动了既得利益集团的根本利益,招致反对派的强烈反对,使变法功败垂成,在已经收到良好效果的情况下全盘被废,还在后代的评价中背负着"亡国之端"的罪责。回望历史,总结变法中的经验教训,为我们目前进行的改革事业提供些许殷鉴之处。

一、世异事异:与时俱进,坚持发展理念,推动社会发展

传统是现在的过去,但它又与任何新生事物一样,是现在的一部分。历史不断前进,每个时代都既有其过去的印痕,又有其需要解决的新问题。所以,在往事可鉴、来者可追的情况下,我们应该秉持"世异则事异,事异则备变"的理念,根据发展变化着的实际情况,具体问题具体分析,找到解决问题的最佳方案,以发展生产力,推动社会前行。但通常情况下,人们更习惯于固守已有,"可与乐成,难与虑始"①,且认为"利不百,不变法;功不十,不易器"②。尤其是既得利益集团,对革新大都强烈抵触,不但不支持新事物,还会阻挠或破坏新法,直至改革既成,变道已就,人们才会自觉遵守新法。所以,发展是硬道理,是解决所有问题的关键。而且,人民生活的提高、国家实力的增长等都是以雄厚的物质基础为前提的,没有社会经济的发展做保证,人民富足、国家强盛就无从谈起,只有不断加快发展,全面提升政治、经济、军事等各方面实力,才能游刃于风云诡谲的世界舞台,化解各种复杂的矛盾冲突。

---

① 司马迁著,王伯祥选注:《史记选》卷六八《商君列传》,北京:人民文学出版社,1973年,第155页。
② 同上。

纵观新中国历史,发展的重要性越发彰显。建国伊始,我国经济发展一穷二白,落后的社会生产难以满足人民日益增长的物质文化需要,直到基本实现社会主义现代化,这个主要矛盾才得以解决。为此,我们把经济建设作为党和国家的中心工作,党把发展作为执政兴国的第一要务,经过这些年的发展,我们基本解决温饱问题,开始消灭贫穷的攻坚。改革开放以来,尤其是加入世界贸易组织(WTO)之后,我国既要按照 WTO 的原则,规范法律、行政、政策和市场环境,尽快融入世界经济体系,又要面对改革纵深发展过程中出现的新问题,对经济发展中出现的伦理问题加以匡正。面对新的世界局势和时代特征,根据我国的实际情况,坚持与时俱进,科学发展,砥砺前行,完善自我,才是解决各种矛盾冲突的关键所在。在发展的过程中,我们还要注意,要稳中有进,进中创新,全面发展,实现复兴。

稳中有进。在发展的速度上,从改革初期的好中求快调整转向稳中求进,这也是改革攻坚期、深水区的必然要求。在改革的攻坚期、深水区,我们要破解发展难题、突破发展瓶颈、化解发展挑战,保持一定的发展速度是必要的。但是,发展速度并不是越快越好,盲目求高求快,速度的弦绷得过紧,就难以给转方式、调结构留出时间和空间。坚持稳中求进,就是既要经济运行总体平稳,保持社会稳定大局;又要在转变经济发展方式和调整经济结构上有新进展,在自主创新上有新突破,在改革开放上有新举措,在改善民生上有新成效。所以,综合考虑社会需求、承载条件和内在潜力,坚持宏观政策要稳、微观政策要活、社会政策要托底,并保持适当的发展节奏,努力实现稳中求进,推动经济社会持续健康发展。

进中创新。即要在发展中创新,因为创新是解决深层次矛盾和问题,打破发展障碍,突破发展瓶颈的根本出路,是实现经济提质增效升级最有力的武器,是经济社会发展的核心推动力。科技创新又是提高社会生产力和综合国力的战略支撑,处于国家发展全局的核心位置。放眼全球,科学技术已成为经济社会发展的决定性力量,自主创新能力成为竞争力的核心。新一轮科技革命和产业变革正在孕育兴起,变革突破的能量不断蓄积,依靠科技创新培育新的经济增长点,抢占未来发展制高点,已成为共识。在日趋激烈的竞争中,创新能力强,就能在发展中抢占先机,在竞争中保持优势。我国经济已进入增长速度换挡期、结构调整阵痛期、前期刺激政策消化期叠加的新阶段,迫切需要科技进步的新成果为加快转变经济发展方式、调整经济结构、提高社会生产力开辟新空间。目前,我国科技与经济结合问题仍未得到有效解决,科技对生产力的支撑作用远未充分发挥出来。发达国家科技进步对经济增长的贡献率在 70%—80% 之间,而我国仅为 31.6%,以科技创新推动经济发展还蕴藏着巨大潜力。为此,我们要站在时代和全局的高度,走自主创新道路,实施创新驱动发展战略,调动一切创新资源,激发一切创造活力,形成全社会共同推动创新发展的强大合力,让一切有利于自主创新的活力源泉充分涌流,闯入科技发展前沿,掌握先进科技,从受制于人的局势中破局而出,引领或主导世界经济和科技的发展。

促进人的全面发展。这是中国特色社会主义的本质要求,也是社会发展的根本目的。马克思和恩格斯在《共产党宣言》中指出,共产党人的最终目标是建立"每个人的自由发展是一切人的自由发展的条件"的"联合体"。马克思在《资本论》中进一步指出,未来新社会是"以每个人的全面而自由的发展为基本原则的社会形式"。中国共产党把科学社会主义的理论逻辑与中国社会发展的历史逻辑辩证统一起来,走中国特色社会主义道路,不断夯实促进人的全面发展的经济社会基础,通过各方面建设的协同推进来促进人的全面发展。

二、以史为鉴:尊重发展规律,调整生产关系,促进生产力提高

事物的运动发展都是有规律的,规律是客观的,不以人的意志为转移。尚未认识规律时,人们的行动懵懂而盲目,无法有的放矢地开

展科学高效的行动;尊重和把握规律,按规律办事,必须以认识规律为基础,要认识规律,就要解放思想、与时俱进,把解放思想与实事求是有机统一起来,透过现象认清事物背后的真相,归纳总结出事物发展的规律;一旦认识并把握了规律,就可以在认识规律的基础上,积极创造条件,限制某些规律发生破坏作用的范围,使我们少受其害或免受其害,甚至可以运用规律,造福人类;而若违背了客观规律,不仅事倍功半,徒增困难,还会遭受规律的反噬,难逃失败命运。因此,想要统筹经济社会高效发展,就要认识和把握规律,并尊重和遵循规律办事。

人类社会的发展,也遵循着生产关系一定适应生产力发展的社会发展规律。任何社会发展阶段上,如果社会生产力发达,但生产关系滞后,必然会激化各种矛盾引起变革;反之,如果生产力落后而生产关系超前,也会引起矛盾冲突,导致变革或革命。

回望历史上的历次变革或革命,无不是生产关系滞后或超前于生产力的发展而导致的,北宋的熙丰变法亦是如此。变法过程中,王安石虽然无法概括和提炼出社会运动的基本矛盾问题和基本规律,也无法看到推动社会发展的力量来自生产力与生产关系的矛盾运动,不知道社会变革是生产关系为适应生产力发展状况的一种调节性反映,但他看出了"民"与社会变革的关系,认为"卿士之好恶不自用而从民"。"从民"就是顺从民意,而社会变革大都反映民众在特定历史条件下的愿望和意志,"从民"观是中国传统"民为邦本"思想在宋代的一种流转和表现形式。王安石认为"朝廷制法,当内自断以义,而要久远便民而已"。而在当时的北宋中期,朝廷秉持的"祖制家法"是否顺乎民情民意,是王安石与反对变法者论争的焦点之一。文彦博说:"祖宗法制具在,不须更张,以失人心。"范纯仁亦说:"王安石变祖宗法度,掊克财利,民心不宁。"但王安石的看法恰恰相反,不是变法失去了民心,而是旧的祖宗家法逐渐背离了广大民众的意志,许多内容已经与社会发展不适应了。如农田水利方面"农民坏于徭役,而未尝特见救恤,又不为之设官以修其水土之利";财政方面,则"大抵无法,故虽俭约而民不富"等,"夫民者,天之所不能违也"。所以,王安石变法的目的之一是"富民",从变法的实际效果看,熙宁变法也确实基本实现了整个目标,不过是其"民"非一家一地之"民",而是整个"国民"。可惜的是,他的有些法令超出了当时社会生产力的发展,如:青苗法类似小额农业贷款,国家直接化身金融机构,干预经济的正常运行,超前的理念不但触及了地主富户的利益,招致反对,还因为违背经济发展规律,走向失败之途。而市易法则以封建农业意识管制商品经济,以国家垄断破坏市场的正常运行,以滞后的管理制度羁累了生产力的发展,与经济发展规律相悖,不仅损害了各阶层的经济利益,也使本来活跃的市场经济逐渐僵化死寂,加速了新法的失败速度。

我们正在进行的经济改革,同样是为了协调生产关系,使之与生产力的发展相一致,以达到促进生产力发展,提高人民生活水平,增强国家实力的目的。为此,我们在改革过程中,也在根据实际情况的发展变化,不断地调整各种政策和部署,以使生产关系始终与生产力的发展保持一致。

三、平衡权利:以民为本,建设健康和谐社会,提升幸福指数

以民为本就是在衡量所有因素后,把人民的利益放在第一位。历史和现实都告诉我们,一切以人民的利益为重,始终把人民的利益放在首位,是立国之本,也是兴国之道。

民为邦本,国之基石。民为国之根本、国之基石,可支撑辉煌殿堂,亦可坍塌富丽大厦;民如载舟之水,可载可覆,其力量绝不可忽视。如今的中国是民众的智慧结晶,是人民用热血与汗水浇灌而成的。作为一个人民民主专政的社会主义国家,人民是国家和社会的主人,平等地享有管理国家和社会事务的权利,共同建设自己伟大的国家。为了保障人民当家做主的权利,我们一切工作的根本出发点

和落脚点都以人民为中心,以确保实现最广大人民的根本利益,不断地把人民对美好生活的愿景变成现实。中国共产党自成立以来,就始终以实现共产主义作为党的最高理想和最终目标,义无反顾地肩负起实现中华民族伟大复兴的历史使命,"人民"一直是党得以前进的力量之源。坚持以人民为中心,也是由中国共产党作为马克思主义执政党的本质属性所决定的,因为中国共产党本就来自人民、扎根人民(群众)、依靠人民(群众),所以造福人民,全心全意为人民服务也就成为党的根本宗旨,成为党的路线、方针、政策的出发点和终极目的。

人安财瞻,本周邦宁。陆贽曾言:"以人为本,以财为末,人安则财赡,本固则邦宁。"①也即以人民为根本,以财富为末节;人民安居乐业,就能创造充裕的财富,社会的根本稳固,国家就会安宁。人民的安定与国家经济的发展同样密不可分,人民群众是物质财富与精神财富的创造者,更是经济的推动者与领航者。经济的发展、国家的富强不仅仅需要高瞻远瞩的谋划,更需要无数人脚踏实地地把蓝图化为实际,只有人民心态安宁,生活安稳,工作安心,才能促进社会经济迅速发展,确保国家实力逐步提升,以使遐迩一体,国泰民乐。也即孟子所谓"七十者衣帛食肉,黎民不饥不寒,然而不王者,未之有也"②。

民心所向,历史所趋。古往今来,岁月更迭,朝代变迁,历史的潮流却始终与民心所向一致。君不见:秦因暴政,失国黔首;东汉苛敛,溃自黄巾;炀帝不仁,瓦岗助唐;唐末失政,黄巢咏菊;徽宗税繁,方腊乏宋;元朝施虐,香军大兴;明末闯王,均田免粮;国势颓靡,天国振清。纵览古今,历代王朝莫不是兴由民意聚,败因民心离。及至近

---

① 陆贽:《均节赋税恤百姓第一条》,收入傅云龙、吴可主编《唐宋明清文集》(第一辑),天津:天津古籍出版社,2000年,第2108页。
② 方勇译注《孟子》,北京:中华书局,2010年,第5页。

代,国共之争中局势渐转,根本原因也是因为民心向背发生了变化。特别是国内革命战争中,解放军在兵力、装备都居于劣势,战场情况复杂多变的条件下,是人民群众的信任和毫无保留的支持,才使共产党渐渐扭转被动局面,最终取得辉煌胜利,这是战争史上的奇迹,也是国共两党重视民众与否的必然。共产党坚定地站在最广大人民利益的立场上,忠实地代表最广大人民的根本利益,时刻牢记全心全意为人民服务的宗旨,与人民群众同呼吸共命运、同甘苦共患难,得到人民信赖、拥护和支持,最终陷国民党军队于人民战争,解放军以剩勇追穷寇之势,获得全局胜利。坚持以人民为中心既是历史所趋,也是中国独立强林,不畏强敌的雄厚底气。

知民所需,如民所愿。坚持以人民为中心不仅是口号,更是付诸实践的行动。十九大报告指出,中国特色社会主义进入新时代后,我国社会主要矛盾已经转化为人民日益增长的美好生活需要和不平衡不充分的发展之间的矛盾。共产党从未动摇"为人民谋幸福"的初心,"把人民对美好生活的向往作为奋斗目标"是党的庄严承诺。"知民所需"成为各项工作的起始点,只有深入群众,知民所需,我们才能有的放矢地制定政策开展工作。随着社会生活水平的提高,人民基本的物质性需要已不断被满足,而随之即来的是社会性与心灵性层面的需求。目前,教育、医疗、住房……种种社会性的需求成为广大人民最沉重的压力,而随着文化素养的提高,精神世界的丰富同样是我们对理想生活的渴望,与之相对,精神层面的需求同样与日俱增。为此,共产党致力于改善民生,了解百姓的需要,人民的渴望,因地制宜、因时制宜地采取得力措施,切实实现人民愿望,提高人民的幸福度与自豪感。

所以要改革,就要以民为本,平衡各方权利,以对民众有利、能被人民接受为根本前提,并且不扰民,能"使民不倦",要"变而不见其迹",使民众感到有利,"因其所利"而"使民宜之",提高民众满意度,增强人民的生活幸福感和民族自豪感。

四、坚守初衷：求同存异，君子和而不同，经邦济世为苍生

和而不同思想在现代社会的一个创造性发展，是"求同存异"原则的提出和运用。求同存异的目的是要综合不同的力量，达到和谐共处的局面，进而组成联合体。求同，就是寻找共同点，追求共同的利益；这是不同力量之间能够和谐共处、相互合作的基础和目的。存异，就是保留不同的意见和不同的利益，不求同一，不求齐一；这是不同力量能够和睦共处的重要条件。求同存异不仅是处理国际关系的基本原则，也是处理国内事务的有效方法，改革事业亦可适用。

改革很难。法令难以制定和实施，一是改革涉及社会产品再分配，需要调整既有的利益链条，重组利益格局。原有的既得利益者极力维持既有特权，会激烈反抗和破坏新格局的形成，阻击改革；二是社会发展规律决定了生产关系一定要适应生产力的发展，但生产关系的调整往往会滞后于生产力的发展。整个社会的生产方式和技术条件达到一定的水平之后，才为生产关系的改进积蓄条件，才能为制度与规则的设定提供实现的基础，其间会有反复的抗争。三是新事物的产生和壮大总会受到旧事物的羁绊和阻止。旧的意识形态会通过各种途径和手段诱导人们忽视、误认甚至压制已经出现在现实中的变革因素，并以各种借口和方法，规避对既有制度进行彻底反思，甚至格杀新事物于初萌。①

变法不易。如苏辙所言："今世之士大夫好同而恶异，疾成而喜败。事苟不出于己，小有龃龉不合，则群起而噪之。"②变法"不幸而有一不当，众将群指以罪。法一不当不能动，不幸而至于再三，虽上之人亦将不免于惑。众人非之于下，而朝廷疑之于上，攻之者众而持

① 曾誉铭：《义利之辨》，第 8 页。
② 苏辙：《上神宗皇帝书》，收入《三苏全书》第 17 册，第 225 页。

之者不坚,则法从此败矣"①。所以,要变法就要"先能破天下之浮议,使良法不废于中道"②。北宋两次变法的失利,其中都有这种原因,庆历新政虎头蛇尾,开局不久就倏忽而废;熙丰变法艰难前行,良效已呈也难逃被废。而反对者只是从各种角度反对,要求废除新法,不是先承认新法的可行性,然后指出法令存在的漏洞,以期在推行过程中逐步完善,从而使新法更加利国利民。

如果,当时被喻为君子的朝臣们在"变革势在必行"这一共识下,能够以天下苍生为念,统一思想,达成共识,捐弃嫌隙,服从大局,统一战线,同襄盛举。坚持富国、强兵、利民的变法目的,集思广益地商讨变法事宜,根据现实情况调整法令的具体条文和推行变法官员的人事安排,群策群力推动变法事宜。如做过户部侍郎,对经济比较了解的苏辙在青苗法开始时,就把新法执行中可能出现的问题指出来,指出"以钱贷民,使出息二分,本以救民,非为利也",但官吏在实行借贷中敲诈勒索以及民不能按期还贷时以刑法威逼,均会导致政府同百姓关系更紧张,使好事变成坏事。王安石认同苏辙的意见,表示"君言诚有理,当徐思之",并"逾月不言青苗"。苏轼在王安石逝后曾反思,说:"吾侪新法之初,辄守偏见,至有同异之论。虽此心耿耿,归于忧国,而所言差缪,少有中理者……回视向之所执,益觉疏矣。"③如若如此,这场顺应历史趋势、呼应朝野人心的变法,也许成果更丰硕而代价更小,甚至会改写历史,遗憾的是历史没有假设,变法在场者的义利观和价值排序不同,利益相关者的选择不同,都增加了变法的难度。元祐更化后的意气之争,更使争论升级,遂成党锢之祸。君臣可以共治、士大夫却不能相容的内讧局面,使最高权力受到的制约越来越少,直至最后,权柄落入徽宗、蔡京之手,崇观之政致使宗庙隳毁,亡国殃民。

① 苏辙:《上神宗皇帝书》,收入《三苏全书》第17册,第225页。
② 同上书,第226页。
③ 苏轼:《与滕达道书》,收入《东坡全集》卷七七,四库本。

　　反观我国的改革大业,改革初期也曾遭遇种种困境,但"发展才是硬道理"和"三个有利于"(社会生产力、综合国力、人民生活水平)评判标准提出后,全党和全国人民的思想得以统一,人们思考问题的维度从抽象争论转向从实际效果出发,行动上也由原来的争辩"资、社",空谈意识,转到搁置争议,实干兴邦。从设立改革试点到全面推广,由点到面渐次铺开;从先富带动后富的区域布局到建设和谐社会的宏观设计;从初期的韬光养晦、发展经济到进入深层改革的科学发展,"五位一体",再到攻坚阶段的民族复兴,"三为三谋"(为人民谋幸福、为民族谋复兴、为世界谋大同)。改革没有先例可循,其间也曾有过四面受困的局面,但中国共产党统揽全局,勇担责任,并高瞻远瞩,以史为鉴,运用唯物辩证的理性思维,把握规律,团结群众,全党全国同心同德,和衷共济,众志成城,共襄盛举,终于取得举世瞩目的傲人成就,在世界舞台展露大国雄姿。

结　语

改革开放以来,中国的探索之路,初期时向西方学习,汲取西方文明精华,改变固有模式和观念,激发中国的活力,社会得以迅速发展,但在取得成就的同时也遗留了很多痼疾,积重之下,西方经验已经不能解决中国的问题,审视中外的不同后,我们转向求助于传统智慧。中国传统文化源远流长、博大精深,积淀着中华民族深层的精神追求,代表着中华民族的精神标识,为中华民族生生不息、发展壮大提供了丰厚的滋养。无论是维系历史,还是滋养当代,都有其独特价值。若能认真挖掘中华优秀传统文化精华,使中华民族最基本的文化基因与当代文化相适应,与现代社会相协调,延续和发展中华民族的历史文脉,对于培养具有民族情怀、时代精神、世界视野的现代中国人,有着重要的现实意义。

时代发展至今,传统道德文化亦不足以处理所有道德问题。虽然传统道德是我们应对道德问题的来源;但尚需对传统伦理思想加以剥茧抽丝、扬弃超越,以形成新的伦理道德规范用于当世;在新的伦理体系尚未获得价值认同,以往使用的西方道德标准因难以强融进中国实际已濒肢解,成为某种"支离破碎"的文化"碎片"和软弱乏力的语词"修饰",当前的中国伦理似乎进入了困局,为破此局,需要重建我们的伦理理论体系,这就亟须伦理研究者担起历史责任,走向道德生活的前沿阵地,糅合中外,博采古今,探索处理现实道德问题的方法和途径;开拓知识,创新理论,建构具有现实解释力和价值约束力的道德理论或伦理类型。这不仅是我们的时代担当,也是学界不容推脱的理论责任。①

愿以往事为师,捐弃"道不同不相为谋"的执念,以大局为重,秉持"君子和而不同"的信念,和衷共济,共襄国事,用中国智慧解决中国现代难题,助力中国改革,早日实现民族复兴。

---

① 参见张彦:《价值排序与伦理风险》万俊人序,第2页。

参考文献

一、古籍

[1]管仲.管子[M].梁运华,校点.沈阳:辽宁教育出版社,1997.

[2]李耳.老子[M].北京:中国致公出版社,2003.

[3]孙武.孙子兵法[M].陈曦,译注.北京:中华书局,2019.

[4]韩非.韩非子[M].秦惠彬,校点.沈阳:辽宁教育出版社,1997.

[5]司马迁.史记选[M].王伯祥,选注.北京:人民文学出版社,1973.

[6]刘昫.旧唐书[M].北京:中华书局,2013.

[7]包拯.包孝肃奏议集[M].北京:中华书局,1963.

[8]蔡襄.蔡襄全集[M].陈庆元,欧明俊,陈贻庭,校注.福州:福建人民出版社,1999.

[9]蔡襄.忠惠公文集[M].四部丛刊本.

[10]程颢,程颐.二程集[M].王孝鱼,点校.北京:中华书局,1981.

[11]范祖禹.范太史集[M].四库本.

[12]范仲淹.范仲淹全集[M].李勇先,王蓉贵,校点.成都:四川大学出版社,2007.

[13]李觏.李觏集[M].王国轩,校点.北京:中华书局,1981.

[14]李觏.李觏集[M].王国轩,校点.北京:中华书局,2011.

[15]李新.跨鳌集[M].四库本.

[16]李心传.建炎以来朝野杂记[M].北京:中华书局,2006.

[17]刘攽.彭城集[M].四库本.

[18]欧阳修.欧阳修全集[M].李逸安,点校.北京:中华书局,2001.

[19]欧阳修,宋祁.新唐书[M].北京:中华书局,1975.

[20]秦观.淮海集笺注[M].徐培均,笺注.上海:上海古籍出版社,1994.

[21]邵伯温.邵氏闻见录[M].李剑雄,刘德权,点校.北京:中华书局,1983.

[22]沈括.梦溪笔谈[M].上海:上海书店出版社,2003.

[23]司马光.温国文正司马公文集[M].四部丛刊本.

[24]司马光.潜虚[M].上海:商务印书馆,1936.

[25]司马光.司马温公文集[M].北京:中华书局,1985.

[26]司马光.司马光奏议[M].王根林,点校.太原:山西人民出版社,1986.

[27]司马光,张载.温公易说[M].上海:上海古籍出版社,1989.

[28]司马光.温公家范[M].天津:天津古籍出版社,1995.

[29]司马光.司马温公集编年笺注[M].成都:巴蜀书社,2009.

[30]司马光.司马光集[M].李文泽,霞绍晖,校点.成都:四川大学出版社,2010.

[31]司马光.资治通鉴[M].胡三省,注.北京:中华书局,2011.

[32]苏洵.嘉祐集[M].上海:商务印书馆,1937.

[33]苏洵.嘉祐集笺注[M].曾枣庄,金成礼,笺注.上海:上海古籍出版社,1993.

[34]苏轼.东坡全集[M].四库本.

[35]苏轼.苏轼诗集[M].王文浩,辑注.孔凡礼,点校.北京:中华书局,1982.

[36]苏轼.苏轼文集[M].孔凡礼,点校.北京:中华书局,1986.

[37]苏轼.东坡易传[M].龙吟,注评.长春:吉林文史出版社,2002.

[38]苏轼.苏轼全集校注[M].张志烈,马德富,周裕锴,校注.石家庄:河北人民出版社,2010.

[39]苏辙.栾城集[M].上海:上海古籍出版社,1987.

[40]苏辙.苏辙集[M].陈宏天,高秀芳,校点.北京:中华书局,1990.

[41]王安石.临川先生文集[M].北京:中华书局,1959.

[42]王安石.王文公文集[M].唐武标,校.上海:上海人民出版社,1974.

[43]王安石.王安石全集[M].秦克,巩军,标点.上海:上海古籍出版社,1999.

[44]王辟之.渑水燕谈录[M].北京:中华书局,1985.

[45]文彦博.文潞公集[M].太原:山西人民出版社,2008.

[46]杨亿.杨文公谈苑[M].黄鉴,笔录.宋庠,整理.上海:上海古籍出版社,1993.

[47]张方平.乐全集[M].台北:商务印书馆影印文渊阁四库本.

[48]陈傅良.止斋集[M].四库本.

[49]陈均.九朝编年备要[M].北京:国家图书馆出版社,2004.

[50]陈亮.龙川文集[M].明崇祯六年刻本.

[51]李焘.续资治通鉴长编[M].北京:中华书局,2004.

[52]李元弼.宋代官箴书五种[M].闫建飞,点校.北京:中华书局,2019.

[53]陆九渊.陆象山全集[M].北京:中国书店,1992.

[54]吕祖谦.丽泽论说集录[M].文渊阁《四库全书》本.

[55]吕祖谦.宋文鉴[M].齐治平,点校.北京:中华书局,1992.

[56]王栐.燕翼诒谋录[M].北京:中华书局,1981.

[57]王明清.挥麈后录余话[M].上海:上海古籍出版社,2012.

[58]杨仲良.续资治通鉴长编纪事本末[M].北京:国家图书馆出版社,2003.

[59]杨仲良.皇宋通鉴长编纪事本末[M].李之亮,校点.哈尔滨:黑龙江人民出版社,2006.

[60]叶適.叶适集[M].刘公纯,王孝鱼,李哲夫,点校.北京:中华书局,1961.

[61]袁采.袁氏世范[M].北京:商务印书馆,2017.

[62]陆贽.陆贽集[M].北京:中华书局,2006.

[63]章如愚.山堂群书考索续集[M].扬州:广陵书社,2008.

[64]赵汝愚.宋朝诸臣奏议[M].上海:上海古籍出版社,1999.

[65]周密.癸辛杂识[M].吴企明,点校.北京:中华书局,1988.

[66]朱熹.三朝名臣言行录[M].四部丛刊本.

[67]马端临.文献通考[M].北京:中华书局,1986.

[68]脱脱等.宋史[M].北京:中华书局,2013.

[69]陈邦瞻.宋史纪事本末[M].北京:中华书局,1977.

[70]丘濬.大学衍义补[M].上海:上海书店出版社,2012.

［71］顾炎武.日知录集释［M］.上海：上海古籍出版社,2006.

［72］顾炎武.日知录校注［M］.陈垣,校注.合肥：安徽大学出版社,2007.

［73］王夫之.黄书·噩梦［M］.王伯祥,校点.北京：古籍出版社,1956.

［74］王夫之.宋论［M］.刘韶军,译注.北京：中华书局,2013.

［75］毕沅.续资治通鉴［M］.北京：中华书局,1957.

［76］黄以周.续资治通鉴长编拾补［M］.北京：中华书局,2004.

［77］李塨.颜习斋先生年谱［M］.北京：中华书局,1985.

［78］徐松.宋会要辑稿［M］.刘琳,校点.上海：上海古籍出版社,2014.

［79］赵翼.廿二史札记［M］.北京：中华书局,1984.

［80］梁启超.饮冰室合集［M］.北京：中华书局,1936.

［81］梁启超.王安石传［M］.解玺璋,译写.长沙：湖南人民出版社,2018.

［82］汪荣宝.法言义疏［M］.陈仲夫,点校.北京：中华书局,1987.

［83］徐元诰.国语集解［M］.王树民,沈长云,点校.北京：中华书局,2002.

［84］王国维.王国维先生全集［M］.台北：大通书局,1976.

［85］陈寅恪.陈寅恪集：金明馆丛稿二编［M］.北京：生活·读书·新知三联书店,2001.

［86］黄寿祺,张善文.周易译注［M］.上海：上海古籍出版社,1989.

［87］李翰文.四书五经［M］.北京：北京联合出版公司,2016.

［88］曾公亮,丁度.武经总要［M］.陈建中,黄明珍,点校.北京：商务印书馆,2017.

二、论著

［1］白钢.中国政治制度史：下卷［M］天津：天津人民出版社,2002.

［2］蔡元培.中国伦理学史［M］.桂林：广西师范大学出版社,2010.

［3］蔡元培.中国人的修养［M］.成都：四川文艺出版社,2017.

［4］陈峰.宋代治国理念及其实践研究［M］.北京：人民出版社,2015.

［5］陈谷嘉.明代理学伦理思想研究［M］.长沙：湖南大学出版社,2015.

［6］陈来.中国近世思想史研究［M］.北京：商务印书馆,2003.

[7]陈文德.北宋危机管理:一个问题公司的经营对策剖析[M].长沙:岳麓书社,2000.

[8]陈文新.中国文学编年史.宋辽金卷(上、中、下)[M].长沙:湖南人民出版社,2006.

[9]陈勇勤.中国经济思想史[M].郑州:河南人民出版社,2008.

[10]陈勇勤.中国经济史[M].北京:中国人民大学出版社,2012.

[11]陈勇勤.中西方经济思想的演化及比较研究[M].北京:中国人民大学出版社,2006.

[12]陈正雄.苏辙学术思想述评[M].台北:文史哲出版社,1990.

[13]程炼.伦理学导论[M].北京:北京大学出版社,2008.

[14]程念祺.国家力量与中国经济的历史变迁[M].北京:新星出版社,2006.

[15]邓广铭.邓广铭学术论著自选集[M].北京:首都师范大学出版社,1994.

[16]邓广铭.邓广铭自选集[M].北京:首都师范大学出版社,2008.

[17]邓广铭.宋史十讲[M].北京:中华书局,2009.

[18]邓广铭.北宋政治改革家:王安石[M].西安:陕西师范大学出版社,2009.

[19]邓广铭.北宋政治改革家王安石[M].北京:生活·读书·新知三联书店,2007.

[20]邓安庆.正义伦理与价值秩序:古典实践哲学的思路[M].上海:复旦大学出版社,2013.

[21]邓小南.祖宗之法:北宋前期政治述略[M].北京:生活·读书·新知三联书店,2006.

[22]方宝璋.宋代经济管理思想与当代经济管理[M].北京:中国言实出版社,2008.

[23]方宝璋.宋代管理思想:基于政策工具视角的研究[M].北京:经济管理出版社,2011.

[24]方宝璋.两宋经济管理思想研究[M].成都:电子科技大学出版

社,2014.

[25]方行.中国古代经济论稿[M].厦门:厦门大学出版社,2015.

[26]费孝通.江村经济:中国农民的生活[M].北京:商务印书馆,2005.

[27]冯友兰.中国哲学简史[M].北京:北京大学出版社,1996.

[28]葛金芳.宋代经济史讲演录[M].桂林:广西师范大学出版社,2008.

[29]葛金芳.两宋社会经济研究[M].天津:天津古籍出版社,2010.

[30]龚弘.两宋人物[M].济南:齐鲁书社,2005.

[31]龚天平.伦理驱动管理[M].北京:人民出版社,2011.

[32]谷建.苏辙学术研究[M].北京:光明日报出版社,2009.

[33]顾友仁,张祥浩.王安石[M].昆明:云南教育出版社,2009.

[34]郭庠林.中国封建社会经济研究[M].上海:上海财经大学出版社,1998.

[35]贺耀敏.中国经济史[M].北京:人民出版社,1994.

[36]侯家驹.中国经济史[M].北京:新星出版社,2008.

[37]胡寄窗.中国经济思想史简编[M].上海:立信会计出版社,1981.

[38]胡永杰.范仲淹:楼上一叹动千年[M].北京:中国发展出版社,2008.

[39]胡适.胡适全集[M].合肥:安徽教育出版社,2003.

[40]黄燕生.大宋文臣:兴邦还是误国[M].合肥:安徽人民出版社,2013.

[41]姜峰.帝国的智囊团.大宋名相[M].北京:中国华侨出版社,2016.

[42]姜国柱.李觏评传[M].南京:南京大学出版社,1996.

[43]姜穆.王安石全传[M].长春:长春出版社,1998.

[44]金霞.依礼求利:李觏经世思想研究[M].北京:人民出版社,2013.

[45]钧史.千古一相王安石[M].厦门:鹭江出版社,2008.

［46］鞠佳.变革之路:中国历朝改革得失［M］.北京:中国工人出版社,2016.

［47］亢建明.阵痛:中国历代变革得失［M］.北京:新华出版社,2014.

［48］柯昌颐.生前事与身后名:王安石评传［M］.北京:华文出版社,2018.

［49］冷鹏飞.中国古代社会商品经济形态研究［M］.北京:中华书局,2002.

［50］李伯重.中国经济史研究新探［M］.杭州:浙江大学出版社,2013.

［51］李昌宪.司马光评传［M］.南京:南京大学出版社,2007.

［52］李国钧.中国书院史［M］.长沙:湖南教育出版社,1994.

［53］李华瑞.王安石变法研究史［M］.北京:人民出版社,2004.

［54］李剑农.中国古代经济史稿［M］.武汉:武汉大学出版社,2011.

［55］李金山.司马光:自信不疑的保守派［M］.北京:中国发展出版社,2009.

［56］李金山.重说司马光［M］.北京:中国青年出版社,2010.

［57］李祥俊.王安石学术思想研究［M］.北京:北京师范大学出版社,2000.

［58］李志祥.批判的经济伦理学:从马克思到弗洛姆［M］.北京:人民出版社,2012.

［59］林文勋,张锦鹏.中国古代农商·富民社会研究［M］.北京:人民出版社,2016.

［60］刘炳良.北宋易学与变法思想研究［M］.北京:人民出版社,2015.

［61］刘静贞.北宋前期皇帝和他们的权力［M］.台北:稻乡出版社,1996.

［62］刘可风.当代经济伦理问题的求索［M］.武汉:湖北人民出版社,2007.

［63］刘可风.企业伦理理论与实践［M］.武汉:湖北人民出版

社,2007.

[64] 刘可风,龚天平,冯德雄. 企业伦理学[M]. 武汉:武汉理工大学出版社,2011.

[65] 刘燕飞. 苏轼哲学思想研究[M]. 北京:人民出版社,2014.

[66] 刘仰. 超越利益集团[M]. 北京:中国书店,2011.

[67] 陆晓禾. 经济伦理学研究[M]. 上海:上海社会科学院出版社,2008.

[68] 吕变庭. 宋代天人相分思想研究[M]. 北京:人民出版社,2017.

[69] 吕思勉. 中国大历史[M]. 长沙:湖南文艺出版社,2011.

[70] 吕世荣,刘象彬,肖永成. 义利观研究[M]. 开封:河南大学出版社,2000.

[71] 牟永生. 范仲淹忧患意识研究[M]. 南京:南京大学出版社,2014.

[72] 聂志红. 中国经济思想史撷要[M]. 北京:中国民主法制出版社,2012.

[73] 庞天佑. 论中国古代的历史总结与国家盛衰[M]. 北京:中国社会科学院出版社,2012.

[74] 漆侠. 宋代经济史:下[M]. 北京:中华书局,2009.

[75] 漆侠. 王安石变法[M]. 上海:上海人民出版社,1979.

[76] 钱穆. 中国历代政治得失[M]. 北京:生活·读书·新知三联书店,2001.

[77] 钱穆. 中国经济史[M]. 北京:北京联合出版公司,2014.

[78] 钱穆. 国史大纲[M]. 北京:商务印书馆,2010.

[79] 乔法容,朱金瑞. 经济伦理学[M]. 北京:人民出版社,2004.

[80] 乔法容. 宏观层面经济伦理研究[M]. 北京:人民出版社,2013.

[81] 乔法容. 改革时代的经济伦理[M]. 北京:经济管理出版社,2014.

[82] 乔法容. 伦理与经济社会[M]. 北京:经济管理出版社,2015.

[83] 全汉昇. 中国经济史研究[M]. 北京:中华书局,2011.

[84] 全汉昇. 中国社会经济通史[M]. 北京:北京联合出版公司,2016.

[85]任继愈.中国哲学史简编[M].北京:人民出版社,1973.

[86]阮航.儒家经济伦理研究:先秦儒家经济伦理的问题脉络与观念诠释[M].北京:中国社会科学出版社,2013.

[87]阮延俊.苏轼的人生境界及其文化底蕴[M].广州:世界图书出版广东有限公司,2014.

[88]上海市经济学会中国经济思想史研究会.中国经济思想史论文集[M].上海:上海社会科学院出版社,1986.

[89]盛洪.儒学的经济学解释[M].北京:中国经济出版社,2016.

[90]石世奇,郑学益.中国古代经济思想史教程[M].北京:北京大学出版社,2008.

[91]孙英,吴然.经济伦理学[M].北京:首都经济贸易大学出版社,2015.

[92]谭培文.马克思主义的利益理论[M].北京:人民出版社,2002.

[93]汤江浩.王安石勇进人生[M].武汉:长江文艺出版社,1999.

[94]唐凯麟,陈科华.中国古代经济伦理思想史[M].北京:人民出版社,2004.

[95]唐玲玲,周伟民.苏轼思想研究[M].台北:文史哲出版社,1996.

[96]唐庆增.中国经济思想史[M].北京:商务印书馆,2010.

[97]万俊人.道德之维:现代经济伦理导论[M].广州:广东人民出版社,2000.

[98]万俊人.义利之间[M].北京:团结出版社,2003.

[99]韦森.经济学与伦理学:探寻市场经济的伦理维度与道德基础[M].上海:上海人民出版社,2002.

[100]王传峰.徽商经济伦理思想研究[M].南昌:江西人民出版社,2013.

[101]王德保.司马光与《资治通鉴》[M].北京:中国社会科学出版社,2001.

[102]王泽应.义利观与经济伦理[M].长沙:湖南人民出版社,2005.

[103]魏明孔.中国经济发展道路的历史探索[M].北京:九州出版

社,2015.

[104] 王化雨. 面圣:宋代奏对活动研究[M]. 北京:生活·读书·新知三联书店,2019.

[105] 王家声. 被利益集团拖垮的王朝[M]. 北京:世界知识出版社,2011.

[106] 汪荣有. 当代中国经济伦理论[M]. 北京:人民出版社,2004.

[107] 王水照. 苏轼论稿[M]. 台北:万卷楼图书有限公司,1994.

[108] 王水照,崔铭. 欧阳修传[M]. 天津:天津人民出版社,2013.

[109] 王水照. 苏轼传稿[M]. 北京:中华书局,2015.

[110] 王桐龄. 中国历代党争[M]. 桑希臣,译. 北京:中国文史出版社,2011.

[111] 王耀辉. 范仲淹忧乐人生[M]. 武汉:长江文艺出版社,1996.

[112] 王跃生. 制度、文化与经济发展[M]. 北京:北京大学出版社,2005.

[113] 王曾瑜. 宋朝兵制初探[M]. 北京:中华书局,1983.

[114] 王振芳,王轶英. 中国古代经济制度史[M]. 太原:北岳文艺出版社,2012.

[115] 王志瑞. 宋元经济史[M]. 太原:山西人民出版社,2014.

[116] 卫志民. 经济学史话[M]. 北京:商务印书馆,2012.

[117] 吴承明. 经济史:历史观与方法论[M]. 北京:商务印书馆,2014.

[118] 吴钩. 宋:现代的拂晓时辰[M]. 桂林:广西师范大学出版社,2015.

[119] 吴钩. 中国的自由传统[M]. 上海:复旦大学出版社,2014.

[120] 吴钩. 生活在宋朝[M]. 武汉:长江文艺出版社,2015.

[121] 吴叔桦. 苏辙史论散文研究[M]. 台北:万卷楼图书有限公司,2007.

[122] 吴泰. 中国历史大讲堂 宋朝史话[M]. 北京:中国国际广播出版社,2007.

[123] 吴太昌,武力. 中国国家资本的历史分析[M]. 北京:中国社会

科学出版社,2012.

[124]吴晓波.浩荡两千年:中国企业公元前7世纪—1869年[M].
北京:中信出版社,2012.

[125]吴晓波.历代经济变革得失[M].杭州:浙江大学出版社,2013.

[126]吴峥强.北宋:帝国书生意气[M].杭州:浙江文艺出版社,2009.

[127]萧公权.中国政治思想史[M].沈阳:辽宁教育出版社,1998.

[128]谢识予.经济博弈论:第四版[M].上海:复旦大学出版社,2017.

[129]徐洪兴,姚荣涛.文盛武衰[M].长春:长春出版社,2005.

[130]徐洪兴,姚荣涛.历代中国王朝兴衰录[M].长春:长春出版
社,2010.

[131]徐强.马克思主义经济伦理思想研究[M].北京:人民出版
社,2012.

[132]杨春肖.王安石:疾厉改革者的宿命[M].北京:中国发展出版
社,2009.

[133]杨新勋.宋代疑经研究[M].北京:中华书局,2007.

[134]叶世昌.古代中国经济思想史[M].上海:复旦大学出版
社,2003.

[135]叶坦.大变法:宋神宗与十一世纪的改革运动[M].北京:生
活·读书·新知三联书店,1996.

[136]虞云国.从陈桥到厓山[M].北京:九州出版社,2016.

[137]袁弘.两宋人物[M].济南:齐鲁书社,2005.

[138]袁永锋,马卫东.司马光讲周易:白话《温公易说》[M].长春:
长春出版社,2010.

[139]曾誉铭.义利之辨[M].上海:上海辞书出版社,2017.

[140]曾枣庄,舒大刚.三苏全书[M].北京:语文出版社,2001.

[141]张岱年.中国伦理思想研究[M].北京:中国人民大学出版
社,2011.

[142]张鸿翼.儒家经济伦理及其时代命运[M].北京:北京大学出版
社,2010.

[143]张丽.王安石大传[M].北京:商务印书馆国际有限公司,2011.

[144]张明伟.道德的境域[M].北京:人民出版社,2018.

[145]张彦.价值排序与伦理风险[M].北京:人民出版社,2011.

[146]赵冬梅.司马光和他的时代[M].北京:生活书店出版有限公司,2014.

[147]赵靖.中国经济思想史述要(上、下)[M].北京:北京大学出版社,1998.

[148]赵明.文人政治的一曲悲歌:王安石变法启示录[M].北京:北京大学出版社,2013.

[149]赵天保.金陵王学研究[M].上海:上海人民出版社,2008.

[150]赵晓雷.中国经济思想史[M].大连:东北财经大学出版社,2010.

[151]赵益.王霸义利:北宋王安石改革批判[M].南京:南京大学出版社,2000.

[152]郑岩.宋朝十讲[M].哈尔滨:哈尔滨出版社,2006.

[153]郑学檬,徐东升.唐宋科学技术与经济发展的关系研究[M].厦门:厦门大学出版社,2013.

[154]钟祥财.中国经济思想史[M].上海:上海社会科学院出版社,2016.

[155]周勋初.宋人轶事汇编[M].上海:上海古籍出版社,2014.

[156]诸葛忆兵.范仲淹研究[M].北京:中国人民大学出版社,2010.

[157]朱林,温冠英,罗蔚.中国传统经济伦理思想[M].南昌:江西人民出版社,2002.

[158]朱家桢.中国经济思想史[M].北京:人民出版社,1994.

[159]朱瑞熙,程郁.宋史研究[M].福州:福建人民出版社,2006.

[160]朱贻庭.中国传统道德哲学6辨[M].上海:文汇出版社,2017.

[161]朱贻庭.中国传统伦理思想史:增订本[M].上海:华东师范大学出版社,2003.

[162]夏福恩.信仰与自由[M].陈启甸,译.上海:生活·读书·新知

三联书店,2015.

[163]希尔斯.论传统[M].傅铿,吕乐,译.上海:上海人民出版社,2009.

[164]圣吉.第五项修炼:学习型组织的艺术与实务[M].郭进隆,译.上海:上海三联书店,1998.

[165]费正清,赖肖尔.中国:传统与变迁[M].张沛,张源,顾思兼,译.北京:世界知识出版社,2002.

[166]福山.信任:社会道德与繁荣的创造[M].李宛如,译,远方出版社,1998.

[167]彭慕兰.大分流:欧洲、中国及现代世界经济的发展[M].史建云,译.南京:江苏人民出版社,2003.

[168]黄仁宇.赫逊河畔谈中国历史[M].北京:生活·读书·新知三联书店,1992.

[169]黄仁宇.中国大历史[M].北京:生活·读书·新知三联书店,1997.

[170]黄仁宇.中国大历史[M].北京:生活·读书·新知三联书店,2008.

[171]黄仁宇.我相信中国的前途[M].北京:中华书局,2015.

[172]谢和耐.蒙元入侵前夜的中国日常生活[M].刘东,译.南京:江苏人民出版社,1995.

[173]霍奇逊.经济学是如何忘记历史的:社会科学中的历史特性问题[M].高伟,译.北京:中国人民大学出版社,2008.

[174]桑斯坦.选择的价值[M].贺京同,译,北京:中信出版集团,2017.

[175]菲舍尔,洛维尔.经济伦理与价值观[M].范宁,译.北京:北京大学出版社,2009.

[176]本迪克斯.马克斯·韦伯思想肖像[M].刘北成,译.上海:上海世纪出版集团,2005.

[177]乔治.经济伦理学[M].李布,译.北京:北京大学出版社,2002.

[178]刘子健.中国转向内在:两宋之际的文化转向[M].赵冬梅,译.
南京:江苏人民出版社,2012.

[179]罗尔斯.正义论[M].何怀宏,何包钢,廖申白,译.北京:中国社
会科学出版社,2009.

[180]恩德勒.面向行动的经济伦理学[M].高国希,吴新文,译.上海
社会科学院出版社,2002.

[181]卢坡尔.伦理学导论[M].陈燕,译.北京:中国人民大学出版
社,2008.

[182]田浩.功利主义儒家:陈亮对朱熹的挑战[M].姜长苏,译.南
京:江苏人民出版社,2012.

[183]谢林.选择与后果[M].田峰,杨光,译.北京:机械工业出版
社,2015.

[184]弗里德曼.世界是平的:21世纪简史[M].何帆,肖莹莹,郝正
非,译.长沙:湖南科学技术出版社,2009.

[185]尾形勇.中国古代的"家"与国家[M].张鹤泉,译.北京:中华
书局,2010.

[186]布莱克本.我们时代的伦理学[M].梁曼莉,译.南京:译林出版
社,2013.

[187]涂尔干.职业伦理与公民道德[M].渠东,付德根,译.上海:上
海人民出版社,2006.

[188]格鲁塞.中国大历史:从三皇五帝到大清王朝[M].秦传安,译.
哈尔滨:哈尔滨出版社,2011.

[189]托克维尔.旧制度与大革命[M].冯棠,译.北京:商务印书
馆,2013.

[190]皮凯蒂.21世纪资本论[M].巴曙松,译.北京:商务印书
馆,2014.

[191]弗兰克.白银资本:重视经济全球化中的东方[M].刘北成,译.
北京:中央编译出版社,2005.

[192]赛茨.中国·一个世界强国的复兴[M].许文敏,李卡宁,译.北

京:国际文化出版公司,2007.

[193]柯武刚,史漫飞.制度经济学:社会秩序与公共政策[M].韩朝华,译.北京:商务印书馆,2000.

[194]中共中央马克思恩格斯列宁斯大林著作编译局.马克思恩格斯全集:第二十卷[M].北京:人民出版社,1979.

[195]中共中央马克思恩格斯列宁斯大林著作编译局.马克思恩格斯全集:第四十七卷[M].北京:人民出版社,1979.

[196]韦伯.新教伦理与资本主义精神[M].于晓,陈维纲,译.北京:生活·读书·新知三联书店,1992.

[197]韦伯.经济与社会[M].林荣远,译.北京:商务印书馆,2004.

[198]韦伯.经济行动与社会团体[M].康乐,简惠美,译.桂林:广西师范大学出版社,2004.

[199]韦伯.中国的宗教:儒教和道教[M].康乐,简惠美,译.桂林:广西师范大学出版社,2010.

[200]韦伯.人类社会经济史[M].唐伟强,译.北京:中国画报出版社,2012.

[201]森.伦理学与经济学[M].王宇,王文玉,译.北京:商务印书馆,2000.

[202]森.以自由看待发展[M].任赜,于真,译.北京:中国人民大学出版社,2002.

[203]布鲁尼,波尔塔.经济学与幸福[M].傅红春,文燕平,译.上海:上海人民出版社,2007.

[204]宫崎市定.宫崎市定中国史[M].焦堃,瞿柘如,译.杭州:浙江人民出版社,2015.

[205]加藤繁.中国经济史考证[M].吴杰,译.北京:中华书局,2012.

[206]桑田幸三.中国经济思想史论[M].沈佩林,叶坦,孙新,译.朱家桢,叶坦,校.北京:北京大学出版社,1991.

[207]森谷克己.中国社会经济史[M].孙怀仁,译.太原:山西人民出版社,2015.

[208]小岛毅.中国思想与宗教的奔流:宋朝[M].何晓毅,译.桂林:广西师范大学出版社,2014.

[209]弗雷,斯塔特勒.幸福与经济学[M].静也,译.北京:北京大学出版社,2006.

[210]斯塔夫里阿诺斯.全球通史:从史前史到21世纪:第7版[M].董书慧,译.北京:北京大学出版社,2005.

[211]中共中央马克思恩格斯列宁斯大林著作编译局.列宁全集:第十二卷[M].北京:人民出版社,1990.

[212]亚里士多德.尼各马科伦理学[M].苗力田,译.北京:中国人民大学出版社,2003.

三、期刊

[1]朱瑞熙.20世纪中国王安石及其变法的研究[J].安徽师范大学学报(人文社会科学版),2003(2):151-165.

[2]陈继红.近十年来传统经济伦理研究综述[J].道德与文明,2007(4):89-93.

[3]敦鹏."义利之辨"及其政治转向:兼论二程对义利之辨的再思考[J].河南师范大学学报(哲学社会科学版),2014(6):32-36.

[4]符海朝,马玉臣.熙丰党争补论[J].贵州文史丛刊,2005(1):11-15.

[5]高国希.中华优秀传统文化的现代阐释与教育路径[J].思想理论教育,2014(5):9-13.

[6]葛金芳.王安石变法新论[J].湖北大学学报(哲学社会科学版),1990(5):87-93.

[7]葛金芳,金强.近二十年来王安石变法研究述评[J].中国史研究动态,2000(10):11-20.

[8]巩本栋.北宋党争的再评价及其思想史意义[J].古籍研究,2000(1):5-10,18.

[9]古屿鑫.论苏洵伦理思想的三重蕴含[J].儒道研究,2016(3):255.

[10]郭文佳.宋代的疑经思潮与《春秋》学的地位[J].中州学刊,
  2004(1):109-111.

[11]韩鼎基.苏洵哲学思想研究[J].四川文理学院学报,2015(1):
  88-92.

[12]黄敏捷.北宋熙宁四年东明县民上访事件与变法君臣的危机处
  置[J].史学月刊,2016(7):41-50.

[13]贾大泉.宋代赋税结构初探[J].社会科学研究,1981(3):52-53.

[14]江华,董修元.国家主义倾向:王安石变法失败的原因[J].中国
  石油大学学报(社会科学版),2006(5):67-70.

[15]金强,葛金芳.北宋文官政治与熙丰党争[J].湖北大学学报(哲
  学社会科学版),2001(2):108-110.

[16]赖井洋,张斌.李觏经济伦理思想初探[J].山东科技大学学报
  (社会科学版),2000(4):37-41.

[17]李存山."庆历新政与熙宁变法"补说[J].中州学刊,2005(1):
  130-137.

[18]李祥俊.儒家义利之辨的概念含义、问题层次与价值取向[J].
  学习与实践,2019(1):124-131.

[19]李雪辰.论宋代功利思潮的演进[J].兰州学刊,2011(2):18-22.

[20]刘可风.经济伦理冲突与经济伦理学困境[J].道德与文明,
  2009(4):19-21.

[21]刘可风.论中国行政伦理问题及其实质[J].武汉大学学报(人
  文科学版),2003(3):295-300.

[22]刘可风.我国经济伦理研究的反思[J].江汉论坛,2006(6):50-53.

[23]刘伟.王安石功利主义思想研究[J].青年文学家,2016(5):
  174-175.

[24]刘文波.王安石义利观的时代特色[J].湖南师范大学社会科学
  学报,2008(2):48-51.

[25]刘祚昌.论王安石的政治品质与政治作风[J].东岳论丛,1986
  (2):9-16.

[26]罗家祥.宋神宗与熙丰时期的朋党之争[J].江汉论坛,1990
(3):65-69.

[27]陆晓禾.论中国特点的经济伦理研究[J].哲学研究,2001(8):
54-59.

[28]马玉臣.从县的密度与官民对比看宋代冗官[J].河北大学学报
(哲学社会科学版),2005(6):13-19.

[29]马玉臣.熙丰党争新论[J].东方论坛,2005(1):83-86.

[30]聂济冬.北宋《盐铁论》接受特征与学术倾向[J].齐鲁学刊,
2017(6):112-119.

[31]漆侠.再论王安石变法[J].河北大学学报,1986(3):99-112.

[32]乔法容.公有资本人格化的经济伦理学分析[J].江苏社会科
学,2000(3):101-103.

[33]汪圣铎.王安石是经济改革家吗[J].学术月刊,1989(6):67-75.

[34]王曾瑜.王安石变法简论[J].中国社会科学,1980(3):131-154.

[35]王家范.王安石变法新析[J].历史教学问题,1985(5):2-5.

[36]吴孟复,詹亚园.苏洵思想新探[J].安徽大学学报(哲学社会科
学版),1982(3):69.

[37]熊鸣琴."义利之辨"与北宋新旧党的对立[J].中州学刊,2010
(3):192-196.

[38]杨涛.王安石义利观探微[J].牡丹江大学学报,2010(1):15-17.

[39]张彦,王长和.论改革开放以来中国发展理念价值排序的演进依
据[J].浙江社会科学,2018(7):4-10.

[40]赵文.重评王安石变法:兼谈中国传统文化的缺陷及其他[J].
文史杂志,1999(2):16-18.

[41]钟祥财.王安石抑兼并思想之我见[J].财经研究,2009(10):26-35.

[42]朱家桢.义利思想辨正[J].中国经济史研究,1987(2):111-134.